Ingrandimenti

Marco Ferrante

# Casa Agnelli

*Storie e personaggi dell'ultima dinastia italiana*

MONDADORI

L'Editore ha ricercato con ogni mezzo i titolari dei diritti iconografici senza riuscire a reperirli: è ovviamente a piena disposizione per l'assolvimento di quanto occorra nei loro confronti.

www.librimondadori.it

ISBN 978-88-04-56673-1


*I edizione maggio 2007*
*V edizione agosto 2007*

# Indice

Casa Agnelli

# Nota dell'autore

Questo non è un libro sulla Fiat, né una biografia di Gianni Agnelli. È lo sviluppo di un lungo articolo pubblicato sul «Foglio» nel luglio del 2005 da un'idea di Giuliano Ferrara: l'invito a raccontare uno per uno gli eredi del senatore Giovanni Agnelli, il fondatore della Fiat. È una specie di ritratto di famiglia, realizzato per accumulo, attraverso più di cento bozzetti, diseguali per estensione, fatti di ritagli, notizie laterali, cenni personali, qualche aneddoto. È stata una famiglia molto influente, capace di incidere sulla realtà del paese e sulle sue decisioni politiche. Oggi è soprattutto un sistema di relazioni istituzionali e sociali, dove si mescolano pezzi di aristocrazia medievale delle valli piemontesi, qualche patrimonio americano, parentele con il gran mondo europeo. Il centro della loro vita non è più Torino, interi ceppi sono trapiantati da qualche altra parte nel mondo, a Londra, a New York, in Sudamerica, in Russia, a Parigi.

Sullo sfondo di alcune questioni economiche, la trama si intreccia alla storia di cinque persone scomparse: Virginia, madre dei sette eredi Agnelli, i suoi tre figli maschi (Gianni, Umberto e Giorgio, quasi espunto dai racconti famigliari perché malato, e qui ritratto per la prima volta) e uno dei suoi nipoti, Edoardo, il figlio di Gianni. I ritratti più ampi si alternano alla descrizione degli undici rami della genealogia: sei dal lato Agnelli e cinque dal lato Nasi.

Si è cercato di narrarli attraverso i loro ricordi, le loro testimonianze, i loro racconti, i libri che hanno scritto e quelli che sono stati scritti su di loro, o che di loro parlano. È una raccolta di memorie sociali, il tentativo di definire lo spazio di questa famiglia nell'immaginario della realtà italiana. Si sperimenta anche un po' di psicologismo famigliare. In fondo è una storia di vecchie zie, nonni facoltosi, nipoti un po' scapestrati, con le loro simpatie, antipatie, idiosincrasie per un fratello o per una cognata, con i loro tic e i loro snobismi. Ma tutto ciò è amplificato dal peso dell'istituzione (la Fiat), dall'intrecciarsi delle loro vicende al costume nazionale, e dalla precondizione del denaro, un'entità che tutti li precede.

Si parla di denaro, ma non troppo. Il numero dei famigliari cresce, e ogni generazione è meno ricca della precedente. Con il tempo, il processo di imborghesimento economico ha inciso sulla composizione della cassaforte familiare – perché quando qualcuno ha commesso un errore finanziario, o ha avuto bisogno di liquidità, è uscito dalla società – e ha inciso sulla psicologia del gruppo: i componenti di una grande famiglia del capitalismo a volte si comportano da piccoli azionisti.

Nel loro caso c'era un grande azionista che decideva per tutti: Giovanni Agnelli II, detto l'Avvocato, l'impuntura dello stravagante tappeto di vite costituito dalla sua famiglia. Si prova a riflettere sul suo carattere di uomo ermetico, la cui complessità fu resa più singolare, ipnotica e indecifrabile dal denaro naturalmente, ma soprattutto dal compito che egli si dette e a cui si dedicò quasi con abnegazione: costruire il mito di se stesso a partire dal rispetto del lascito di suo nonno, la Fiat. Per realizzare la sua opera egli tenne in ostaggio sorelle, nipoti, cugini, ma anche – da un certo momento in poi – persino la fonte da cui originava il suo ruolo, cioè la sua stessa azienda, in una spirale in cui si sono rincorse ragion di Stato ed egoismo, atteggiamenti aristocratici e modernità borghese, intelligenza e vanità. La sua vita letteraria (e romantica in un certo senso) oggi schiude una visuale nuova a chi voglia trarne un bilancio: a quattro anni dalla sua morte, l'azienda che aveva lasciato sull'orlo del commissariamento di Stato ha avviato un processo di risanamento che i mercati considerano affidabile e promettente. Un processo cominciato simbolicamente proprio il giorno della sua morte, con un aumento di capitale, in cui per la prima volta nella storia sono stati i suoi stessi parenti, liberati dal suo carisma, a mettere a disposizione del denaro, prelevato dai propri conti personali.

# Introduzione

La storia del capitalismo italiano delle origini è piena di mutazioni, di rovesci, di vite famigliari un tempo splendenti, riassorbite in un anonimato silenzioso e borghese. La maggior parte delle famiglie che furono protagoniste dello sviluppo industriale e finanziario tra la fine dell'Ottocento e l'inizio del Novecento sono state risucchiate in quel buco nero che si chiama democrazia economica, scomparse oppure ridotte nelle dimensioni e nell'influenza alla misura di famiglie benestanti prive ormai di potere e ruolo. Alcune di queste storie descrivono una piena decadenza.

Quando nel primo decennio del Novecento i Perrone di Genova lottavano contro Giovanni Agnelli di Torino per contendersi la Fiat, accanto ad Agnelli scese in campo un uomo spregiudicato e visionario. Si chiamava Riccardo Gualino. Era il figlio di un imprenditore orafo di Biella, aveva cercato di far fortuna nei legnami, aveva fondato l'Uic (Unione italiana cementi) e poi la Snia, Società di navigazione italo-americana. Insieme sconfissero i Perrone e diventarono padroni della scena. Comprarono la Banca commerciale italiana, Gualino diventò azionista e vicepresidente della Fiat, Agnelli si tenne la Fiat e fu nominato vicepresidente della Snia.

Nel 1930, Gualino, che controllava il 10 per cento della capitalizzazione della borsa italiana, entrato in rotta di collisione con il regime fascista, venne spedito al confino, tutti i beni requisiti. Nel dopoguerra ricominciò. Fondò l'industria chimica Rumianca e la cinematografica Lux, il cui catalogo ancora oggi produce una rendita. Negli anni Sessanta l'impero fondato – e rifondato – da Gualino si dissolse.

Di Gualino oggi restano il nome e i nipoti. Uno di loro si chiama come lui. Riccardo Gualino jr ha 65 anni, capelli bianchi, faccia tonda e pelle arrossata. Il suo è un sorriso mite, ma non pacificato. È un uomo separato a forza dalla sua storia. Da ragazzo, ha trascorso quattro anni in un carcere spagnolo per motivi politici. Tornò in Italia alla fine degli anni Sessanta. Suo padre andò a prenderlo per riportarlo a casa, e in aereo gli disse che la Rumianca era stata comprata dai Rovelli, non avevano più nulla, e che da quel momento avrebbe dovuto provvedere a se stesso.

Vive a Roma, in una tranquilla zona residenziale, ha perduto la vista da un occhio. Non si è mai interessato di finanza né di industria, ha gestito un camping e si è occupato di Internet. Per fronteggiare la nuova condizione, ha fatto affidamento sul poco rimasto alla sua famiglia: i quadri, che erano appartenuti alla stupefacente collezione Gualino, e un residuo patrimonio immobiliare. Una sorella e uno dei figli di Riccardo Gualino jr lavorano nel cinema in posizioni che il bisnonno non avrebbe potuto contemplare per la sua discendenza. Lei segretaria di edizione, lui tecnico del suono. Ogni tanto qualcuno li riconosce, come Gordon e Dudorov quando scoprono nella lavandaia Tanja la figlia di Živago.

Non tutte le storie cominciate allora hanno avuto esiti così definitivi. Il declino famigliare, i rovesci, le disfatte hanno infinite qualità di sfumature. Ma molti dei nomi di allora oggi sono scomparsi, o hanno un ruolo sociale ed economico drasticamente ridotto.

Gianni Lancia, figlio ottantaduenne di Vincenzo, vendette la sua azienda ai Pesenti negli anni Sessanta (che poi la cedettero alla Fiat), e ora vive per sei mesi all'anno in Costa Azzurra. Ogni tanto va a visitare la vecchia casa di famiglia – oggi di proprietà di un cugino – a Fobello, in Valsesia, provincia di Vercelli. Qualche anno fa con un camion ha partecipato al Pharaons Rally, un raid sportivo che suo figlio Vincenzo organizza con l'ex campione di F1 Jacky Ickx.

La discendenza di Ignazio e Vincenzo Florio, i più importanti rappresentanti della classe imprenditoriale del Mezzogiorno all'inizio del Novecento, dopo il completo tracollo della loro fortuna si è diluita in una specie di tardivo status aristocratico che va dai Salviati ai Costaguti.

I Feltrinelli sono una famiglia ottocentesca di commercianti di legname. Negli anni Dieci del secolo scorso Carlo, nipote del capostipite Faustino, entra nel capitale di Edison e successivamente del Credito italiano. Presiederà entrambi. Nel 1954 nasce la casa editrice Feltrinelli, fondata dal figlio di Carlo, Giangiacomo. Del vecchio impero, oggi resta una robusta ricchezza famigliare nelle mani di un altro Carlo (quinta generazione), una solida casa editrice e la principale catena di librerie del paese.

Ferdinando Maria Perrone accumulò la prima parte della sua fortuna in Argentina negli ultimi vent'anni dell'Ottocento. Nel 1897, tornato a Genova, acquistò «Il Secolo XIX». Nel 1902 rilevò una quota dell'Ansaldo, di cui diventò primo azionista nel 1904. Nel 1918 l'Ansaldo aveva 80 mila dipendenti ed era la prima azienda industriale italiana. Entrò in crisi nel 1921, venne salvata da un consorzio coordinato dalla Banca d'Italia. Oggi i Perrone hanno possedimenti fondiari e immobiliari in giro per il mondo ed è ancora di loro proprietà «Il Secolo XIX». Ma le dimensioni del loro patrimonio non sono confrontabili con quelle del tempo in cui erano i padroni del capitalismo italiano.

L'Olivetti venne fondata nel 1908 da Camillo Olivetti. Suo figlio Adriano condusse una formidabile espansione. Sbarcò in America, mise in piedi un mirabile gruppo di manager, fondò un movimento politico e culturale, Comunità. Il suo utopismo ha lasciato un seme nella cultura del nostro paese. La famiglia Olivetti perdette l'azienda già nel 1963, quando un gruppo di intervento guidato da Mediobanca e di cui facevano parte tutti i principali gruppi italiani, Fiat inclusa, ne prese il controllo e risolse la crisi finanziaria causata in parte dalla campagna americana con l'acquisizione di Underwood.

Il figlio di Adriano, Roberto, restò in Olivetti con incarichi dirigenziali fino al 1978. Lasciò la vicepresidenza e il gruppo con l'arrivo di Carlo De Benedetti. Oggi, una delle figlie di Adriano, Lalla, guida la Fondazione Adriano Olivetti a Roma.

Nel 1872 Giovanni Battista Pirelli fondò una società che produceva articoli in gomma. A cavallo tra Ottocento e Novecento cominciò la produzione di pneumatici. All'inizio degli anni Cinquanta, la Pirelli lanciò sul mercato il radiale cinturato, e vent'anni dopo lo pneumatico ribassato. Sono i due prodotti del mito. Negli anni Settanta per l'azienda milanese comincia un processo di internazionalizzazione molto accentuato, condotto da Leopoldo, nipote di Giovanni Battista. Nel 1990 la Pirelli fallisce il tentativo di acquisizione della tedesca Continental. Leopoldo si ritira. Gli succede il genero, Marco Tronchetti Provera, il quale lentamente porta la famiglia e il gruppo in un altro settore, la telefonia, inaugurando un filone di metamorfosi di alcune famiglie del capitalismo che lasciano le manifatture per aggiudicarsi le rendite garantite da alcuni servizi. Ma il peso del gruppo è ridimensionato rispetto a soli trentacinque anni fa, quando Agnelli e Pirelli erano le preminenti famiglie del capitalismo italiano.

In un secolo è cambiato tutto, le imprese che nacquero allora non ci sono più, fuse con altre, assorbite, smembrate, utilizzate a volte come scatole il cui nome non corrisponde più a quello che contengono. E così è stato delle famiglie che dettero vita al capitalismo italiano. Di quei tempi – insieme ai Marzotto, che però hanno una storia a parte – sono rimaste una sola azienda e una sola famiglia con posizioni paragonabili a quelle di allora. La Fiat e gli Agnelli.

Perché loro ci sono ancora e gli altri no? Innanzitutto bisogna tenere conto di un fattore statistico: la probabilità che qualcuno resistesse è toccata in sorte a loro. C'è poi un elemento quantitativo: la Fiat partiva da una dimensione imponente e aveva una centralità nel nostro sistema industriale, economico e finanziario tale da attirare intorno a sé una speciale, generale considerazione.

Vanno valutate infine alcune questioni specifiche. Gli Agnelli diventano una dinastia longeva, oltre cent'anni di vita, anche per certe loro peculiari caratteristiche.

Ci sono almeno tre ragioni che ne spiegano la resistenza. La prima: nonostante siano numerosi e abbiano avuto delle tensioni interne, non si sono divisi. Giovanni Agnelli II, il leader della terza generazione, lavorò molto alla coesione famigliare. E negli anni Ottanta varò uno strumento, una società in accomandita, che sostanzialmente vincolava a un patto di consanguineità un blocco di azioni della Fiat pari a circa il 30 per cento del capitale.

La seconda ragione è più interessante. Per quasi sessant'anni, dal dopoguerra all'inizio di questo secolo, gli Agnelli sono stati guidata da Giovanni II. È stato un regno lungo e controverso. Per molti anni gli osservatori hanno ritenuto che egli fosse l'unico catalizzatore e che alla sua morte tutto si sarebbe sfasciato. Ancora nel 1999 uno dei suoi biografi, Giancarlo Galli, scrive che i membri sparpagliati della famiglia tengono le loro azioni, ma sono «pronti a disfarsene se dovesse scomparire il Monarca». Invece, succede il contrario. Alla morte di Gianni non solo gli Agnelli restano uniti, ma in un frangente di estrema crisi ricapitalizzano l'accomandita proprio perché Gianni è morto. Insomma, lui era stato il loro carceriere psicologico, ma alla sua morte i suoi parenti si accorgono di esistere solo in quanto prigionieri dell'azienda.

Terza ragione. Il collante famigliare, nonostante la perversità tipica dei rapporti di clan, ha instillato loro una specie di dover essere. È uno degli elementi della fortuna dinastica descritta da David S. Landes nel suo ultimo libro sul capitalismo delle dinastie, *Dynasties*.

C'è un'altra domanda alla quale bisogna rispondere. Che interesse può avere oggi la storia frammentaria, atomizzata, rimasticata di questi 170 eredi di Giovanni Agnelli I? Ebbene, sono molte le ragioni per cui la storia degli azionisti di riferimento della Fiat è ancora attuale.

La prima è che la partecipazione del nostro paese e della nostra cultura al capitalismo si svolge essenzialmente attraverso gli Agnelli. Del resto, è per questo che sono stati protagonisti e oggetto di una regalità sostitutiva, durata ininterrottamente dalla fine della seconda guerra mondiale fino alle vicissitudini di Lapo Elkann.

Seconda ragione: anche se messo in relazione con le vicende di altre dinastie del capitalismo attive sulla scena – i Marzotto, per esempio, che da dieci anni lavorano per trovare un assetto stabile in grado di assorbire le inevitabili tensioni dell'allargamento famigliare, oppure in prospettiva i Berlusconi – il caso Agnelli è singolare perché sinora sono riusciti a scavalcare la modernità, a non esplodere come famiglia, né a implodere sotto il peso di un tracollo aziendale.

La terza ragione riguarda l'assetto del nostro sistema economico e finanziario, che attraversa una fase tormentata di ristrutturazione. In Italia c'è una tendenza, una linea di cultura politica, da sempre orientata al tema della riforma del capitalismo. La densità ideologica e la storica contrapposizione tra un capitalismo di Stato e uno laico e privato hanno tenuto in vita questo filone, anche in tempi di sostanziale egemonia della cultura di mercato. Negli anni Novanta il capitalismo italiano ha vissuto una stagione di trasformazione.

Alcuni protagonisti del capitalismo famigliare si sono indeboliti – o sono scomparsi, come i Ferruzzi-Gardini –, è finita l'Iri, si sono affacciati gruppi stranieri, sono emersi poteri nuovi. Si è aperto infine il capitolo delle privatizzazioni, un'occasione mancata per l'evoluzione del capitalismo privato. È fallito l'approccio di mercato e ha prevalso la tentazione del laboratorio assoggettato a una visione politica – un processo di cui si avvertono ancora gli strascichi. Il caso più rappresentativo è Telecom. All'inizio la privatizzazione della società telefonica costituì una chance per il capitalismo famigliare. E furono proprio gli Agnelli a essere coinvolti nella vicenda, chiamati a far parte di un nocciolo duro costituito dalle banche e dall'Ifil. L'estrema provvisorietà di quell'assetto fu il terreno ideale per una soluzione molto caldeggiata dall'allora presidente del consiglio e leader riformista Massimo D'Alema, il quale favorì un'operazione di ricambio, l'ingresso in campo di soggetti nuovi e vitali, la cosiddetta razza padana di Roberto Colaninno ed Emilio Gnutti. La razza padana acquisì con un'opa in debito la Telecom, subentrando al nocciolo duro. Tale avvicendamento doveva essere un simbolo, significare la fine di un'epoca e l'inizio di un'altra. Ma la razza padana aveva soprattutto finalità speculative, così Telecom fu ceduta a una cordata. Alla guida di questa nuova compagine di acquirenti c'era il gruppo Pirelli, entrato in Telecom a indicare una specie di via di fuga: dalla manifattura al rifugio nelle tariffe. Anche qui, dunque, un significato simbolico. Infine è arrivato il dibattito degli ultimi mesi: a cospetto delle difficoltà dei nuovi azionisti di riferimento è insorto un fenomeno di ritorno, l'interventismo semipubblico. Di nuovo Telecom è stata un laboratorio. Un intero fronte di forze unite da una visione culturale maturata nel passato ha sostenuto la tesi dello scorporo di un pezzo dell'azienda: la rete telefonica fissa da ricondurre in un'orbita parastatale.

Ora, proprio mentre era in corso questo dibattito, la traiettoria ciclica della Fiat – e della famiglia che ne controlla la maggioranza relativa del capitale – dimostrava che forse lo spazio per un normale capitalismo di mercato c'è ancora. Basterebbe concentrarsi sugli affari, sul business, invece di elaborare strategie di potere. Se la Fiat negli anni Novanta non avesse trascurato la sua ragione sociale – realizzare automobili di successo –, distratta da altre emergenze e da altri piani d'azione, probabilmente non avrebbe rischiato di scomparire.

Bisogna notare peraltro – e questa è una quarta ragione di interesse – che il caso della Fiat, per come lo osserviamo oggi, riflette una specie di gravitazione globale: come spiega Landes, nel settore auto, nonostante la ciclicità, il capitalismo ha ancora una forte componente famigliare. Resta famigliare in America con i Ford; in Europa, oltre che con gli Agnelli, con i Peugeot (gruppo Psa), i Quandt (Bmw), i Piech-Porsche (Porsche e Volkswagen, che la stessa Porsche sta scalando);

in Asia con i Toyoda, la cui Toyota è diventata il primo costruttore mondiale, o con gli emergenti Tata. Dunque la vicenda degli Agnelli da questo punto di vista sfugge a un'analisi confinata nelle dinamiche italiane – in cui il successo del modello famigliare è molto diffuso, ma riguarda soprattutto produzioni ad alta specializzazione o imprese a bassa intensità di capitale – e si ricollega a certe imperscrutabili regole del capitalismo mondiale.

La quinta ragione di interesse è del tutto specifica. Come vedremo, gli Agnelli formano un clan estremamente esteso, abbastanza separato dall'azienda che controlla, con interessi via via più lontani dall'industria e dalla finanza. Hanno acquisito dapprima abitudini aristocratiche, e successivamente una parte di loro ha subito un repentino imborghesimento. Hanno poche individualità e scarsa coesione sentimentale. Eppure, nonostante il brancaleonismo di lusso, mantengono la testa del primo gruppo privato italiano. Rappresentano un caso di *governance* di un sistema famigliare in cui si mischiano modernità, vecchie suggestioni dell'età dei magnati e un po' di spirito selvatico delle origini (spirito che si è manifestato di recente quando sono risaliti sopra il 30 per cento del capitale, e nelle more di questa operazione sono state violate le regole sull'informazione ai mercati). Tutto ciò fa di loro un soggetto abbastanza inconsueto. La stabilità di un'azienda, la Fiat, che ritrova la sua vena industriale, la sua ragion d'essere, dipende anche da un gruppo di persone la cui maggioranza non concettualizza la sua funzione, né si interroga su se stessa. Semplicemente, ciascun componente della famiglia comincia ad abituarsi all'idea di dover trattare la sua quota come un qualunque investimento, sganciato dal significato sociale o sentimentale che rappresenta. Se ciò vorrà dire separare completamente la funzione dell'azionista da quella di governo dell'azienda, come sembrerebbe siano orientati a fare, tale scelta avvicinerebbe il capitalismo italiano a quello di altri paesi occidentali. In questo momento si svolge una trama interessante: l'evoluzione sotto i nostri occhi di un'élite che – sebbene frammentaria, eterogenea, da un punto di vista generazionale poco avvezza al ruolo di classe dirigente – resiste e per rimanere sulla breccia deve modificare il proprio ruolo.

C'è un fatto che descrive la singolarità di questa vicenda: la famiglia ha affidato la scommessa sulla sua continuità a un manager, Sergio Marchionne, che incarna la discontinuità per il fatto stesso di non avere mai incontrato Gianni Agnelli.

*Alcune questioni economiche*

## L'accomandita e il ruolo di Gabetti

Tra i discendenti maschi del Senatore, uno solo oggi si chiama Agnelli: Andrea, figlio di Umberto. Ormai i discendenti del Senatore non sono in rapporti molto stretti tra loro. Sono arrivati alla sesta generazione, quella di Leone Elkann, neonato figlio di John Elkann, il vicepresidente della Fiat. Nonostante la distanza parentale via via crescente, sono tutti soci di una società in accomandita che si chiama Giovanni Agnelli & C. e attraverso due finanziarie controlla il 30 per cento della Fiat.

L'accomandita nacque nel 1986 per salvaguardare l'unità famigliare in relazione al controllo della Fiat. Oggi su di essa regna Gianluigi Gabetti, presidente, che guida il consiglio dei soci accomandatari, composto da John Elkann, vicepresidente, Ruy Brandolini e Alessandro Nasi.

Gabetti è un signore di ottantatré anni, alto, molto distinto, sguardo gelido e intenso. Entrò nell'orbita della casa più di trent'anni fa, chiamato da Gianni Agnelli, il quale gli propose di lavorare per lui durante un breve soggiorno a New York, dove Gabetti viveva, nelle more di una visita al Moma. Gabetti, uno degli artefici delle fortune della finanza famigliare fuori dal perimetro della Fiat, si ritirò alla fine degli anni Novanta. Umberto gli chiese di tornare quando le condizioni di salute di suo fratello si aggravarono. Oggi è una specie di allenatore in campo della famiglia. È ascoltato, ruvido, poco incline a parlare di sé e degli altri. Intelligenza rapida e al tempo stesso ponderata, è l'uomo che ha condotto le operazioni di salvataggio degli Agnelli-Nasi nella fase più difficile della loro storia dalla fine della guerra in poi. Gli avvenimenti decisivi per tutti i soci dell'accomandita si concentrarono in due anni e mezzo. Dall'aumento di capitale dell'inizio del 2003 fino alla conclusione dell'operazione di *equity swap* nell'autunno del 2005.

Il 20 settembre 2005 per una brevissima frazione di tempo – così piccola da essere quasi inesistente – la famiglia Agnelli si trovò sotto il 30 per cento del capitale Fiat, cioè priva del potere di comando in assemblea.

Quel giorno scadeva il termine per la restituzione a un pool di otto banche di tre miliardi di euro di un prestito ottenuto tre anni prima. Il contratto prevedeva che in caso di mancata restituzione della somma, gli istituti di credito sarebbero entrati nel capitale della società. E così effettivamente accadde. Le otto banche entravano con circa il 27 per cento del capitale e gli Agnelli – attraverso una catena di controllo fatta di alcune società – scendevano al 22 per cento circa. Ma lo stesso 20 settembre accadde che la famiglia Agnelli con una millimetrica operazione finanziaria condotta sul filo delle regole di borsa rientrò in possesso di una quota dell'8 per cento che la riportò al 30,06 per cento del capitale della Fiat, al riparo da un'eventuale scalata ostile a basso costo.

L'operazione fu considerata al limite della regolarità sostanzialmente per due ragioni. La prima: nonostante gli Agnelli quel giorno fossero scesi sotto il 30 e poi risaliti subito dopo, non ebbero l'obbligo di effettuare un'offerta pubblica di acquisto sul totale del capitale (come prescrivono le nostre regole quando si supera il 30 per cento del capitale di un'azienda). Fu la Consob, la commissione che vigila sulle società quotate, a dare una favorevole interpretazione preventiva di questa mossa. Seconda ragione: stando all'autorità di vigilanza, gli Agnelli avevano cominciato ad accumulare quell'8 per cento del capitale Fiat, attraverso una loro società francese di nome Exor, già a partire da aprile. Ma i vertici della principale finanziaria della famiglia, l'Ifil, che sono gli stessi di Exor, sostenevano che Ifil non sapesse nulla di quello che faceva Exor. Per questo, su richiesta di chiarimento da parte della Consob, nel corso dell'estate era stato risposto che le società della famiglia non erano a conoscenza dei movimenti di mercato in atto.

Su questo punto è stata aperta un'inchiesta della Consob che si è chiusa nel febbraio scorso con una multa da 16 milioni di euro irrogata all'Ifil, alla società in accomandita Giovanni Agnelli & C., a Gianluigi Gabetti, a Franzo Grande Stevens, l'avvocato che aveva ideato la parte giuridica dell'operazione, e a Virgilio Marrone, amministratore dell'Ifi. Contro la decisione della Consob è stato presentato ricorso.

Il fatto è che, per la prima volta in quasi cent'anni, gli Agnelli temevano di perdere il controllo della Fiat. L'ingresso delle banche nel capitale era considerato un cavallo di Troia che avrebbe potuto preludere all'ingresso nell'azionariato di soci forti in grado di marginalizzare gli azionisti storici, magari con la prospettiva che il gruppo venisse smembrato e venduto con la formula del cosiddetto spezzatino.

La famiglia, invece, mostrò in quell'occasione un'energia che gli osservatori non sospettavano. Decisero che non avevano intenzione di mollare la presa, così come non l'avevano mollata nel 2003.

L'operazione costò circa 500 miliardi. Ma in realtà si trattò di una spesa più modesta. Secondo la ricostruzione del professor Alessandro Penati («la Repubblica», 23 settembre 2005) si ripresero il controllo di una società del valore di 9 miliardi di euro con una spesa di 184 milioni. In questa chiave, la multa da 16 milioni di euro è un modico supplemento di spesa per il riacquisto della quota di controllo. Il prezzo dell'*animal spirit*, in un certo senso. Vedremo in seguito che la decisione di non mollare arriva alla fine di un lungo periodo – che comincia sostanzialmente alla fine degli anni Ottanta – in cui la Fiat ha bruciato molta ricchezza, ricchezza perduta innanzitutto dagli azionisti di riferimento.

Ma chi sono i soci dell'accomandita? Alcune decine di persone, eredi diretti del senatore Agnelli. Rappresentano dieci nuclei famigliari, sei sul lato Agnelli, quattro sul lato Nasi (Umberta Nasi ne uscì alcuni anni fa). Li descriveremo partendo dal lato Agnelli, in ordine di anzianità dei capostipite, Clara, Gianni, Susanna, Maria Sole, Cristiana, Umberto: dunque prima i Fürstenberg, poi gli Elkann, i Rattazzi eccetera. Poi toccherà al lato Nasi con lo stesso ordine di anzianità, a cominciare dai Ferrero Ventimiglia.

*Le famiglie*

# I Fürstenberg

La vicenda imprenditoriale degli Agnelli nasce circa centovent'anni fa. La storia del senatore Giovanni Agnelli I è una tipica storia della trasformazione sociale tra la fine dell'Ottocento e l'inizio del Novecento. Giovanni è un proprietario terriero, di recenti origini, con una azienda di un centinaio di ettari a Villar Perosa, dove occupa una buona posizione sociale sancita dall'acquisto di una villa settecentesca disegnata dall'architetto della modernizzazione torinese Filippo Juvarra (dalla famiglia viene considerata ancora oggi luogo fondativo del mito).

Dopo una parentesi di servizio come ufficiale di cavalleria, sceglie la strada degli affari. Tra le molte operazioni, si mette in società con un gruppo di aristocratici torinesi che vogliono costruire automobili, attività pionieristica all'epoca piuttosto alla moda. La Fiat (Fabbrica Italiana Automobili Torino) nasce nel 1899. Poiché Giovanni Agnelli è il più giovane tra i soci, diventa segretario del consiglio di amministrazione, e per le doti organizzative che dimostra viene presto nominato amministratore delegato; riorganizza la giovanissima azienda automobilistica sia da un punto di vista industriale che da quello dell'architettura finanziaria.

In pochi anni accresce la sua posizione nell'impresa, ne diventa amministratore e partecipa alla corsa agli armamenti che prepara la prima guerra mondiale. Piano piano estromette gli altri soci e diventa l'unico proprietario della Fiat.

Si sposa con Clara Boselli e dal matrimonio nascono due figli: Edoardo e Aniceta, detta Tina. Edoardo, l'erede maschio, sposa Virginia Bourbon del Monte da cui ha sette figli. Tina sposa un ingegnere di buona famiglia, Carlo Nasi da cui nascono cinque figli.

La vita personale di Giovanni Agnelli I fu abbastanza terribile. Il successo, la fondazione del primo gruppo industriale del paese furono bilanciati da un impietoso rendiconto sul piano degli affetti. Vide morire entrambi i suoi figli. Tina morì di parto nel 1928 dando alla luce Emanuele. Edoardo morì nel 1935.

Susanna, la terzogenita, raccontò la storia in *Vestivamo alla marinara*, un libro di ricordi famigliari pubblicato nel 1975. In un giorno dell'estate del 1935, il pilota Arturo Ferrarin, asso dell'aria della prima guerra mondiale, già *recordman* 1928 di velocità aerea in circuito chiuso e di volo senza scalo, ammara a Forte dei Marmi con un idrovolante S.80 su cui Suni viene portata a fare un giro. Ferrarin si ferma a colazione. Nel primo pomeriggio riparte per Genova; Edoardo con lui, deve tornare a Torino. All'ammaraggio, Edoardo si alza in piedi prima del tempo (secondo alcuni testimoni, forse per mettersi in posa per una foto), il velivolo urta un tronco e sobbalza, lui sbatte la testa contro una pala d'elica e muore sul colpo. Quando squilla il telefono alla villa del Forte risponde la nonna americana, «princess Jane». Abbassa la cornetta e dice a Suni, che ha quattordici anni: «Tuo padre è morto».

Maria Sole ricorda che i più piccoli non seppero nulla quel giorno. La mattina dopo furono svegliati dalle tate che portavano in braccio vestiti da città, scarpe e calze. «Nessuno ci disse che era morto nostro padre, lo sapemmo più tardi. Quando arrivammo a casa a Torino, mammà ci chiese se anche noi bambini volessimo vederlo e Miss Parker disse, no donna Virginia, è meglio che lo ricordino com'era... Aveva una fasciatura intorno alla testa.»

La morte di Edoardo cambiò il destino della famiglia, gli dette una piega imprevista. Che cosa sarebbe accaduto se Edoardo non fosse morto? Aggiunge Maria Sole: «Innanzitutto, è difficile dire come sarebbe andata alla caduta del fascismo. Mio nonno pagò e fu epurato. Noi ragazzi non fummo presi neppure in considerazione perché eravamo troppo giovani. Ma se mio padre fosse rimasto in vita, alla fine della guerra avrebbe avuto cinquantatré anni. Probabilmente le responsabilità attribuite alla Fiat per aver sostenuto lo sforzo bellico del regime sarebbero ricadute anche su di lui. Era quello che pensava mia madre, del resto. La seconda cosa che sarebbe cambiata, riguarda Gianni. Se mio padre non fosse morto così giovane, non avrebbe avuto da mio nonno la posizione pazzesca che ebbe».

Per il Senatore la morte di Edoardo fu l'esperienza più dolorosa della vita. Aveva riconosciuto suo figlio nella camera mortuaria dell'ospedale di Genova, inaugurando una tradizione che sarebbe toccata in sorte anche ai suoi nipoti Gianni e Umberto: trovarsi davanti a un figlio morto. Dopo il funerale scoppiò in lacrime con la nuora nel giardino di Villar Perosa. Per sua moglie già debilitata dalla fine di Tina, fu il colpo definitivo. Si incupì ancora di più e si chiuse in sé, e quando i nipoti andavano a trovare i nonni a Villar Perosa e giocavano in giardino, «arrivava qualcuno di casa» racconta Maria Sole «per dire: la senatrice prega di fare silenzio».

Edoardo e Virginia chiamarono Clara la loro prima figlia, nata nel 1920. Sposò giovanissima, a vent'anni, Tassilo von Fürstenberg, rimarchevole famiglia aristocratica tedesca. Secondo Susanna in *Vestivamo alla marinara*, quando al senatore Agnelli fu riferito che Tassilo avrebbe gradito una posizione in Fiat, disse che avrebbe preferito che continuasse a fare il principe. In verità, Fürstenberg non aveva alcuna intenzione di lavorare e non lavorò mai, salvo alcuni incarichi di rappresentanza che svolse per l'azienda del suocero. Nel complesso il Senatore lo guardava con benevolenza, e Virginia spingeva decisamente a suo favore. Tassilo e Clara ebbero tre figli, Ira, Egon e Sebastiano.

Clara, occhi espressivi, spiritosa, umorismo pungente, ottima cuoca, una volta quand'era sfollata in Svizzera – come raccontò in un'intervista a Brando Giordani – le capitò anche di lavare i piatti. In famiglia dicono considerasse le sue cose e le sue esperienze sempre migliori di quelle degli altri.

Negli anni Cinquanta, con una mossa spregiudicata per quei tempi, lasciò suo marito per Giovanni Nuvoletti, dandy, rifondatore – e poi a lungo presidente – dell'Accademia italiana della cucina. In quanto «irregolari», per vent'anni furono inseguiti dalla stampa scandalistica. Questa scelta causò una frattura famigliare.

Racconta Sebastiano: «Quello di mia madre e mio padre fu il primo matrimonio misto degli Agnelli di quella generazione. Gianni coltivava un disegno di ascesa sociale e mondana e lo trasmise per induzione a Suni e a Cristiana. Mia madre, nonostante avesse fatto il matrimonio migliore, non aveva quella spinta. Gianni aveva considerato il matrimonio con Fürstenberg una promozione, inoltre non gli piacque che sua sorella si innamorasse, e per di più di uno come Giovanni Nuvoletti. Così si schierò contro di lui, e i rapporti si incrinarono fortemente tra Clara e Gianni. E Gianni per vent'anni non entrò in casa di mia madre».

Clara rimase comunque fedele al fratello. E osservò un'abitudine alla lateralità anche nella vicenda Fiat, dove è sempre stata incline a farsi i fatti suoi. La sua quota nell'accomandita è all'1,4 per cento.

La base dei Nuvoletti è sul Terraglio, una delle strade più famose del Veneto, nell'antica villa Papadopoli, dove nel 1849 fu firmata la resa di Venezia agli austriaci, e che fu teatro di alcune loro feste memorabili.

*

La prima figlia di Clara è Ira Fürstenberg. Voleva fare l'attrice. Vanta diciotto righe nella «Garzantina» del cinema, che così ne sintetizza la carriera: «Vive la sua stagione d'oro nel cinema italiano degli anni Settanta, recitando per lo più in grossolane farse a sfondo erotico». La sua partecipazione più prestigiosa è in *Il Prof. Dott. Guido Tersilli, primario della clinica Villa Celeste convenzionata con le mutue*, pellicola in cui ebbe un piccolo ruolo anche Giovanni Nuvoletti, amico di Alberto Sordi e con un passato giovanile di attore dilettante.

Ancora ragazzina, sposò Alfonso Hohenlohe-Langenburg a Venezia. Un lungo corteo di barche sul Canale, celebrato dal patriarca Angelo Roncalli, fu un matrimonio che già nel 1955 poteva essere considerato d'altri tempi. Alfonso era erede di una casa feudale bavarese, origini nell'XI secolo. Sua madre, morta quasi centenaria nel 2000, solo tre anni prima di lui, era una impegnativa Maria de la Piedad di Yturbe e Scholtz-Hersmendorff, marchesa di Belvis de la Navas. Da lei Alfonso ereditò cospicue proprietà in Spagna, sulle quali costruì Marbella.

Il secondo marito di Ira fu Baby Pignatari, miliardario e playboy brasiliano. Lei è la prima tra gli Agnelli a cercare nel jet set non il progetto dinastico, ma il senso stesso dell'esistenza. «Ira» dice Sebastiano «aveva l'istinto del glamour e del jet set, poi quelli diventarono i suoi valori, ma in questi valori non vi è nulla di regale.» La descrivono fredda, determinata, fascinosa, egocentrica. Vive a Parigi. C'è stato un momento in cui fu in predicato di unirsi a Ranieri di Monaco, dopo la morte di Grace. Ha avuto due figli Hohenlohe: Cristoph, detto Kiko, e Hubertus.

Kiko è morto l'anno scorso in una prigione thailandese. La storia è questa: nel luglio del 2006, sta facendo un giro in Asia. Il 4 luglio è a Manila per festeggiare il compleanno di Imelda Marcos. Da lì si muove verso Dubai dove trascorre un paio di giorni con degli amici, riparte per il Brunei dove visita il sultano Hassanal Bolkiah, l'11 luglio arriva in Thailandia. Il programma è di rimanervi fino al 29. Vuole trascorrere qualche giorno in un centro benessere di Bangkok per sottoporsi a una cura dimagrante. Negli ultimi tempi era ingrassato molto, pesava oltre cento chili, e non assomigliava più al bambino bellissimo che era stato. Il 29 luglio va all'aeroporto. Accorgendosi che il suo visto è scaduto, decide di falsificarlo. Al controllo i poliziotti dell'immigrazione si accorgono dell'irregolarità. Lui nega. Comincia una discussione. Insiste. I poliziotti invece di espellerlo si irrigidiscono, e ne chiedono l'incarcerazione. Lui riesce a chiamare il suo amico Rolf von Buren, che ha dei negozi di lusso in Thailandia, e gli chiede di dargli una mano. Viene spedito in carcere. Ha un passaporto lussemburghese e questo complica le cose, è più difficile aiutarlo perché non è assistito da un'adeguata protezione diplomatica.

A Bangkok arriva anche sua madre. Il venerdì lo va a trovare. All'inizio non lo riconosce: è rapato a zero, sfigurato dalle percosse e in condizioni pietose, anche perché il regime carcerario thailandese è disumano. La madre gli compra un panino e delle bibite, tra cui una Sprite. Lui ha la faccia scavata, è stanco, ma non le chiede altro. Ira lo lascia, sicura di tirarlo fuori nel giro di qualche giorno. Dopo poco, tuttavia, Kiko si sente male. Nessuno se ne accorge. Per quattro ore viene lasciato solo, privo di soccorso, entra in coma, viene portato in ospedale dove muore dopo tre giorni, l'8 agosto. L'8 novembre, avrebbe compiuto cinquant'anni. Che cosa gli sia capitato davvero non si sa. Forse una crisi cardiaca.

Suo zio Sebastiano in un'intervista al «Corriere della Sera» lascia intendere che la sua morte è il crudele ma ragionevole compendio di un'esistenza. «Non è facile spiegare chi era mio nipote. Se penso a lui mi vengono parole come fragilità, faciloneria, solitudine rumorosa... La memoria mi riporta ai primi anni Sessanta. Io ragazzino, Kiko bambinetto. Giocavamo assieme a Venezia, nella casa di famiglia. Lui era un tipino esuberante, allegro, scatenato. Orfano bianco, purtroppo. Come Hubertus. La madre, per varie ragioni, a cominciare dalla giovanissima età, ebbe scarsa parte nella loro educazione.»

Sebastiano racconta la storia di Kiko, il collegio a Vaduz, la riapparizione sulla scena a vent'anni, bel ragazzo alto, scanzonato, brillante e simpaticamente pettegolo, che apprezza il lato grottesco delle cose, cerca la leggerezza, ama la vita mondana. Suo padre gli fa seguire studi alberghieri e tenta di indirizzarlo agli affari sulla Costa del Sol. Invano. A un certo punto, una crisi esistenziale: si trasferisce a Honolulu dove si mette a fare surf, si lascia crescere i capelli, li tinge di un assurdo colore tra il giallo e l'arancione e diventa un maniaco del body building. «Credo che Kiko prendesse anabolizzanti. Roba che gonfia i muscoli e indebolisce il cuore ... Era un uomo solo, nelle compagnie più rumorose. Se la passava bene, ma finché visse suo padre non disponeva di grandi ricchezze. La famiglia non gli perdonava il suo essere fuori da ogni attività concreta e lo tenevano un po' a stecchetto. Alla morte di Alfonso, su Kiko piove una consistente fetta di eredità. E lui si mette tranquillo, si sente più sicuro ... Purtroppo lui era impulsivo e facilone. Non si è reso conto che falsificare il visto lo avrebbe esposto a seri rischi. Così è finito in prigione.»

Suo fratello Hubertus, bel ragazzo sportivo, presidente e fondatore della squadra maschile di sci messicana di cui è stato per molti anni il numero uno (un po' come Alberto di Monaco e il bob), ha partecipato a quattro Olimpiadi e dodici mondiali, l'ultimo dei quali nel febbraio 2007 in Svezia. Disegna vestiti da sci, dipinge, fa fotografie artistiche, e ha inciso un disco dedicato a Andy Warhol. Attualmente si occupa del patrimonio finanziario lasciatogli dal padre.

*

Il secondo figlio di Clara era Egon, lo stilista. È morto nel 2004 a 58 anni. Era un uomo bello, piuttosto elegante, signorile, sempre a suo agio. Delfina Rattazzi, sua cugina, ne scrive così: «Faceva amicizia con tutti, parlava con tutti, non giudicava mai le persone secondo la loro posizione nella scala sociale. Sosteneva che bisogna viaggiare in seconda classe perché le persone più interessanti si conoscono in quei vagoni». Dopo aver lavorato per quattro anni in una banca a New York, Egon cambiò strada e scelse la moda.

Fece il buyer per i grandi magazzini Macy's, e a New York si iscrisse ai corsi serali del Fashion Institute of Technology. Sebbene fosse anche uno stilista di alta moda, in realtà fu sempre attento a sfruttare il suo marchio in senso più popolare. I suoi vestiti non erano particolarmente costosi, si occupò di extralarge e di lingerie per l'Upim; aveva trenta licenze, dai divani alle bomboniere d'argento. Pubblicò quattro libri, un'autobiografia e tre libriccini che sarebbero piaciuti a Bertie Wooster, il personaggio di Wodehouse, per la sua rubrica sul «Boudoir di Milady», e cioè *Un vero signore si veste, Una guida per uomini soli* e *Il meglio del meglio.* Come molti dei suoi parenti, aveva una passione per le case; a parte quella di famiglia a Strobl (è sepolto lì), ne aveva avute a New York, a Miami, Porto Rotondo, Roma, Milano, Rio de Janeiro, Careyes.

Fu un jet setter appassionato, tuttavia non ostensivo; era consapevole della sua parte nel mondo – gli spettava pur sempre il trattamento di «Sua Altezza Serenissima» – ma con molta sportività. Dice suo fratello Sebastiano: «Si sentiva parte di un'élite mondiale e viveva come se avesse una disponibilità che in realtà non aveva. Aveva un rapporto con il denaro molto strano». Era contemporaneamente generoso e avveduto.

Allo zio Gianni era simpatico. Era il suo primo nipote maschio, ne fu padrino di battesimo e in principio esercitò su di lui una forma di tutoraggio. Era stato lui a spedirlo in Chase Manhattan Bank, ma poi ne assecondò la decisione di seguire le proprie attitudini.

Si incontravano abbastanza spesso. Una volta Egon fu affidatario di una di quelle massime che assomigliano al brutto titolo di un giornale pretenzioso: «Andavo a Capri quando le contesse facevano le puttane, ora che le puttane fanno le contesse non mi diverte più» gli disse suo zio. Gianni lo prende in giro quando sposa Diane Halfin: un principe che impalma una principessa, gli dice alludendo all'espressione *jewish american princess*, che si riferisce allo stile di vita delle ragazze ebree della buona società (Diane è ebrea). Un'altra volta, mentre erano a passeggio insieme a New York, entrarono nel negozio La Vecchia Russia e gli regalò inaspettatamente una scatola a canna di fucile.

Egon ha avuto due mogli. Diane e Lynn Marshall. Era bisessuale, e lo dichiarò nel 2000 in occasione del Gay Pride romano. Ebbe un amico e socio, Enzo Merli, con cui condivise l'avventura imprenditoriale. Quando Egon morì, fece fare una cartolina che poi distribuì agli amici: da una parte c'era una foto di Egon sorridente, dall'altra tredici righe di commiato.

Egon sposò Diane Halfin nel 1970. Diane fu il suo grande amore. Origini ebraiche, scuole perbene, veniva da una famiglia referenziata che viveva a Bruxelles, padre ingegnere russo, madre greca. Conobbe Egon a Ginevra e subito si sposarono. Lei era incinta di Alessandro, il primo figlio. Andarono a vivere a New York, dove Diane si fece largo in virtù dell'abilità nel coltivare rapporti – fondamentale, dicono, quello con Diana Vreeland, potentissima direttrice di «Vogue America» – e di un certo talento professionale. Anche lei stilista, ha inventato il *wrap dress*, un abito di jersey che si allaccia come una vestaglia e non si stropiccia. È diventato uno dei grandi classici dell'eleganza femminile borghese occidentale. Nel suo campo viene considerata una discreta innovatrice, per il prêt-à-porter facile e poco costoso.

Determinata, focalizzata su denaro, successo e carriera, ha superato i momenti di difficoltà scrivendo libri sulle decorazioni domestiche e sull'arte di apparecchiare la tavola. Attualmente Diane è sposata con Barry Diller, potente magnate americano dei media.

I buoni matrimoni americani restano uno schema di gioco praticato in famiglia. Alessandro Fürstenberg ha sposato la più giovane delle sorelle Miller, Alexandra, da cui si è poi separato, figlia del miliardario americano Robert Miller, proprietario della catena Duty Free Shop e immobiliarista globale con cospicue proprietà in Hong Kong. In tale occasione Clara Agnelli notò: «Quella ragazza è ricca, ricca, ricca».

I matrimoni sono la specialità delle sorelle Miller: Marie Chantal ha sposato Paolo di Grecia, Pia Paul Getty jr. Ma anche gli Agnelli si difendono, e circa la vocazione alle unioni transatlantiche la tradizione è solida. Pupetto Sirignano, il gran mondano, nelle sue memorie racconta una storia buffa su princess Jane, decana delle americane in Italia. «Una moglie americana senza soldi» diceva «è come una vacca senza latte.» Princess Jane non aveva una lira.

Alessandro ha oggi 37 anni, due figli, Talita e Tassilo, si occupa di finanza famigliare, essendo piuttosto orientato sul lato denaro. Si dice che Barry Diller, senza discendenti, voglia nominarlo erede universale.

La seconda figlia di Egon e Diane è Tatiana. Imprinting ebraico, vive in California, abbastanza appartata. Dice un amico che è stata il prototipo della ragazza ricca che può permettersi di vivere nella stabile condizione di outsider di talento: ha interpretato una particina in *Intervista col vampiro*, ha posato per Helmut Newton, ha aperto un piccolo negozio di moda, ha partecipato a un video di Madonna. Ha avuto una figlia di nome Antonia da Russell Steinberg, attore comico americano, ma di base ha assunto nella vita sentimentale lo spirito *open minded* di entrambi i genitori.

*

Sebastiano, 57 anni, è il figlio preferito di Clara, la quale – si dice – volesse compensare il fatto che i due figli maggiori avessero avuto già abbastanza dalla fama. Vive a Mestre, si occupa degli interessi famigliari, ha fondato e guida una banca, l'Ifis, quotata a Milano, segmento Star. La Banca Ifis è l'unico operatore indipendente italiano nel settore del factoring, cioè quello strumento finanziario che consente a un'impresa di cedere a un operatore specializzato dietro un pagamento scontato i crediti vantati nei confronti dei propri clienti. In Italia il factoring ha mercato per le piccole e medie imprese, di solito sottocapitalizzate. Spesso si tratta di aziende che, pur avendo fatturato e utili nell'ordine dei milioni di euro, hanno un capitale versato minimo. La scarsa capitalizzazione rende disagevole l'accesso al credito bancario. Il factoring è uno strumento di finanziamento per queste imprese. La Banca Ifis venne fondata nel 1983, per scontare le fatture di un gruppo attivo nel settore dell'abbigliamento. Negli ultimi quattro anni è cresciuta a ritmi molto sostenuti. Oggi capitalizza quasi 300 milioni di euro, in un solo anno è cresciuta del 30 per cento.

Sebastiano è un uomo soddisfatto, anche perché è uno dei pochi nella cerchia dei cugini ad aver fatto soldi per meriti propri. Gli piace la politica, ha un passato di simpatie sanbabiline, frequenta i forum su Internet, compresi quelli della «Repubblica».

Per chi capisce le meraviglie degli anni Ottanta – ma solo per loro –, è stato presidente e maggiore azionista di United Workers of Americanino, marchio casual oggi scomparso. Quand'era ragazzino allevava formiche. Le teneva nelle cantine della villa in Veneto, in grandi contenitori di vetro a forma di parallelepipedo riempiti di terra, e osservava come costruivano i formicai. È refrattario ai rapporti sociali, generoso, guida una famiglia allargata di cui fanno parte figli, nipoti, generi eccetera eccetera. Titolare di una vena principesca non banale, da sempre costituzionalmente scettico sullo zio Gianni da cui lo separava una specie di incompatibilità estetica, era molto legato a suo fratello, mentre non ama sua sorella. Franco, incapace di ipocrisie mondane, fondamentalmente è un uomo solo, dunque simpatico. Da Elisabetta Guarnati, detta Bettina, ha avuto una figlia, Virginia. Trentun anni, bionda, eterea, Virginia ha avuto a sua volta due figli, Miklos e Ginevra, con Alessandro Csillaghy, un ungherese che adesso lavora all'Ifis.

Una terza figlia, Clara, è nata dalla sua relazione con Giovanni Bacco. È sposata con Paco Polenghi, vive a Venezia ed è piuttosto esuberante.

Nel libro fotografico di sua cugina Priscilla Rattazzi, *Una famiglia*, pubblicato nel 1982 e che qui verrà citato più volte, Sebastiano è ritratto insieme a suo padre a Strobl, dove c'è un castello Fürstenberg; tutti e due guardano l'obiettivo, ciascuno con il braccio sulla spalla dell'altro. Indossano entrambi pantaloni di velluto; Tassilo, la faccia tartara – secondo Susanna –, ha un blazer doppiopetto sbottonato e una cravatta scura. Sebastiano ha un maglione lavorato a trecce, porta i capelli lunghi spettinati. Ha la barba, e lo sguardo di certi cugini che non sentiamo mai, ma a cui vogliamo bene.

*Gianni 1*

# Brevi cenni sulla vita

Gianni di tutti gli Agnelli è stato il più complicato e controverso. Nacque nel 1921, secondogenito di Edoardo e Virginia. Bello, intelligente e abbastanza scapestrato. A tredici anni orfano di padre, fu scelto dal nonno come l'erede, l'uomo su cui puntare. Lo speciale rapporto con il nonno lo mise nella condizione di mediare nello scontro durissimo che, dopo la morte di Edoardo, questi ebbe con Virginia per la potestà sui ragazzi (da notare che il Senatore aveva già estromesso suo genero Nasi dalla potestà sui figli). Al nonno l'atteggiamento di Gianni, determinante per l'affidamento dei sette figli alla madre, piacque anche in quell'occasione.

A diciott'anni (più o meno) prende la maturità dopo essere stato affidato alle cure intellettuali di Franco Antonicelli, esponente del Partito d'Azione e nel dopoguerra presidente della Regione Piemonte. Parte per l'America dove resta qualche mese per studiare il sistema industriale fordista. Poco dopo il suo rientro, scoppia la guerra, va sul fronte russo in seconda linea, poi è trasferito in Tunisia, viene ferito, il nonno lo fa tornare a casa. Va a prendere Suni rimpatriata in Italia al confine con la Svizzera, hanno un incidente d'auto che gli distrugge un piede. Partecipa, ma con un po' di scetticismo, all'entusiasmo per l'armistizio e la liberazione, diviso tra la lealtà del soldato e il trasporto filoamericano che prevale in casa di sua madre a Roma, alle pendici del Gianicolo.

Perde la madre e il nonno nel 1945. Con una quota doppia

rispetto ai sei fratelli e ai cinque cugini diventa anche formalmente il capo della casa. Dopo la guerra, Vittorio Valletta, principale collaboratore del Senatore, si fa carico di rimettere in piedi la Fiat, mentre lui si dà con scienza alla bella vita. Mostra talento nel ramo, messo a frutto nella costruzione del mito globale di sé. Molto amato dalle donne, a quel tempo lo chiamano Gianoulasch, in seguito diventerà orribilmente l'Avvocato. A proposito di questo soprannome abusato fino a perdere qualunque connotazione ironica, bisogna riconoscere che fu lui stesso a restituirgliene un poco. Severino Poletto, arcivescovo di Torino, nel corso dell'omelia funebre raccontò di averlo conosciuto da non molto, quando già la sua vita cominciava a declinare. Al primo incontro il prelato gli chiese: «Come devo chiamarla?». «Avvocato» rispose Agnelli. E aggiunse: «È un nome d'arte».

Nei primi anni Cinquanta è una presenza stabile sulla Costa Azzurra, dove prende in affitto una villa imponente, la Leopoldina. Diventa uno dei playboy dell'epoca, insieme con Gunther Sachs, Baby Pignatari, che poi sposerà sua nipote Ira, Porfirio Rubirosa, Errol Flynn, Dado Ruspoli. Nel 1952 ha un terribile incidente in Costa Azzurra, alla guida di una Fiat station wagon. Rischia di perdere una gamba, durante la degenza frequenta Marella Caracciolo, che viene da una delle sette case del regno di Napoli. Si sposano nel 1953 a Strasburgo.

Nel 1966 Gianni assume la guida della Fiat e porta con sé suo fratello Umberto. Tentano una rivoluzione aziendale, ma le cose vanno male, un po' perché incontrano delle resistenze interne, un po' perché i tempi sono difficili. Cerca subito un accordo internazionale con la Citroën, ma non va in porto. A metà degli anni Settanta la Fiat è in ginocchio e la Lafico, compagnia finanziaria libica, entra nel capitale. Vi resterà dieci anni. Agnelli diventa il capo della Confindustria, firma l'accordo per il punto unico di contingenza sulla scala mobile, una concessione eccessiva fatta ai sindacati in cambio della pace sociale. Sarà un errore. Cesare Romiti, diventato amministratore delegato unico della Fiat, con l'aiuto di un'eccellente squadra di manager, dove spicca Vittorio Ghidella, salva l'azienda. Tutto va a gonfie vele per tutti gli anni Ottanta. Agnelli è in quel momento in una posizione di forza assoluta. È il capo della Fiat, è il capo spirituale dell'industria italiana, è una celebrità mondiale.

Nel decennio successivo la Fiat va in crisi di prodotti, e alla fine degli anni Novanta comincia una discesa che la porta al rischio di fallimento. Dopo avere molto tergiversato sul tema delle alleanze internazionali, Agnelli si decide per una vendita differita alla General Motors (nel 2005 il contratto sarà annullato). Il 24 gennaio 2003 muore da presidente onorario dell'azienda ereditata dal nonno. Centocinquantamila persone sfilano al Lingotto davanti al suo feretro.

Vedremo più avanti che il giudizio su quest'uomo è ambivalente. Come capo di un'azienda manifatturiera internazionale e leader di una famiglia del capitalismo, il bilancio dei suoi trentacinque anni sulla linea di comando è negativo. Ma alcuni osservatori ritengono che Gianni Agnelli non possa essere giudicato solo da questo punto di vista, come industriale. Agnelli – secondo questa linea di interpretazione – fu un uomo complesso, fu l'uomo delle concessioni sulla scala mobile, ma fu anche il vincitore morale degli anni Settanta, grazie all'esito della marcia dei 40 mila, che ridimensionò il peso del sindacato e rilanciò il ruolo degli imprenditori. Fu, inoltre, la guida di una classe dirigente che pensava a se stessa dentro la cornice dello Stato: industriale sì, ma prima ancora italiano; inoltre guardava al suo tempo storico da una prospettiva che prescindeva dall'interesse del suo ruolo di magnate. Anche questo verificheremo più avanti.

*Le famiglie*

## Gli Elkann e i De Pahlen

Dal matrimonio con Marella Caracciolo di Castagneto, Gianni ebbe due figli, Margherita e Edoardo. Quando si sposarono lei era una ragazza che veniva da una famiglia principesca con pochi quattrini – suo nonno aveva dilapidato l'immensa fortuna di origine feudale che aveva ereditato –, era elegantissima e aveva una vocazione spiccata per la rappresentazione sociale del sé.

Da ragazza aveva lavorato a New York come assistente del fotografo Erwin Blumenfeld. È sempre stata molto amata dai fotografi. Clifford Coffin la ritrasse nel 1949 e Richard Avedon negli anni Cinquanta. Il suo ruolo nel jet set internazionale ha il punto di massima celebrazione nel rapporto con Truman Capote. A Katharine Graham – amica degli Agnelli, proprietaria del «Washington Post» – Capote un giorno disse che, in un'ideale classifica della bellezza, Marella Agnelli sarebbe stata la più cara nella vetrina di Tiffany. In *Infamous*, il film sulla vita di Capote nel periodo in cui sta scrivendo *A sangue freddo*, Marella è presente nel ristretto numero delle amiche dello scrittore, insieme a Babe Paley (moglie del fondatore della Cbs) e Diana Vreeland. È interpretata da Isabella Rossellini.

Nonostante il tratto icastico, Marella non ha lasciato nell'immaginario collettivo una traccia paragonabile a quella del marito. Molti pensano che ciò potrebbe essere dipeso dal rapporto sbilanciato a favore di lui. Ci sono fotografie bellissime che la ritraggono, ma tutte sostanzialmente fredde (comprese quelle di Richard Avedon, il quale l'adorava – dice la leggenda – per via del suo lungo collo). In un filmato di una recita di beneficenza alla fine degli anni Quaranta a Roma, Marella esegue un numero di danza con Gea Pallavicini (meno brava di lei). In una delle sue foto più belle – che non è in posa, né mondana, ma ritrae una scena di vita quotidiana – attraversa la pista di un aeroporto con suo marito.

Marella ha figurato stabilmente nelle classifiche delle donne più eleganti del mondo, ed è una celebrità nel ramo giardini. Ha scritto tre libri sul tema, uno con la nipote Marella Caracciolo e con Giuppi Pietromarchi, un altro con il fratello Nicola. Ha collaborato con «Vogue» e ha disegnato stoffe d'arredamento.

È molto riservata, poco propensa a parlare di sé o in pubblico. Chi non fa parte della cerchia ristretta delle sue amicizie la giudica una persona vaga, distante, sospesa sulla realtà. Chi la conosce, invece, invita a non sottovalutarne la discrezione e l'effetto che essa ebbe sulla coesione matrimoniale. Gianni Agnelli si considerava un buon marito, ancorché infedele, e non fece mai nulla per nascondere le sue infedeltà. Lei, invece, avrebbe preferito una storia diversa e pativa l'infedeltà. Era una donna all'inseguimento di suo marito. Tentava di controllare la situazione. Secondo alcuni testimoni e amici intimi questo atteggiamento pesò sull'educazione dei figli: per lei la coppia veniva prima della famiglia. Per lui, lei era sua moglie. Fu visto piangere quando fu sottoposta a un intervento chirurgico. Stava bene con lei ed era – e soprattutto sembrava – protettivo. Per esempio, quando lei esprimeva giudizi che avrebbero potuto essere rettificati, lui lasciava correre. E tutto questo era percepibile dagli altri. Ciò non significa che i loro rapporti fossero idilliaci. Avevano le loro turbolenze.

Dopo la morte del figlio Edoardo e del marito, Marella trascorre molto tempo nella casa a Marrakech e in quella di Calvi.

Il contributo Caracciolo alla formazione di Gianni fu superiore a quello che si pensa. Gianni acquisì dai Caracciolo una parte del suo personale birignao – modificò un poco il rotacismo, per esempio – e fu il suocero a trasmettergli alcune relazioni e la curiosità per la politica. Filippo Caracciolo fu sottosegretario agli Interni nel secondo governo Badoglio e segretario del Partito d'Azione. In generale, c'era nei Caracciolo un elemento di modernità e di anticonformismo rispetto alla società del dopoguerra. Gianni subì un misto di influenza e contaminazione molto visibile nel rapporto con il fratello maggiore di Marella, Carlo, fondatore del gruppo editoriale L'Espresso; secondo alcuni Agnelli, l'unica persona che gli tenne davvero testa. Come ricorda l'altro fratello, Nicola Caracciolo, i rapporti tra Carlo e Gianni attraversarono due fasi. Fino alla metà degli anni Settanta furono molto vicini. Gianni non entrò mai nel capitale dell'Espresso, ma la sua presenza protesse Carlo. Le cose si raffreddarono quando la Dc, soprattutto Amintore Fanfani, fece pressione su Agnelli perché esercitasse un ruolo di persuasione su Caracciolo e sulla linea editoriale del suo gruppo. All'inizio degli anni Settanta Caracciolo e l'Ifil avevano costituito una società editoriale – cui il gruppo L'Espresso non partecipava – che proprio in seguito a queste pressioni venne sciolta. Agnelli offrì al cognato, tramite Gianluigi Gabetti, la guida di una società editoriale americana, la Bantam Books. Carlo disse di no. Gianni si meravigliò del rifiuto e da quel momento – osserva Nicola Caracciolo – scese un'ombra tra i due. Inoltre Carlo si trovò diviso tra Agnelli ed Eugenio Scalfari, che attaccava il capo della Fiat considerandolo succube della Dc.

La questione psicologica fra i due rimase intatta. Erano divisi, ma anche inestricabilmente legati, si influenzarono l'uno con l'altro. Erano amici, ma anche in competizione. Agli occhi di Agnelli, Caracciolo aveva una caratteristica di vitalità che lo affascinava. In un'intervista a Gianni Minoli, Agnelli confessò che se non fosse nato così ricco non lo sarebbe mai diventato. Caracciolo aveva l'energia, invece, di chi vuole riprendersi il suo posto nel mondo.

Gianni e Marella hanno avuto due figli. Edoardo, di cui diremo più avanti, nato nel 1954, e Margherita, nata l'anno dopo.

Margherita De Pahlen, già Elkann, è una personalità di non facile interpretazione. Amata dal padre, lo ricambiava. Sempre piuttosto in disparte, rivelò il suo piglio combattivo in uno scontro con la madre e i figli Elkann a causa delle disposizioni testamentarie di Gianni che escludevano gli altri suoi cinque figli avuti dal matrimonio con Serge De Pahlen, conte e finanziere di origini russe. La rivendicazione era rivolta più che altro all'entourage paterno. La questione si ricompose con il trasferimento ai De Pahlen del patrimonio immobiliare e con la divisione – vantaggiosa per il lato russo della sua famiglia – di altre partecipazioni finanziarie personali di Gianni Agnelli.

La sua vocazione alla maternità è oggetto di discussione tra chi la conosce: ci si chiede se sia originata da un deficit di calore famigliare, oppure da una specie di vitalismo comunitario. «Sono più convinto da questa seconda ipotesi» racconta un amico. «Ci fu la fase, per esempio, in cui in una casa nella campagna francese tutti i bambini potevano andare in giro nudi.» Lei stessa riconosce nella prolificità un elemento di amore per la vita. Pensava che la vita fosse meravigliosa e che fosse giusto farvi partecipare il maggior numero di persone. Ecco perché ha voluto otto figli. Esiste in lei un côté mistico, religioso: dopo il matrimonio De Pahlen si è russizzata. Viene descritta come calorosa, generosa, abbastanza semplice. Sarebbe potuta appartenere anche a un'altra famiglia. Le piace dipingere, ma non si prende troppo sul serio, lo considera un tentativo goffo – dice – di esprimere la propria sensibilità.

*

John Elkann, detto Jaki, 31 anni, è il vicepresidente in carica della Fiat. Gianluigi Gabetti, attuale presidente dell'Ifil, la principale finanziaria della famiglia, ha detto che tra due anni gli lascerà il posto. È stato appena nominato presidente dell'Ifi, la finanziaria che controlla Ifil.

Nell'accomandita Giovanni Agnelli & C., in testa alla catena di controllo della Fiat, è il fiduciario di una quota superiore al 30 per cento, custodita da una società di nome Dicembre le cui quote sono divise con i fratelli, Lapo e Ginevra. Della Dicembre John controlla più del 50 per cento, il che significa che, da un punto di vista aritmetico, occupa una posizione identica a quella di suo nonno. La maggioranza della Dicembre gli permette di disporre del 34 per cento dell'accomandita Giovanni Agnelli & C. e dunque di essere l'arbitro unico riguardo alle decisioni della cassaforte famigliare, che a sua volta controlla – attraverso Ifi e Ifil – il 30 per cento della Fiat. In teoria gli basterebbe allearsi per esempio con la sua prozia Maria Sole, secondo socio dell'accomandita con il 12 per cento, e con un altro socio al 4 per cento per escludere tutti gli altri. In realtà questo non accadrà, perché ha un atteggiamento inclusivo. Tende a coinvolgere il maggior numero di persone in una gestione maggioritaria del sistema famigliare. Nel ramo Campello-Teodorani ha una buona intesa con Eduardo Teodorani, nel ramo Rattazzi con Lupo, nel ramo Brandolini con Ruy, che guida le attività internazionali, nel ramo Nasi con il giovane Alessandro.

Per cercare di tenere a bada le spinte centrifughe, utilizza anche le tecniche imparate da suo nonno. Per esempio, quando è uscito il libro che raccoglieva i discorsi di Gianni, ne ha mandato una copia a tutti i nipoti di quinta generazione, alcuni dei quali sono ancora bambini. Sa che la buona educazione può essere uno strumento di esercizio del potere. Per esempio, ha sviluppato quel tipo di memoria gentile nei confronti degli altri che si palesa in una dimostrazione di interesse, di attenzione, a partire da una qualunque semplice domanda: «Come stanno i suoi figli?».

Riguardo al rapporto con il nonno, la questione è complicata. John gli deve molto, ma a qualcuno sembra che con gli anni cominci a cogliere – come sempre capita in simili casi – i limiti della lunga leadership di Agnelli. Questo processo è rigorosamente intimo. Parla del nonno con sobrietà, e si comporta in modo da evitare in ogni modo di confrontarsi col mito, sin dalle cose più banali, per scoraggiare paragoni anche solo di tipo estetico.

Quanto al fatto di essere l'erede di Gianni, non lo enfatizza. Dice che per il nonno era stata una scelta obbligata: Edoardo, suo zio, aveva mostrato una predisposizione insufficiente e lui era il nipote più anziano di otto tra fratelli e sorelle. In effetti, in un certo senso, notano gli amici di Agnelli, Elkann è stato quasi una costruzione astratta per suo nonno. Spiega Nicola Caracciolo: «Gianni da un lato aveva il senso del mondo che finiva, dall'altro voleva che continuasse».

Al momento è l'unico esponente dell'intera famiglia Agnelli-Nasi a potersi personalmente considerare in possesso di una robusta ricchezza. La quota in accomandita riconducibile direttamente a lui vale intorno ai 400 milioni di euro. A ciò bisogna aggiungere le entrate, gli emolumenti Fiat pari a circa 0,5 milioni di euro all'anno, e i dividendi percepiti dell'accomandita, poco meno di 4 milioni annui.

Prima di trasferirsi alla villa Frescot, residenza dei nonni Agnelli, dove ha stabilito il domicilio matrimoniale, ha vissuto a Moncalieri in una casa di proprietà della famiglia di sua nonna paterna, Carla Ovazza, ottocentesca, non lussuosa, ma con un bel giardino. Lì abitavano suo padre Alain, lo zio Giorgio Barba Navaretti, economista, fratello di Alain (figlio del secondo matrimonio di Carla) e all'ultimo piano lui, Lapo e Ginevra.

Quanto conta la parte Elkann nell'erede di Gianni Agnelli? Il padre di Alain, Jean-Paul Elkann, ashkenazita, per quasi trent'anni è stato a capo della comunità ebraica di Parigi, la più numerosa in Francia, 800 mila anime. Governò la transizione nel momento del passaggio dalla maggioranza ashkenazita a quella sefardita. Veniva da una famiglia di acciaieri. Era il prototipo del severo uomo d'affari ebreo francese. Si occupò di industria e finanza, fondò la Caron, società di cosmetici più tardi venduta agli americani, presiedette Givenchy. Conobbe sua moglie, Carla Ovazza, a New York dove si erano rifugiati in seguito alle leggi razziali promulgate in Francia e in Italia. La madre di Carla, Olga Fubini Ovazza, diceva che gli anni migliori della sua vita erano stati quelli trascorsi a New York, dove per vivere confezionava maglioni destinati ai grandi magazzini Sacks (la storia del periodo newyorkese è raccontata da Alain Elkann nel romanzo *I soldi devono restare in famiglia*).

Carla veniva da una famiglia sefardita di banchieri torinesi. Suo zio Ettore Ovazza aveva aderito al fascismo e diretto «La nostra bandiera», un giornale ebraico, fascista e antisionista. Contribuì ad allontanare suo fratello, con moglie e figli, dall'Italia. Finì tragicamente, ucciso dai nazisti. (Elkann racconta la storia di suo zio in uno dei primi romanzi, *Piazza Carignano*.)

Donna forte di carattere, negli anni Settanta Carla fu vittima di un clamoroso rapimento, il primo femminile in Italia. È sepolta accanto a Primo Levi, al quale, quando erano bambini, insegnò a pattinare. Al suo funerale – raccontano i presenti – Alain ha fatto a braccio un bel discorso sulla borghesia torinese. Ai figli ha trasmesso anche le sue radici ebraiche.

John è il prodotto di questo miscuglio di componenti, ha sviluppato un lato Caracciolo, ma anche il lato Jean-Paul Elkann, che si avverte sin dall'aspetto. Alcuni ingredienti di questa miscela sono: il senso della famiglia, per esempio, o la tendenza all'internazionalismo. Poi bisogna considerare indole e carattere. Al contrario di Lapo, per esempio, è sospettoso. Questo dipende anche dal ruolo, dalla pressione cui è sottoposto sin da quando era un ragazzino. È ligio alle regole; quando arrivò a Torino per studiare al Politecnico si stabilì dai salesiani, al Collegio universitario San Giuseppe, e tornava presto a casa. È attento e studioso.

Per il momento, però, una parte del mondo degli affari non sa che giudizio dare di lui. È troppo presto. Del resto, «non è uno sfrontato» dice una vecchia amica, ed è abbastanza abile a non esporsi. È una persona tenace, come mostra un episodio raccontato da un signore che lo conosce da quando era bambino. Una volta a Parigi subì il furto di un giaccone, fece di tutto per ritornarne in possesso, e alla fine riuscì a recuperarlo nella periferia della città. Un'altra volta, passò il mese di luglio a Torino a studiare per l'esame di diritto pubblico, senza cedere alla tentazione di mandare tutto al diavolo, di andarsene al mare e rimandare l'esame all'autunno. Capisce le situazioni e le persone, sa entrare in relazione affettiva con gli altri.

È l'unico tra i figli di Margherita a essere presente nel libro di foto di Priscilla Rattazzi. Si tratta di un'immagine scattata a New York nel 1977: ha poco più di un anno, è seduto sul vasino, ha un bavaglino, i capelli biondi scarmigliati, i piedi nudi, accanto un cagnolino, un gioco sonoro e una confezione di talco della Johnson & Johnson.

È un timido e non lo nasconde, il che è un buon segno. Quelli che non lo amano ritengono che la sua aria distaccata sia il frutto non tanto di timidezza, quanto della considerazione del proprio ruolo. Nel periodo in cui Umberto fu a capo della famiglia, John si trovò, com'era inevitabile, in posizione più appartata. Decisivo è stato negli ultimi anni il rapporto con Gabetti. Quest'ultimo, primo consigliere e garante della stabilità famigliare, lo ha allevato con fermezza. Oggi ritiene che cominci a poter decidere in autonomia, così sempre più spesso dice ai suoi: «Di questo parlatene con John». Sembra che Elkann sia più coriaceo di come appare. Non vuole fare la fine dei Rockefeller negli Stati Uniti, non vuole che la sua famiglia diventi un'istituzione ricca e tuttavia marginale.

Ha sposato Lavinia Borromeo Arese Taverna. Insieme alle sue sorelle fu individuata da Franca Sozzani, direttrice di «Vogue Italia», come idealtipo di bellezza aristocratica. Poiché decisamente racé, è molto amata da Marella.

Lavinia ha due sorelle, Isabella e Matilde, nate dal matrimonio tra suo padre Carlo e sua madre, Marion Zota, tedesca, ex modella, educatrice molto rigida. Altri due fratelli, Carlo e Beatrice (la ragazza scelta da Michele Santoro per «Anno zero»), sono figli di suo padre e di Paola Marzotto, a sua volta figlia di Umberto e Marta. Carlo e Beatrice sono stati suoi testimoni di nozze all'Isola Bella, la principale delle Isole Borromee di proprietà della sua famiglia, 700 invitati, compreso Silvio Berlusconi che ha cantato.

Tempo fa Lavinia rilasciò un'intervista a Claudio Sabelli Fioretti in cui alla domanda «Ha amici poveri?» rispose: «Poveri poveri no». Lui: «E come mai non ha amici poveri?». Lei: «Dipende da che cosa si intende per povertà. Parliamo di persone che devono lavorare per mantenersi?». Uno scambio di battute che riscosse molta fortuna tra i blogger.

Ha disegnato una borsa, La Vie, per Trussardi, idea di Beatrice Trussardi, sua amica.

L'estate scorsa lei e John hanno avuto il loro primo figlio. Non ha un nome Elkann, né Agnelli, né Borromeo. Si chiama Leone, volevano dargli un nome che non appartenesse alle tradizioni famigliari.

*

Dicono che anche al tempo dell'innocenza, Lapo Elkann si comportasse sempre come uno che, prima o poi, avrebbe aperto la giacca per far vedere che era una giacca di suo nonno. «Non lo faceva, ovviamente» racconta un'amica «ma prima o poi quel messaggio arrivava.» Chi prova a interpretarne il carattere sostiene che i suoi comportamenti si spiegano sempre partendo dalla pressione psicologica: «Vuole sentirsi all'altezza, e la mediatizzazione dell'esistenza è una modalità che gli viene istintiva» racconta un testimone. «Si lascia andare.»

Si è abituato a considerare la popolarità una misura di sé, perché ritiene di essere l'artefice del prodotto che porta sul mercato: Lapo. Quando viene intervistato parla per ore (del resto si considera ossessivo). I media lo cercano. Viene inseguito dai programmi televisivi italiani, ha un imitatore, è popolare negli Stati Uniti in quanto nipote di suo nonno, e l'anno scorso «Vanity Fair» edizione americana gli ha dedicato un ritratto di tredici pagine. Già da ragazzino, sentiva di voler partecipare a quell'incantesimo che è la vita delle persone molto ammirate. Ciò non dipendeva solo dall'essere il nipote di Gianni, ma dal senso di appartenenza a una famiglia che ha esercitato una forma di stregoneria sociale sui suoi stessi membri.

La storia di Lapo è fatta di un prima e di un dopo. In mezzo c'è la notte fra il 9 e il 10 ottobre 2005, quando viene ricoverato all'ospedale Mauriziano di Torino in coma farmacologico provocato dall'assunzione di cocaina. A chiamare il 118 è stato un travestito di origini pugliesi con cui aveva trascorso la notte.

Di questa storia di eccessi giovanili sono state date molte interpretazioni, di ogni genere. Fra le tesi complottistiche, la prevalente è che la mancata protezione della privacy di Lapo vada attribuita a un regolamento di conti all'interno del traballante sistema di potere degli Agnelli, nel momento culminante della crisi dinastica. Qualcuno lasciò intendere che lui in quella circostanza pagò il conto per aver attaccato Antonio Giraudo e Luciano Moggi, i vertici della Juventus guardati con sospetto perché non particolarmente simpatici e perché arrivati alla Juve per decisione di Umberto Agnelli. (Sebbene la gestione della società calcistica non costasse soldi alla famiglia, Lapo disse che la Juve aveva bisogno di avere un'immagine più sorridente e meno truce.) Lapo accredita questa ipotesi in un'intervista rilasciata nel febbraio 2007 al «New York Times»: tira in ballo Moggi e si chiede come mai quella notte ad attenderlo in ospedale c'era già un fotografo. Moggi ha negato ogni coinvolgimento. E l'uscita di Lapo ha sorpreso molti osservatori, famigliari, collaboratori del sistema aziendale per l'ingenuità della formulazione.

Qualunque cosa sia avvenuta, il clamore dell'incidente occorso a Lapo è un'assoluta novità nella storia della famiglia e del sistema Fiat. A parte l'infortunio di Edoardo a Malindi, non era mai accaduto che una disavventura Agnelli fosse resa pubblica. Persino nel caso dell'incidente automobilistico di Gianni nel 1952, o di qualche episodio scabroso capitato a uomini di vertice del gruppo, le informazioni erano state filtrate dal potente sistema aziendale. L'episodio più emblematico risale al 1965, quando in occasione della morte di Giorgio Agnelli comparve un necrologio sulla «Stampa», nient'altro. Il resto fu silenzio. Nel caso di Lapo è successo addirittura che le notizie boccaccesche sulla vicenda siano state rivelate proprio dal giornale di famiglia. «La Stampa» le ha pubblicate prima degli altri quotidiani. Dunque, la vicenda di Lapo –

essenzialmente la storia privata di una persona molto in vista, in quel momento la più popolare dell'intera famiglia – diventava il segno tangibile della fine del controllo territoriale degli Agnelli sulla città di Torino, dopo la morte di Gianni e Umberto. Quanto era accaduto in un piccolo appartamento della semiperiferia torinese non era stato intercettato per tempo dalle protettive antenne del sistema.

Nel versante privato, quella notte evoca i fantasmi del kennedysmo di famiglia. L'eccentricità di Lapo si affaccia sul baratro dell'eccesso dinastico. La linea kennediana degli Agnelli è fatta di incidenti, stranezze, è fatta di personalità bizzarre, come Virginia, Edoardo e soprattutto Giorgio, la cui vita e il cui ricordo sono stati completamente rimossi dalla memoria famigliare: gli Agnelli sono a disagio con il disagio.

Prima di allora, Lapo era stato un fenomeno mediatico per via dell'istintivo talento per il marketing. Aveva inventato le felpe Fiat in un momento in cui la Fiat era ai minimi storici, veniva data per morta, e ci si chiedeva soltanto in che modo sarebbe stato meglio chiuderla. (Oggi le felpe sono un affermato strumento di promozione dei marchi.) Andava in giro con una Alfa Romeo 147 con la bandiera italiana sul tetto, perché così aveva fatto la Mini con la Union Jack. Si era fidanzato con Martina Stella (lei ne prenderà le distanze dopo l'incidente), che prima di lui aveva avuto una storia con l'italiano più talentuoso dai tempi di Guglielmo Marconi, Valentino Rossi. Aveva dimostrato – anche ingenuamente e rumorosamente – che era possibile reagire e che non c'era da vergognarsi all'idea di rimboccarsi le maniche. Così, anche oggi, alcuni dei suoi cugini, pur ritenendo che egli conduca un'esistenza troppo esposta, sono dispiaciuti perché pensano che, nel momento in cui la crisi sembrava irreversibile, Lapo ce l'aveva messa tutta.

Al momento non c'è la Fiat nel suo futuro. Ha lavorato per qualche mese al progetto di lancio della nuova Cinquecento, suggerendo idee per il sito Internet. Poi nel dicembre 2006 in un'intervista a Paolo Madron, Sergio Marchionne, amministratore delegato della Fiat, ha detto: «Io voglio bene a Lapo, ma sono convinto che parte della sua crescita come leader passi attraverso esperienze esterne alla Fiat». E, qualche giorno dopo, Lapo ha annunciato il lancio del marchio I-I, Italia Independent, che produce occhiali (1007 euro il pezzo) e altri gadget, orologi, gioielli, biciclette, skateboard e oggetti per viaggiatori. Questo significa che, seduto su un asset di un certo valore, il suo stesso nome, deve dimostrare se il successo ai tempi delle felpe dipendeva più da lui o più dal marchio.

*

Ginevra Elkann ha 27 anni, vive tra Londra e Torino. Ha frequentato una scuola di cinema, ha girato il suo primo cortometraggio, presentato a Venezia due anni fa. Ha lavorato con Bernardo Bertolucci e Anthony Minghella, e il suo prozio Nicola Caracciolo l'ha coinvolta nell'intervista-documentario a Gianni Agnelli del 1999. Si occupa della pinacoteca intitolata ai nonni materni.

È ancora più riservata di John. Un'amica spiega che Ginevra ha delle incertezze sul modo di vivere in Italia, «come se qui si sentisse troppo osservata».

Nell'ultimo romanzo di suo padre, *L'invidia* – una storia a chiave, in cui sono riconoscibili i modelli che sono serviti per costruire i personaggi: sua moglie Rosi Greco, Lucien Freud, Vittorio Sgarbi, Peter Glidewell, Robert Hughes – ci sono molte tracce di Ginevra: «È una ragazza di venticinque anni, molto bella, ha occhi castani, terribilmente espressivi. Dallo sguardo si capisce subito il suo stato d'animo. ... Non è una persona semplice da capire e i suoi umori sono variabili. Essere accettati da lei è difficilissimo. Fin da bambina ha sempre cercato di rimuovere i dolori e i pensieri. Ama la sua famiglia, ma ne vive lontana perché tocca troppo da vicino le sue emozioni. È una donna che va aiutata a vivere, ma con rispetto. Bisogna lasciarle i suoi spazi, incoraggiarla e ascoltarla quando vuole lei. Del resto, con i figli adulti bisogna imparare ad avere un certo distacco, non soffrire se non la pensano come noi».

*

Margherita ha avuto altri cinque figli con Serge De Pahlen: Maria, 23 anni, studia pianoforte a Mosca e ha appena avuto una figlia, Anastasia Maevskiy; Pietro, 20 anni, vive a Mosca pure lui. Anna e Sofia, gemelle, 17 anni, vivono e studiano a Parigi; Tatiana, 16 anni, anche. La più scatenata è Maria.

In seguito all'accordo successorio dopo la morte di Gianni Agnelli, sono fuori dall'accomandita.

*A ritroso*

# Virginia

Su Internet non ci sono fotografie di Virginia Bourbon del Monte. Non ce ne sono neppure negli inserti illustrati dei libri sugli Agnelli o sulla Fiat. Ce ne sono cinque, invece, nel libro di Priscilla Rattazzi.

Nella prima foto (1920) Virginia è seduta su una sedia, ha un tailleur scuro e una blusa bianca sotto la giacca. È alta, con le mani grandi, gli occhi profondi che guardano dal basso. In braccio tiene Clara bebè. Accanto a lei, seduta su una bergère, la nonna Maria Francesca Massimo, figlia del principe di Arsoli e madre di suo padre Carlo. In piedi, con una mano sulla spalliera, c'è sua madre, Jane Campbell, la principessa di San Faustino. Accovacciato ai suoi piedi, un cane.

La seconda fotografia ha la forma di un medaglione. È Virginia con le spalle nude, i capelli raccolti in uno chignon. In braccio Maria Sole, quarta figlia.

La terza è del 1917. È stata scattata a Roma. Virginia ha diciassette anni. La scena è piuttosto malinconica, tardo liberty. Lei è in un giardino che sembra maltenuto. Ci sono due piantine in due vasetti per terra, e un ramo di edera strisciante ai suoi piedi. Il braccio sinistro poggia su una stele dove c'è scritto «A me le guardie per l'onore di Casa Savoia». Nella mano tiene un bastoncino. Con la destra accarezza un leopardo, con guinzaglio, che si è seduto su un piedestallo. Virginia è di profilo, i capelli sciolti. È molto bella e sembra molto triste, ancora più triste di come di solito le persone malinconiche appaiono in fotografia.

La quarta foto è la più bella. È del 1922, un gruppo di famiglia a Villar Perosa. A sinistra si vede il Senatore con Suni di pochi mesi, accanto a lui Clara, la moglie, sorridente: tiene ai suoi piedi Giovanni e Laura Nasi. Al centro della foto c'è Edoardo, la cui testa spunta da dietro la spalla di Clara, duenne. In piedi c'è Clara Nasi. Nella parte destra della foto ci sono Virginia e Gianni con Tina e Umberta Nasi. Le due cognate sono vicine, Tina indossa un vestito a fiori, non guarda in macchina, ma – di profilo – si rivolge verso suo padre che sta dicendo qualcosa. Virginia, capelli raccolti, orecchini molto semplici, un giro di perle, le braccia forti nude, ha gli occhi bassi forse in direzione del cane Brusa, la sua faccia è appena sfocata. È bellissima e come leggermente estranea.

L'ultima foto appare più strana e triste delle altre. È del 1934, e vi compaiono Edoardo, Virginia e i sette figli. Gianni e Edoardo sono gli unici ad avere una specie di sorriso, ma sembrerebbe dovuto alla conformazione della bocca; Giorgio, vestito alla marinara, ha lo sguardo torvo e l'aria imbronciata; Cristiana e Maria Sole portano i vestiti corti; Clara e Susanna (occhi spalancati), già adolescenti, più lunghi. Virginia tiene in braccio Umberto appena nato. È meno bella del solito, non sorride, sembra contrariata.

Insieme a Gianni, Virginia è la più letteraria degli Agnelli. La sua è una tipica storia di alta società del tempo. Madre americana, molto simpatica, con il classico corredo di un libro di memorie e di un amore esotico (con il noiosissimo Axel Munthe: leggere Edwin Cerio, suo rivale nella lotta per la primazia sociale a Capri tra le due guerre, per capire che razza di seccatore fosse). Padre di famiglia principesca minore (i Bourbon, marchesi del Monte Santa Maria, sono principi dal 1861 per concessione di Pio IX), dalla situazione economica in declino. Virginia sposa il giovane erede della principale industria italiana. La loro sarà una unione in puro stile anni Venti. Sono una coppia fitzgeraldiana, belli e dannati, amanti sino alla fine, ma anche reciprocamente infedeli. Restano calati in una dimensione di estetismo, di ipermondanità, di rappresentazione della giovinezza e della loro misura sociale: Edoardo e Virginia sanno perfettamente qual è il loro ruolo. Lui è probabilmente l'inventore del cosiddetto stile Agnelli, il primo cioè a capire che, una volta archiviato il problema della situazione economica, bisogna pensare alla posizione sociale. Susanna racconta i pranzi a cui i genitori invitano i principi di Piemonte, e non nasconde il compiacimento che queste visite procurano ai suoi.

Per Virginia il desiderio di libertà era eccitato dal bigottismo della vita torinese in cui si ritrovò improvvisamente. Di qui i racconti della preziosa biancheria intima regalata alle cameriere, la leggenda delle lenzuola di seta nere, la disinibizione fisica con il corollario della nudità casalinga, la fama di donna amorosa, le numerose relazioni che le furono attribuite.

In realtà tutto questo sembra riflettere una fragilità che risulterà evidente soprattutto dopo la morte di suo marito, come se la mancanza di Edoardo, anche lui incline ai privilegi dell'autonomia, l'avesse privata di uno specchio e di un argine. Tra le cose migliori di *Vestivamo alla marinara* ci sono i passaggi su Virginia. Ecco Virginia vista da Suni dopo la morte di Edoardo: «Era bella, fragile, aveva trentacinque anni: era la madre, praticamente squattrinata, di sette figli che avrebbero un giorno ereditato un'immensa fortuna. Amava la vita e l'allegria, era del tutto ineducata, scriveva l'italiano con incredibili errori di ortografia, era follemente generosa sia con gli amici che con gli estranei. Sempre, e fondamentalmente, era una ragazza».

I cinque anni trascorsi dai figli con la madre prima che la guerra interrompesse il loro idillio amoroso e irresponsabile (perché giovanile, perché fine a se stesso, perché quasi sospeso nel tempo) furono decisivi per la loro formazione sentimentale. Sulla Costa Azzurra Virginia – rimproverata da princess Jane, causa nudismo ed eccessiva disinvoltura educativa – esce tutte le sere con un uomo diverso, e i ragazzi lo capiscono. Da una parte i rapporti si rovesciano – sono loro a proteggerla –, dall'altra nasce un misto di gelosia e di ipersensibilità cui non sanno come far fronte.

Gianni odierà l'uomo con cui lei intrattiene una lunga relazione, lo scrittore Curzio Malaparte, arcitaliano che ostenta il dualismo con il duce e finirà – un Bombacci all'incontrario – lasciando a una fondazione del partito comunista cinese il capolavoro della vita: Casa Mia, villa caprese sulla punta Massulo, rossa, con una piccola cresta, una vela, sul tetto, e la scalinata piramidale sul retro che egli stesso aveva aggiunto all'originario progetto di Adalberto Libera, uno dei principali architetti italiani del tempo.

Susanna si trova, forse, alle prese con un rapporto quasi competitivo, che la coinvolge. Sua madre le diventa figlia e anche sorella. Un'esperienza che si immergerà nell'atmosfera apocalittica di Roma città aperta negli anni tra il 1943 e il 1945, quando saranno spesso insieme nella casa del Bosco Parrasio, circondate da amici in cerca di protezione e in contatto con gli alti gradi degli eserciti che si contendono la capitale.

Clara riesce ad attutire abbastanza presto il rapporto con la madre, anche perché è la prima a sposarsi e ad andar via. Così l'influsso di Virginia sarà più forte soprattutto su Gianni e Susanna. L'autodifesa del primo sarà il ripudio dichiarato della dimensione sentimentale. Diventa un cicatrizzato perenne: il cuore come le gambe. E per tutta la vita sostanzialmente rifiuterà di parlare della sua adolescenza e dei suoi genitori. Nella stanzetta di villa Frescot, travi di legno scuro e letto monacale, tiene la fotografia di sua madre con i capelli sciolti (e il leopardo) accanto a quella del re.

L'autodifesa di Susanna, più femminile, è la ferocia: il rifiuto della sofferenza, la rimozione e – nei confronti dei più deboli – la vaccinazione. Lei stessa pratica le vaccinazioni.

Torino non amerà mai Virginia. Da una parte la città si schiera con il potere rappresentato dal Senatore, quando questi ingaggia lo scontro per la potestà sui nipoti dopo la morte di Edoardo. Dall'altra non approva la libertà d'azione di Virginia.

All'inizio degli anni Trenta, Malaparte è a Torino alla «Stampa» e già si vocifera di una loro relazione, ma alcune testimonianze negano che a quel tempo i due si vedessero. La storia di sicuro esplode quando lei resta vedova. Chi ha potuto leggere le lettere di Malaparte a Virginia dice che lo scrittore temeva molto la concorrenza di uno dei presunti amanti di Virginia, Theo Rossi di Montelera, a cui il suo rivale attribuiva la veste dell'uomo oscuro, corruttore, demoniaco e dedito alla seduzione come perfido divertimento valmontiano. Una gelosia resa più forte da una circostanza che rende Malaparte patetico: come racconta Giordano Bruno Guerri, autore di una biografia dello scrittore, «il cultore dell'estetica, il quarantenne palestrato abbronzatissimo e depilato non era esattamente un amatore generoso di sé».

Theo Rossi continuerà a frequentare gli Agnelli dopo la morte di Virginia. Oddone Camerana lo ricorda a casa di Gianni in corso Matteotti (già Oporto), prima che andasse a vivere in collina.

Quello che resta di Virginia è una traccia fantasmatica. L'amore per suo figlio Giorgio, che si portava sempre appresso. La morte in un incidente stradale, lei quarantacinquenne. Il ricordo di coloro che l'hanno conosciuta, e che all'epoca erano bambini. Raccontano di questa donna bella, che sembra un'inglese, le labbra dritte, sottili, quasi inesistenti, e i capelli folti. Poi ci sono i suoi oggetti, sparsi per la casa di Villar Perosa. Per esempio, una testa di moro. Oppure un quadro inglese, che si trovava al Bosco Parrasio e che Susanna ha regalato a una figlia, tagliato per farlo entrare in una vecchia cornice, come si usava una volta: un maschietto serio e assorto che porta una gonna di seta bianca a plissé; è sulla riva di un fiume, un albero sullo sfondo, ha uno scacciamosche nella mano destra e un insetto rosso e giallo, un po' mostruoso, nella sinistra.

*Gianni 2*
# La questione mitologica

Esistono tre iconografie di Gianni Agnelli. C'è un Gianni Agnelli mitico, o classico, un Gianni Agnelli complesso e un Gianni Agnelli revisionato.

Il Gianni Agnelli mitico è quello di sempre, quello ritratto dalla pubblicistica più o meno ufficiale. È compreso tra due estremi: *Vestivamo alla marinara* e l'intervista a «Mixer» del 1984, che cadde forse nel momento del fulgore più intenso. Sono queste due le fonti da cui vengono le abusate massime: da «innamorarsi è da cameriere» (*Vestivamo alla marinara*) al terribile «ci sono uomini che parlano di donne, e uomini che parlano con le donne» («Mixer»). Sia Susanna sia Gianni Minoli sono molto franchi e diretti nel trattare Agnelli. Susanna è spiccia come al solito, Minoli non ha *metus reverentialis* nell'intervista (diciotto anni dopo, sulla storia della Juventus, il loro colloquio sarà molto più innocuo e amichevole). Per trent'anni molto di ciò che sarà scritto a proposito di Gianni Agnelli viene da queste due fonti saccheggiate oltre ogni limite.

Nella produzione del Gianni mitico c'è anzitutto l'oleografia mediatica. Le sue massime espressioni sono le interviste all'uscita dello stadio a Torino (quando andava via dieci minuti prima della fine della partita, e dove si distinse per ossequiosità un corrispondente Rai, con il cappello a larghe tese, di nome Franco Costa) e il ritratto che ne fece Andy Warhol

(Agnelli icona globale). Il Gianni mitico è fatto anche di una dimensione sociologica: la costruzione dell'Agnelli re, il potere, la deità, la sudditanza, la mascolinità rapace, i rapporti (dai Kennedy a Henry Kissinger, a Michel Platini), il mito dello stile, la mescolanza di alto e basso (ancora Kissinger e Platini), insomma tutta quella mistica che si riassume nell'uso di quel suo stesso appellativo, «l'Avvocato».

Il faccia a faccia di «Mixer» è un documento notevole per almeno due ragioni. Innanzitutto è un archetipo dell'intervista tv. L'intervistato e l'intervistatore si conoscono da molti anni. Gianni Minoli è torinese. Suo padre, importante avvocato, era stato uno degli artefici, degli ideatori, del testamento del senatore Agnelli che aveva consegnato al nipote una posizione privilegiata. Entrambi erano a conoscenza di questo curioso legame. C'è reciproca simpatia tra i due. Ma tutto ciò non si vede, non condiziona l'intervista. Si avverte, invece, una netta contrapposizione di ruoli. Agnelli rappresenta un potere, in quanto capo della prima impresa privata italiana e leader del sistema economico-finanziario cosiddetto laico; Minoli è un contropotere: in quel momento è l'uomo di punta della seconda rete Rai, è la faccia televisiva del socialismo autonomista, craxiano, sostenitore del ruolo pubblico, sia nel sistema industriale sia in quello editoriale. Questa tensione è visibile nell'intervista. A un certo punto i due si punzecchiano sul confronto tra condizionamento e libertà dei giornalisti della «Stampa» e di quelli della Rai.

La seconda ragione è più tecnica. Agnelli, dopo alcune ordinarie apparizioni, aveva fatto il suo vero esordio televisivo in una trasmissione del 1974 intitolata *I managers*. Era una serie sui protagonisti storici dell'economia italiana, curata da Nicola Caracciolo. Nella puntata dedicata al Senatore, Agnelli interviene per raccontare com'era suo nonno. Per quei tempi fu un successo, ricevette complimenti e congratulazioni e da quel momento cominciò a frequentare la tv. Ma a distanza di trentatré anni è un documento datato. Agnelli è timido, ancora impacciato, ha un sorriso teso, che non si scioglie del tutto e a tratti si irrigidisce in una specie di smorfia. Solo dieci anni dopo, nell'intervista a Minoli, è un altro uomo. È maturato, ha studiato, adesso ha tempi, pause, formule – «Ma vede...» – costruisce i suoi vezzi, conta sulle dita di una mano al contrario, partendo dal mignolo. Si esibisce nel suo repertorio. Prende il segretario della Dc, Ciriaco De Mita, e lo inchioda alla definizione che col tempo – causa abuso – risulterà noiosa di «tipico intellettuale del Mezzogiorno, di quella formazione filosofica e di quella formazione di pensiero tipica della Magna Grecia». Ironizza sugli imprenditori «che si sono disfatti da soli», fa un po' di letteratura su di sé, fino a: «Ma lei è innamorato?». «Lo ero difficilmente a vent'anni. S'immagini se all'età mia...» Una domanda riguarda Zbigniew Boniek, attaccante polacco in forza alla Juventus. Perché non gli piace? Lui risponde che Boniek assomiglia alla cavalleria polacca all'attacco dei carri armati tedeschi convinta di vincere; Boniek ha le caratteristiche del suo popolo. Rivedendo insieme la registrazione, Minoli gli dice che questo passaggio non è del tutto efficace. Agnelli racconta che la mattina ha fatto visita in Vaticano (una volta ogni tre o quattro mesi andava a trovare il segretario di Stato, il governatore della Banca d'Italia e il presidente della Repubblica). Agostino Casaroli gli ha parlato del papa, e per spiegargli che è un uomo d'impeto – forse di troppo impeto dal suo punto di vista – gli ha detto: «Che vuole, è polacco». Così Agnelli ripete in tv, riferendolo a Boniek, lo stesso giudizio di Casaroli sul papa. E già si immagina la faccia di Casaroli quando guarderà l'intervista in tv e si divertirà di quella citazione indiretta.

Quanto al linguaggio e alla forma tv, il confronto tra le due facce Agnelli-Minoli è ancora attuale. Agnelli sarebbe perfettamente plausibile così com'è, se lo trasferissimo in un contesto di oggi.

Per cogliere nel profondo la fenomenologia dell'Agnelli mitico, c'è un sito Internet da visitare, www.noveporte.it.

Dovrebbe essere un sito sull'eleganza maschile, in realtà è uno di quei piccoli, marginali, divertenti, insostituibili monumenti a quello che non c'è più. L'eleganza maschile è un terreno adatto alle recriminazioni e ai rimpianti. L'animatore del sito si chiama Giancarlo Maresca. È un avvocato napoletano che considera Gianni Agnelli un assoluto genio dell'eleganza. Scrive, per esempio, di come «amasse introdurre sempre una nota sbagliata, più o meno facilmente criticabile. Amante delle tinte unite, dei bassi contrasti, dei grigi chiari e delle cravatte poco appariscenti, inseriva sempre un dettaglio a beneficio del pubblico che amasse criticarlo. Forse la libertà con cui vi contravveniva era il suo modo di dichiarare l'appartenenza a un codice. Il suo stile enigmistico è restato unico, spesso incompreso, imitato e, come tutti gli originali, inimitabile».

Gli perdona le frivolezze – sbottonature, orologi sui polsini e cravatte sopra i golf – come capricci della regalità. Perché ciò che gli piace è appunto l'Agnelli che si fa dio. Eccolo commentare una fotografia: «Ritrae, ormai possiamo cominciare a dirlo, quello che fu il più grande italiano del XX secolo» scrive Maresca. «Un Agnelli crisoelefantino, in una posa classica e un bianco e nero che, per un attimo reso eterno dall'abilissima scultura in piano, portano a uno stato simbolico anche gli ultimi residui della sua natura umana. ... Troppo vicino a un dio, gli dei lo invidiarono. Senza eredi, incomprensibile ai contemporanei e ancora incompreso ai posteri.»

Tra le cose ragguardevoli di www.noveporte.it, c'è la storia romanzesca di un sarto di nome Valentino Ricci, che, senza aver mai conosciuto Gianni Agnelli, ne studia per tutta la vita gli abiti, perché vuole fargliene uno a secco, non provato, a memoria quasi – ma di una memoria immaginata –, che sia in linea con i gusti del suo eroe, che li sintetizzi. Un'operazione astratta, mistica. Il vestito è un doppiopetto di jeans, con il giro della manica stretto e le lance del revers molto alte. Ragiona a lungo sull'abito ma, racconta, «mentre mi convincevo di aver operato la giusta scelta stilistica, mi ritrovai a piangere come un bambino: fu la mattina del 24 gennaio

2003, fu il lutto Vostro, mio e di tutto il mondo. Persi l'occasione di presentarmi a Lui col vestito che avevo studiato e vissi da allora il forte dispetto di non essere riuscito a comunicare tutta la stima, considerazione e ammirazione che Gli portavo». Tuttavia in uno slancio di assoluto feticismo, partendo dal postulato che per lui quest'uomo non è scomparso, ma è sempre presente, decide comunque di realizzare l'abito post mortem. Sul sito ci sono le foto del vestito.

Quand'era ragazzo, Riccardo Rossi, l'autore e attore teatrale e televisivo, aveva inventato una rappresentazione privata che dice molto sulle ricadute sociali della regalità agnelliana. Il gioco era questo. Rossi aveva ritagliato dalle riviste alcune fotografie di Gianni Agnelli, le aveva stirate e sistemate in cornici d'argento. Quando aveva gente in casa prendeva le cornici e le girava. Così l'invitato occasionale, intento a curiosare su una mensola, si sarebbe chiesto: perché qui ci sono delle foto di Gianni Agnelli? E per di più nascoste? Parente munito di understatement? Nipote? Amico? Il divertimento era guardare le facce interrogative degli ospiti. Poi sul racconto di quelle espressioni Rossi costruiva gag irresistibili. Il gioco nasceva da un presupposto: per almeno cinquant'anni, avere un contatto, un grado di separazione dagli Agnelli, era considerato un'esperienza socialmente decisiva. Questo fu opera di Gianni Agnelli.

*Le famiglie*

# I Rattazzi

Susanna Agnelli, detta Suni, è la terzogenita di Edoardo e Virginia. Nel 1945 sposò Urbano Rattazzi, da cui ebbe sei figli, quattro femmine e due maschi. La quota in accomandita spettante a Susanna e ai suoi figli è pari a poco meno del 7 per cento, valutabile dunque intorno ai 140 milioni di euro, il 3 per cento circa a Cristiano, il 2 a Lupo, l'1 diviso tra Ilaria, Delfina e Priscilla. Samaritana è uscita dall'accomandita.

Il Bosco Parrasio è una piccola villa alle pendici del Gianicolo, sotto l'Acqua Paola. Il cancello d'accesso si trova alla prima curva della via Garibaldi venendo dalla Lungara. Dal 1724 il Bosco fu la sede dell'Accademia dell'Arcadia, il casino fu costruito due anni dopo ed è ancora di proprietà dell'associazione. Virginia convinse gli Arcadi ad affittarle la villa, che per quasi mezzo secolo è stata la casa romana degli Agnelli. È qui che i ragazzi vissero insieme alla madre, quando, dopo la morte di Edoardo, scapparono da Torino per sottrarsi alla disciplina senatoriale che la giovane donna malsopportava. Ed è forse questa la casa più importante di *Vestivamo alla marinara*, la casa della felicità (se mai vi fu una felicità), della libertà, della guerra, di Raimondo Lanza, dell'8 settembre, del generale Carboni, delle passeggiate in bicicletta e dell'amore di Susanna per sua madre. Scrive Suni: «"Dimmi ancora mammà" ero seduta sul fondo del suo letto appoggiata a una delle colonnine "dimmi ancora della casa, dei fiori, della luce, della tramontana che soffia le foglie nel blu del cielo"».

Il luogo ha una miracolosa magia, che si manifesta quasi con gravità nel piccolo anfiteatro ellittico – quattro file di sedili – davanti alla facciata, una specie di parlamento arcadico immerso tra gli alberi. Poiché viene considerata una delle case più belle della città, per la proprietà transitiva è anche una delle case più belle del mondo. Susanna, che l'aveva tenuta per sé dalla morte di sua madre, se ne separò negli anni Settanta. Da quasi trent'anni è la casa di Franco e Sandra Carraro. Lei non c'è mai più tornata, segno di sentimentalismo. Per la stessa ragione – una segreta malinconia – qualche volta ci è tornato suo fratello Gianni. Arrivava senza preavviso e restava a chiacchierare fino a tardi, lui che di solito andava a dormire molto presto. Una volta Sandra Carraro gli regalò la copia di una rivista femminile degli anni Trenta, «Cose», dove c'era un servizio fotografico della casa ai tempi di sua madre. In mezzo alla sala centrale – intorno a cui si sviluppa il piccolo edificio – c'era soltanto un divano.

*Vestivamo alla marinara* ebbe successo. Il successo, accanto a un pregiudizio sociale al contrario, negò al libro tutta la considerazione che merita: è un'ottima prova della memorialistica italiana del dopoguerra, solo qua e là appesantito da un'eccessiva ricerca dell'effetto, a chiusura di un paragrafo, o da qualche compiacimento snobistico. Nonostante la franchezza, o proprio in ragione di essa, alla fine risultò agiografico: Gianni e l'amore come sentimento ancillare, Gianni e la guerra, Gianni e il coraggio, le massime di Miss Parker, i racconti delle vite parentali, compresa la storia – che successivamente Susanna riconobbe per falsa – di Axel Munthe che avrebbe chiesto a sua nonna princess Jane di smettere di bere. È un libro privo di misura sentimentale, fino a toccare nei confronti di Virginia una specie di ferocia amorosa.

Per capire quello che sarebbe diventato successivamente il ruolo della famiglia e la sua dimensione sociale nell'immaginario italiano, i ricordi di Susanna offrono spunti interessanti sull'ascesa sociale degli Agnelli: bellissima la rapida, mondana, fuggevole descrizione di una festa a cui princess Jane invita tutti i bambini per bene della capitale per introdurre i suoi nipoti. Ma rimprovera Virginia di aver vestito malissimo le figlie: «Per noi» scrive Susanna «la festa è una battaglia disperata per sopraffare l'orrore di sembrare le figlie del droghiere». I bambini romani che parlano l'italiano con accento inglese non rivolgono la parola ai bambini Fiat: «Le ragazze vengono chiamate donna Topazia, o donna Babù o donna Francesca. A noi ci chiamano per nome». Terribilmente franca la descrizione del rapporto tra lei e la madre di Topazia Caetani (la futura moglie di Igor Markevitch, il direttore d'orchestra che dopo morto fu tirato in ballo come presunto grande vecchio delle Brigate Rosse; all'epoca della giovinezza era la sua migliore amica). La madre di Topazia la detestava perché «borghese» e perché figlia di Virginia, di cui era invidiosa.

L'interesse di Suni per i rapporti sociali è istintivo ed è alla base di una certa organizzazione dinastica della vita, che lei condivise con suo fratello Gianni. All'inizio il disegno fu schematicamente organizzato su una visione classica, ancora ottocentesca. Ai ragazzi Agnelli-Nasi piace l'aristocrazia: Fürstenberg, Caracciolo, Rattazzi, Campello, Brandolini, Ferrero, Camerana. Successivamente Gianni e Susanna sviluppano una visione più attuale del problema, si kennedizzano, inglobano nella questione mondana il peso del potere. Un anonimo amico nota che, per capire la tensione dinastica di Suni, il suo orizzonte, è utile un passaggio del diario di Andy Warhol in cui vengono menzionati i suoi figli scorrazzanti per New York alla fine degli anni Settanta. Scrive Warhol il 16 luglio 1978: «Steve Rubell [proprietario dello Studio 54] non sa niente dell'Europa – crede ancora che il nome di Gianni Agnelli sia "Johnny Antonelli", e lo chiama sempre così. Una volta ha detto: "Johnny Antonelli è il vero proprietario della Fiat – non tutti quei ragazzini Rattazzi"». Cioè: gli Agnelli, i cui volti pubblici più rappresentativi erano Gianni e Suni – i nipoti di un duro, geniale *new comer* che si affaccia al secolo breve nella competizione tra fabbricanti d'auto –, dopo due generazioni hanno fatto moltissima strada dai tempi in cui la mamma di Topazia faceva la schizzinosa, e sono talmente compenetrati in una dimensione di jet-set internazionale da essere oggetto di un pettegolezzo – ancorché in sé poco significativo – nel centro del centro del mondo che pulsa, New York City, sotto l'occhio del più luminoso artista dei suoi tempi.

È opinione comune che *Vestivamo alla marinara* non sarebbe stato lo stesso senza Cesare Garboli che prestò la sua mano di editor. Garboli, uomo eccentrico, già molto ricco, frequentatore della Versilia sin da ragazzo, è un critico letterario geniale. Allievo di Roberto Longhi, fedele a un'immagine di scrittore quasi privato, oltre ad aver scritto cose molto interessanti su Molière con la sicurezza del francesista (e non era un francesista), su Natalia Ginzburg e su Elsa Morante, è stato il critico che consegna alla generazione successiva – alla nostra, cioè – il fascino del talento e della vita di due straordinari autori italiani: Sandro Penna, poeta romano, omosessuale, molto malmesso commerciante in quadri; e Antonio Delfini, scrittore geniale, frammentario, superitaliano, provinciale, decadente, sfortunato, intorno al quale Garboli costruisce un balletto psicologico di identificazione, fino al punto che non ha senso leggere Delfini senza leggere Garboli e viceversa. Garboli è un uomo singolare, non si è mai integrato del tutto nel sistema del potere culturale italiano, sempre con un piede dentro e uno fuori, ma questa condizione gli conferisce un autonomo potere che esercita anche capricciosamente, come quando nel 1994 stronca sulla «Repubblica» un romanzo di Eugenio Scalfari, che all'epoca era ancora direttore del giornale.

Uomo affascinante, amatore di una certa fama, vigile e vanitoso custode di quella tradizione minoritaria di seduttori che conoscono bene i fondamentali del problema (le donne, cioè), nella stesura di *Vestivamo alla marinara*, fu il consulente privato di Susanna Agnelli, con la quale aveva avuto una storia sentimentale. Ricorda Alfonso Berardinelli che «lui ne parlava di rado». Solo ogni tanto si lasciava sfuggire qualcosa. A un amico una volta disse che «era stata una storia che aveva voluto lei». In *Addio, addio mio ultimo amore*, lei lo descrisse come bellissimo, alto, asciutto, aria rapace, mani esili da ragazza, carattere infernale e intelligentissimo. Capì di essersene innamorata un giorno che lo vide camminare con l'aria stonata, il loden troppo lungo e lo sguardo perso nel nulla. I figli sapevano di questo amore. Il maggiore dei maschi, Cristiano, lo considerava uno schizofrenico, Delfina lo adorava.

Nonostante venisse da una famiglia di grandi imprenditori, aveva un rapporto difficile con il denaro, con il capitalismo e naturalmente con il loro simbolo più forte, gli Agnelli.

In uno dei saggi raccolti in *Falbalàs* (1990), «Com'è nata un'amicizia», dedicato a Giangiacomo Feltrinelli, a un certo punto fa una piccola deviazione e, a titolo di paragone, si occupa di Gianni Agnelli. Scrive sul ragazzo Fiat poco più di una pagina, densa di intuizioni e di alcune raffinate perfidie. Lo definisce «moderatamente debitore, molto moderatamente, alla psicanalisi» (battuta formidabile), scrive di come avesse cancellato il suo se stesso a favore dell'istituzione di se stesso (l'io che scompare e lascia posto al cognome), di come la sua conversazione fosse elusiva, superficiale, frou-frou; della sua ripugnanza per il mistero e la malattia, e di come in definitiva fosse quasi innocuo: «In fondo per quest'uomo dagli occhi di marmo e dal largo e mansueto sorriso di rettile, il mondo va frequentato con cinismo ma senza cattiveria e brutalità, e ipocrisia molto blanda; con dolcezza, piuttosto, con gentilezza, e con l'infinita cortesia e l'infinita bontà di chi sa, non senza una certa afflizione, che altro non c'è e altro non regna al mondo che il potere».

Susanna è molto rispettata in famiglia, anche dalla parte Nasi. È la più carismatica delle sorelle, l'unica a tener testa al fratello, a causa di una specie di superiore intimità. Dice un'amica, osservatrice appassionata di quel mondo sospeso tra la Fiat e la famiglia: «Irradia potere e sicurezza, è fisica, tosta, stabile, è l'ultimo mito agnelliano».

Dicono i suoi ammiratori che Susanna è stata capace di reinventare la sua vita più volte, di riempirla. Con la scrittura, con la solidarietà, oppure con la politica. Cominciò nel 1974 quando si candidò a fare il sindaco di Monte Argentario. Nel 1976 viene eletta deputato per il Partito repubblicano, cui gli Agnelli sono molto vicini, per via di uno stretto rapporto con Ugo La Malfa che risale agli anni della guerra. I La Malfa furono ospitati clandestinamente dai Caracciolo nella casa di via della Lungarina, e poi in casa Caracciolo in Svizzera, a Lugano, dove il futuro leader repubblicano figurava come professore di educazione fisica: «Una copertura in effetti poco credibile» ricorda sorridendo suo figlio Giorgio. Sarà Filippo Caracciolo, padre di Marella, Carlo e Nicola, a incoraggiare il rapporto tra La Malfa e casa Agnelli. Il risultato è un appoggio continuo e abbastanza esplicito nei confronti dei repubblicani. A Susanna, eletta in Parlamento nelle liste del Pri, tocca un ruolo a mezza strada fra la testimonianza e il pegno famigliare. Negli anni Ottanta va al governo. È sottosegretario agli Esteri con Bettino Craxi, Giovanni Goria, Ciriaco De Mita e Giulio Andreotti.

Dopo Tangentopoli non si ricandida, ma nel 1995, quando Lamberto Dini riceve l'incarico e succede a Silvio Berlusconi, torna al governo, e per un anno è ministro degli Esteri. È la fase massima della supplenza, la politica praticamente non esiste, Dini presiede il più tecnico dei governi tecnici cui il sistema Agnelli-Fiat presta una delle sue facce. La Fiat è ancora molto forte, ma nessuno solleva il problema del conflitto d'interessi; lei, peraltro, farà bene il suo lavoro di ambasciatore di un paese privo di classe dirigente politica. Nel 1996 lascerà il posto proprio a Dini e si concentrerà nella promozione di organizzazioni di ricerca e assistenza sociale.

Tutto ciò fa di lei una persona abbastanza singolare nell'Italia del secolo scorso: una donna molto ricca di denaro e di amicizie internazionali, alle prese con un ruolo pubblico e con un sistema di relazioni politiche che dura per tutta la vita. Parte dalla buona amicizia con Galeazzo Ciano – mediata da Raimondo Lanza – conseguenza fisiologica dell'essere Miss Fiat, e si chiude con un'incredibile coincidenza simbolica: lei seduta alla scrivania di ministro degli Esteri di un governo postdemocristiano, sessant'anni dopo Ciano. L'intreccio di conoscenze ed esperienza è alla base della sua sicurezza nel giudicare gli altri, come se questa esperienza fosse la sua intelligenza. Una sicurezza che molti reputano troppo perentoria. Altri le riconoscono, d'altro canto, di avere sempre detto quello che pensa, considerando la franchezza un segno a metà strada fra la trasgressione e la distinzione sociale.

La rubrica di posta che tiene da molti anni su «Oggi» è un argomento da chat line. La perfidia delle sue risposte è proverbiale. Su asphalto.org, un certo «psycho» è un estimatore delle sue risposte da un rigo. Ne cita una meravigliosa. A una donna che dice di amare suo marito e di tradirlo platonicamente (solo baci) con un altro uomo, e di lasciarsi andare ogni tanto anche con altri quando c'è il feeling, la titolare della rubrica così risponde: «Non riesco a immaginare cosa intenda esattamente per lasciarsi andare con altre persone, comunque mi sembra che suo marito sia un gran cornuto».

Questo tratto di crudezza ha un sottofondo di pretesa didattica. Chi ne ha studiato il carattere vi dirà che ricorre in lei (e nella linea matrilineare della sua discendenza) un certo modo di spiegare – agli altri – le cose del mondo che si riassume in un ricorrente «perché nella vita...», pronunciato come se arrivasse da un altro luogo molto autorevole. E da quel luogo, dunque, risuona la spiegazione di chi nella vita è stato davvero, e tornatone vi dice: «perché nella vita...».

Si dà il caso che un «nella vita...» sia toccato di recente a suo nipote Pietro Sermonti, popolare attore tv. Sermonti, dopo *Un medico in famiglia*, la scorsa stagione ha recitato in *La moglie cinese*. Secondo sua nonna, che proprio allora esordiva in tv in veste di critico, Pietro aveva sbagliato ad accettare quel ruolo: «*La moglie cinese* l'ho guardata per ragioni famigliari avendo un nipote che era, mi sembra, il protagonista

... e mi rattrista molto che abbia fatto questo programma televisivo. Prima di tutto perché era doppiato, e trovo che un attore non si fa doppiare, soprattutto quando parla nella sua lingua. Due, perché non credo che lui dovrebbe fare il commissario. In Italia il commissario è talmente legato al commissario Montalbano che mi sembra quasi impossibile fare concorrenza a Montalbano. Dunque fare il commissario è già mettersi in una situazione di inferiorità. Per di più, o lo facevano piangere tutto il tempo oppure era arrabbiato nero, oppure erano delle scene d'amore che, devo dire, non apprezzo particolarmente».

La sua avventura di critico catodico nacque dietro un invito di Antonello Piroso, direttore del tg de La Sette. Lei accettò. A luglio del 2006 furono realizzate quattro puntate pilota di «Televisti da Suni». Nella prima parlò non solo di Sermonti, ma anche della Juve e di quelli che l'hanno rinnegata dopo i fatti di primavera e la retrocessione: «Gli juventini veri sono quelli che invece dicono: quando hai amato una donna la ami anche se poi diventa una troia».

1969. Gianni, presidente della Fiat, quarantottenne forse al massimo del suo splendore di bell'uomo, cammina per piazza di Spagna con l'aria di essere diretto da qualche parte. Al suo fianco, un passo indietro a sinistra, c'è una ragazzina di diciott'anni molto bella, sua nipote Delfina, sopracciglia e bocca dritte, occhi profondi, capelli raccolti, vestito cortissimo di maglia di cotone, scarpe stondate, mezzo tacco, fibbia dorata, la figura è nitida, quasi scontornata sullo sfondo. Un passo avanti a sinistra, c'è Susanna: ha un vestito chiaro corto sopra il ginocchio, due tasche a toppa in vita, due sul petto, bottoni dorati e spalline, scarpe in tinta, capelli corti, una collana girocollo annodata, un piccolo orologio e una borsa a mano da giorno. Di solito non usa la borsa, semmai una specie di piccola polsiera per il fazzoletto. Anche lei non ha l'abitudine al denaro: «Del resto non si pretende da Picasso che vada in giro con il pennello», nota iperbolicamente un'amica. Un'altra racconta: «Nei primi anni Settanta, quando la conobbi, c'erano due cose che mi colpivano del suo modo di vivere perché erano distanti dalla vita normale: l'estraneità al denaro; bisognava sempre averne un po', perché a lei provvedeva il personale, l'autista o una persona di servizio, e se non c'erano bisognava essere pronti a intervenire. All'Argentario c'era una cassa comune in casa e il denaro veniva prelevato da lì. La seconda cosa che mi colpiva era lo stato un po' dissestato degli affetti famigliari».

Susanna è una donna dalle molte rigidità e stranezze. Con i figli ha vissuto in modo anche comunitario, soprattutto negli anni Settanta, quando la famiglia era unita tutta intorno a lei, e lo spirito di estrema libertà che si respirava nel mondo esterno entrava anche nelle abitudini delle famiglie, tanto più in quelle che trovavano doveroso sentirsi disinibite: e questo tipo di dovere faceva parte dell'educazione trasmessa da Virginia. È stata una madre complicata, impaziente, estrema, «anzi, di estremi» racconta un'amica dei ragazzi «che passava all'improvviso dalla tenerezza alla massima durezza», forse competitiva con le figlie e iperprotettiva con il maggiore dei figli maschi.

Come suo fratello Gianni deve essere rimasta colpita sfavorevolmente dal fatto che i figli sono persone e che possono avere idee sulla vita diverse da quelle dei genitori. È convinta dell'effetto del denaro sull'educazione, del suo essere «a prescindere»; ritiene che i suoi figli non rimuoveranno mai la nozione del denaro dal pensiero di loro stessi. Questa non è una promessa di felicità, ma quasi una minaccia, come a dire: «Attenzione, qualunque cosa facciano prima o poi si ricorderanno di essere molto ricchi».

È orientata alla rimozione dei problemi affettivi. Non pianse quando morì il fratello Giorgio, non seppe accettare la malattia di una nipotina che morì da piccola: i buchi della sua infanzia si proiettano su quelli che in qualche modo procura nell'infanzia dei suoi figli.

Racconta una spietata analista della generazione del privilegio: «La verità è che Suni va sempre con i vincitori. I vincenti – anche quando sono dediti ad attività discutibili – sono in cima alla sua scala dei valori. Stare dalla parte dei vincitori è più comodo e rassicurante. Il paradosso è che questa sua debolezza nei confronti della vittoria l'ha resa più fragile, anche nei confronti di suo fratello, il vincente (almeno fino a un certo punto). A lui, Suni andava bene come complice, ma non aveva una reale considerazione di sua sorella come individuo».

C'è qualcosa di solitario in lei, come l'amore per il silenzio, la tendenza a ovattare gli ambienti.

Dall'altro lato della ferocia e della crudezza c'è l'impegno sociale. Presiede la fondazione Il Faro, che si occupa dell'inserimento e della formazione professionale di giovani tra i sedici e i venticinque anni provenienti da situazioni ambientali difficili. Curiosità: per la sede è stato scelto un quartiere popolare, Portuense, via Virginia Agnelli. Poi c'è la presidenza di Telethon, che viene considerato il più moderno strumento italiano di *fundrising*. Grazie all'invenzione delle maratone televisive, tra il 1990 e il 2006 Telethon ha raccolto quasi 400 milioni di euro destinati alla ricerca per la cura della distrofia muscolare e di altre malattie genetiche rare.

Per i ragazzi Rattazzi, il Bosco Parrasio era una casa cupa e imponente. La parte sottostante, originariamente una piccola chiesa, veniva usata solo per i ricevimenti o «se c'era gente importante». Era – ed è – un salone buio, con le finestrelle in alto. Vi era annesso un battistero destinato a sala da pranzo con porta finestra che dava sull'anfiteatro. I ragazzi non usavano quasi mai l'anfiteatro.

Il giardino è umido, un altissimo pino mediterraneo al centro, una fontana di pietra, camelie rosse. In fondo c'era quella che un tempo era la casetta dei custodi, vicino al cancello sulla via Garibaldi che non si usava mai. Per un periodo ci abitò Margherita autoesiliata.

Susanna ha una passione per la ristrutturazione delle case, e ne ha risistemate un centinaio. Anche la casa del Bosco fu rimaneggiata. Lo scalone interno in pietra, che originariamente saliva ai piani alti, fu sostituito negli anni Settanta da un ascensore. Di sopra c'erano due stanze da letto, uno studio e una sala da pranzo che dava sul terrazzo. Più in alto ancora c'erano le due stanze dei genitori. La stanza di Urbano fu successivamente trasformata in salotto, con un terrazzo e un pergolato di glicine che saliva dalla facciata. A sinistra si trovava l'orto botanico, che a quel tempo era chiuso e in disarmo. A destra la via di Porta San Pancrazio, che terminava in una lunga gradinata fino all'Acqua Paola.

Susanna vi tornò a vivere quando rientrò dall'Argentina a metà degli anni Cinquanta. I figli abitavano lì vicino in un attico di via Dandolo. Con i ragazzi c'era della gente abbastanza buffa. Una cameriera alcolizzata e di solito due tate. Fra quelle che i ragazzi stimano tra le più memorabili, c'era la signorina Anne-Marie, una ex suora. Aveva lasciato l'ordine – pare – a causa di un molto prosaico mal di schiena. Nella sua stanza c'era un altare. Nella stanza da pranzo, invece, aveva appeso un foglio di carta con i nomi dei ragazzi. Alla fine della giornata assegnava i più e i meno. Con una maggioranza di segni negativi la punizione consisteva nello scrivere a mano durante il weekend cinquanta pater noster e cinquanta ave maria. Se il sabato i più e i meno erano in parità, nel dare la buonanotte sussurrava un detto della Bibbia: «I mediocri saranno vomitati».

Poi c'era un'inglese, grassa, brutta e molto cattiva. Aveva un numero tatuato sul polso, perché era stata in un campo di concentramento. A chi le chiedeva: «Perché non se lo fa togliere?», lei rispondeva che voleva che tutti lo vedessero. Infine arrivò una svizzera abbastanza umana. Di pomeriggio i ragazzi venivano portati a passeggiare al Gianicolo. Solo da grandi capirono che i richiami e le urla provenienti da lassù servivano per cercare di comunicare con i reclusi di Regina Coeli. Poi Ilaria si sposò, Cristiano andò a Venezia a studiare al collegio Morosini e i più piccoli furono riammessi al Bosco.

Al Bosco Parrasio andava Garboli. Portava Giorgio Bassani, Niccolò Gallo, Michelangelo Antonioni, Natalia Ginzburg, Elsa Morante, Mario Soldati, Jacques Lacan e Vittorio

Sermonti, il quale poi avrebbe sposato Samaritana. Susanna non lo amava.

Si dice che Susanna abbia deciso di abbandonare la casa alla fine della storia con Garboli. Lui era un temperamento vigoroso e toglieva alla casa la naturale tetraggine collegata al ricordo di Virginia. Negli anni Settanta, Susanna stette molto a New York e all'Argentario, di cui si doveva occupare da quando ne era diventata sindaco. In *Addio, addio mio ultimo amore* racconta di quegli anni tra l'America e la Toscana, i figli, Garboli e poi la lunga amicizia con Guido Carli.

Oggi Susanna ha 84 anni e, come Bartlebooth ne *La vita, istruzioni per l'uso,* il romanzo di Georges Perec, ogni tanto osserva e si rigira tra le mani l'ultimo pezzo del puzzle che deve collocare, e si accorge che non coincide con lo spazio rimasto libero sul panno. Una gran parte dell'età del privilegio è stata messa in discussione, a cominciare da quello che sono stati loro, Gianni e lei. Non le piace essere messa a cospetto di uno stato d'animo che assomiglia al dolore.

*

Ilaria Rattazzi ha sposato Egidio Zampolli, il quale si è occupato a lungo di un'azienda della sua famiglia. Hanno divorziato. Ilaria scrive libri di ricette e consigli per far crescere sani i bambini, guide alimentari alla vita, metodi semplici e naturali per la conquista della bellezza. Ne ha all'attivo una quindicina.

Ha due figlie: Marella, che da ragazzina voleva fare l'attrice, poi cambiò idea. Ora vive a Londra con il marito Andrew Haynes, imprenditore nel Regno Unito e la figlia Jemima, di tre anni; Martina, che ha avuto un'attività di import-export di mobili dall'Indonesia e attualmente fa la fotografa.

*

Samaritana Rattazzi ha sposato prima lo scrittore Vittorio Sermonti – una scelta eccentrica per com'era la sua famiglia a quei tempi – e poi Giancarlo Renda. Si occupa di relazioni pubbliche. È uscita dall'accomandita.

Da Vittorio Sermonti ha avuto tre figli. Maria, è morta a quattro anni per una grave malattia congenita. Pietro, attore, è il protagonista della penultima serie di *Un medico in famiglia*, dove ha interpretato il ruolo di Guido, il medico per l'appunto. Ha giocato nelle giovanili della Juventus (un anno in Berretti, con allenatore il carioca Nené): era dotato, tecnico, ma troppo magro. Attualmente molto di sinistra e pacifista, ha studiato a Roma allo Chateaubriand.

Anna, laureata in storia dell'arte alla Brown University, a un certo punto ha cambiato idea, e adesso si occupa di fisioterapia neurologica; si è innestata nella tradizione di impegno sociale della nonna Susanna e della bisnonna Virginia.

*

Letterariamente, Cristiano Rattazzi è un caso suggestivo. È lui il punto d'unione tra casa Agnelli e Luca Cordero di Montezemolo, di cui era amico da ragazzino. Facevano insieme i rally, su una Cinquecento rossa Giannini, con gli pseudonimi Nerone e Virgilio, poi corsero con una 124 e una 125. Montezemolo conobbe Gianni Agnelli all'Argentario da Cristiano, aveva sedici anni. Raccontò delle barzellette e ad Agnelli piacque.

Susanna aveva investito su Cristiano perché fosse lui il presidente della Fiat della sua generazione. Ma le prove che diede non furono eccelse né in Fiat France, né in Fiat Argentina. Alla fine, per una strana circostanza della vita, il presidente della Fiat è diventato proprio il suo vecchio amico Luca.

Psicologicamente il caso Montezemolo è molto avvincente, è un amico di famiglia che viene preferito ai nipoti. Qualcuno si domanda se abbia mai avuto dei sensi di colpa nei confronti di Cristiano. Lui risponde: «No, certo che non ho mai avuto sensi di colpa nei confronti di Cristiano. Non ce n'era ragione, non era un'usurpazione, non ero un congiurato che tramava. Inoltre, non ero un Agnelli e Cristiano era una persona priva di passioni viscerali. Tra noi non c'è mai stata rivalità. Anche professionalmente abbiamo avuto percorsi diversi: lui nelle strutture internazionali dell'azienda della sua famiglia, prevalentemente in Sudamerica, mentre io ci sono arrivato da fuori. Eravamo giovani, con tante cose in comune, molto uniti, come siamo tuttora. Riguardo alla Fiat, non avrei mai potuto immaginare un simile sviluppo degli eventi. Tutto accadde per una serie di fatti concatenati e imprevedibili, a partire dalla morte di Umberto. Fui chiamato alla presidenza in un momento terribilmente difficile, era tutt'altro che il coronamento di un'ambizione... Se ho mai avuto degli imbarazzi è stato a volte nei confronti di Edoardo, ancorché fosse più piccolo di me – quando da ragazzi dieci anni contano – e di Margherita. Mi rendevo conto che a volte potesse essere seccante, o doloroso, il fatto che il padre trascorresse più tempo libero con me che con loro».

Oggi Cristiano si dedica perlopiù alle proprietà in Argentina, notevoli quanto quelle dei Rocca e degli Einaudi. Ha sposato Sonia del Carril, importante famiglia del luogo, poi in difficoltà. Nel giro largo dei parenti, dicono che con gli anni sia diventato più simpatico. Con l'avanzare dell'età si è appesantito. L'ultima apparizione pubblica in Italia risale al funerale di suo zio Gianni. Era lui che, i capelli un po' panatteschi, accompagnava Suni all'ingresso della chiesa.

Ora procede verso i sessant'anni e un'intera vita separa il suo sorriso di oggi da quello delle foto in cui lo ritrae Priscilla, che dicono molto di questo ragazzo fin troppo amato. Sono due foto sospese tra privilegio e vanità. Una è del 1978. Cristiano appena trentenne è sdraiato sul prato della sua tenuta, Los Cardos, che fu comprata dopo la guerra da Suni e Gianni, poi Gianni regalò la sua parte a Suni che la regalò a Cristiano. Ha i piedi nudi, jeans scoloriti e una polo bianca con il colletto rifilato in due tinte, del genere di quelle all'epoca prodotte da Fred Perry e Sergio Tacchini. In braccio il figlio Urbano, biondissimo. Lui, Cristiano, è un bel ragazzo. Ha la tipica espressione che attiene a una precisa categoria dell'arroganza giovanile, quella delle persone timide e al fondo viziate. Alle sue spalle, a certificare lo status del privilegio, è parcheggiato di coda un bimotore. È un Piper Azteca, due motori a pistoni, da turismo. Questi aerei sono indispensabili per i proprietari di terre da queste parti, a causa delle enormi distanze, eppure la foto ha in sé qualcosa di sgradevole.

Identica sensazione procura la seconda, altrettanto rivelatrice. È il 1980, Cristiano ha una giacca sfrangiata di nappa e una carabina. Sorride come fa di solito, con la bocca contratta in una smorfia laterale, ha i capelli al vento e un ciuffo che scende. Quel sorriso tradisce la sua fragilità e il peso di aspettative esagerate.

Ha tre figli. Alexia, molto bella, è laureata in neuropsichiatria infantile. Urbano, detto «Urbanito», laureato in economia, windsurfista, ha un locale notturno a Buenos Aires. Manuela è laureata in scienze della comunicazione.

*

Delfina Rattazzi. Donna dalla vita complicata, vagamente kennediana. Nell'83 sposò Carlo Scognamiglio e si lasciarono nel 1989. Scrive di costume, economia e altro su vari giornali e ha pubblicato due libri con Giuseppe Turani. È appassionata di giardini. Dicono sia la più intelligente dei sei figli di Susanna, «dunque» secondo un'amica «quella che ha sempre dato i problemi maggiori». A Marie-France Pochna, biografa di suo zio, disse una frase che sarebbe rimasta nella letteratura sugli Agnelli: «È una famiglia fatta per i forti», e prima le aveva confidato: «Quando uno di noi attraversa un periodo difficile, sente un enorme isolamento». Parlava di sé, aveva attraversato molti momenti difficili e sentito il peso di questo isolamento da parte di sua madre, soprattutto. Un'amica molto cara ritiene che si senta «leggermente disadattata». Ha l'aria separata, «a parte», come molti dei suoi parenti.

Ha vissuto per una decina d'anni a New York. Ancorché lei pensi alla persona ch'era allora come a un'estranea di passaggio che faceva tappezzeria, in realtà usciva quasi tutte le sere, e le cronache mondane parlavano di lei. Era una Miss Fiat, come lo erano state le sue zie e sua madre trent'anni prima. Dal diario di Andy Warhol, 18 dicembre 1976: «a colazione da Quo Vadis per presentare Delfina Rattazzi a Robin

West. E a Delfina è piaciuto, era aggressiva – per la prima volta le ho sentito dire: "La mia famiglia è nel business della fabbricazione di auto", perché di solito pretende di essere tanto povera».

L'anno scorso ha pubblicato il primo libro tutto suo, *Say Goodbye*, che parla di New York. Il libro è bello, con un solo difetto, a tratti l'eccesso di letterarietà. È la storia dei suoi dieci anni a NY, dov'era andata per studiare giornalismo. Sono dieci anni suggestivi, stralunati, energetici, gli anni Settanta.

Il libro è scritto su tre piani paralleli. Una ricognizione sul talento, che è la parte meno riuscita; alcune puntate introspettive sul genere «Ho imparato sulla mia pelle che il privilegio, in certi casi, è il lasciapassare per l'autodistruzione»; ma è soprattutto un libro di storie.

C'è la storia delle serate da Elaine's: «Elaine Kaufman è una signora grassa, con gli occhiali che ha un locale nell'Upper East Side...». Ci sono alcuni tavoli in fila, si mangia male, si sbevazza, circola la cocaina. Elaine è brusca, ma vuole bene ai suoi clienti, sa dove sono anche quando scompaiono per un po'. Da Elaine's vanno Norman Mailer, il faticoso Carl Bernstein, Jim Harrison (autore di *Vento di passioni*), Nicholas Ray.

C'è la storia di Bob Dylan che arriva a una festa: la moglie del padrone di casa si è rotta una gamba ed è tutta ingessata; tra i due scocca la scintilla e fanno l'amore per tutta la notte in una tenda montata in giardino, con l'assenso del marito di lei, contento – dopotutto – perché quello «era pur sempre Bob Dylan».

C'è la storia di un gruppo di signore bene che fanno le mignotte, e la storia della ragazza carina e sfortunata in amore che sorprende il ragazzo di cui s'è innamorata a letto con il migliore amico di lui: entrambi la guardano con un sorriso maligno.

C'è la storia della giovane inglese dai capelli rossi che sposa un gran disegnatore di alta bigiotteria, che sembra proprio Kenneth J. Lane. Lei fa da esca per attrarre uomini etero per il marito gay. (Parentesi: Ken Lane è un personaggio. Gioielliere formidabile, è un'autorità del gusto internazionale tra gli anni Sessanta e Settanta. È allievo di Fulco di Verdura, il cugino di Giuseppe Tomasi di Lampedusa e nipote dell'Angelica Sedara del *Gattopardo*. Fulco diventerà il disegnatore di gioielli preferito da Coco Chanel e scriverà un notevole libro di memorie sulla sua infanzia siciliana, *Estati felici*. Ken Lane si ispira a lui e ne insegue la carriera sospesa tra creatività e mondanità: sarà uno dei creatori preferiti di Diana Vreeland, e scriverà – lui, il miglior bigiottiere del mondo – un'autobiografia programmaticamente intitolata *Faking it*, simulare, in cui ogni tanto si incontrano Gianni, Marella e Cristiana Agnelli. Più avanti ritroveremo Ken, che per Gianni apparteneva alla categoria delle checche pakistane.)

C'è la storia di Warren Beatty che appena fa innamorare una donna la molla. Immancabilmente a ognuna dice una frase che chiunque – soprattutto se è all'inizio di una carriera di playboy – dovrebbe tenere a mente: «Mi ricordi tanto Julie Christie» (con cui aveva avuto una storia d'amore e girato nel 1978 *Il paradiso può attendere*).

C'è la storia di una principessa tedesca, in cui è riconoscibile Milana Windisch Graetz, bellissima, di cui si innamora Frank Serpico, proprio lui, conosciuto a casa di Dino De Laurentiis, che sta producendo un film sulla sua vita interpretato da Al Pacino. Anni dopo, Milana sposerà un Fürstenberg, uno di quelli della birra, famiglia ricchissima. Serpico andrà a vivere in Austria a due ore d'auto dalla casa di lei.

C'è la storia di Miles Davis invitato a un pranzo alla Casa Bianca da Ronald Reagan. Una signora gli chiede: «Lei che cosa ha fatto per ottenere un invito qui stasera?» e lui risponde: «Ho cambiato la musica, quattro o cinque volte».

In quegli anni Delfina lavora alla Viking, dov'è assistente di Jackie Kennedy. Il ritratto della ex presidentessa è piuttosto diverso dall'iconografia classica: «Ha un sorriso enigmatico, da sfinge. Bella non è. È sproporzionata: la testa troppo grande sul corpo minuto, gli occhi piccoli e le gambe un po' corte. Appena può indossa i sandali del dottor Scholl's perché ha i piedi larghi e le scarpe le fanno male. In realtà è timida...». È anche una donna dall'avarizia patologica, perché da bambina ha visto il padre, detto «Black Jack», perdere delle fortune al gioco; raramente dà feste nel suo appartamento sulla Quinta, dove – comunque – si mangia e beve poco. Di sera, però, Jackie si trasforma: «Diventa cosciente del suo potere sulle persone. Si veste di rosso, flirta spudoratamente, anche se non c'è mai traccia di reale abbandono nel suo sguardo».

Delfina vive sulla Lexington con Lupo, e affittano le stanze libere, ma è solo un rito mimetico. Lei riconosce che ha potuto vivere pienamente NY solo in virtù dei privilegi. È amica di Terence Stamp, Warren Beatty, Mick Jagger, Arnold Schwarzenegger. Sarà lei a presentare Schwarzy alla sua futura moglie, Maria Shriver. Frequenta Terry Southern, sceneggiatore del *Dottor Stranamore*, Bob Rafelson; Hunter Thompson, uno dei *new journalist* di quel tempo; Tom Hedley, il quale conosce la storia di una ragazza di Detroit che di giorno lavora come saldatrice in una delle Big Three e di notte studia da ballerina (da qui nascerà *Flashdance*). Poi ci sono i playboy italiani all'estero: Franco Rapetti, giocatore incallito con grandi proprietà in Romagna, che si suicida a New York, Rodolfo Parisi che muore a Londra attraversando la strada perché guarda dalla parte sbagliata.

Sono gli anni Settanta. Non le piace Steven Spielberg (e ha torto), ma le piace Lester Bangs, una specie di genio che scriveva per «Creem» e «Rolling Stones». Adora Diana Vreeland. Va a trovarla nel sottoscala in cui, lei settantenne, è stato collocato il suo ufficio di responsabile del Costume Institute del Metropolitan Museum. Diana trasformerà l'istituto in un trionfo.

A un certo punto, in coincidenza di due fatti, Delfina si accorge che tutto è finito, tutto inautentico. Arriva il noioso, melenso, calligrafico fotografo Robert Mapplethorpe. Arrivano le virgolette segnate nell'aria con le dita, per dare alle cose un significato che non sappiamo assegnare loro con parole più appropriate. Ha ragione su Mapplethorpe, e ancor più sulle virgolette.

Oggi vive a Milano in una casa, pubblicata recentemente

da «Casamica», un po' fusionista (vintage + oggetti di recupero + primitivismo americano + Nicola Fasano, da Grottaglie, + Ingo Maurer da Reichenau sul lago di Costanza), con un'attraente libreria in lamiera sottile. Per gli amatori, la terrazza è invece disponibile sul primo numero di «VilleGiardini» 2007.

Da Carlo Scognamiglio ha avuto due figli. Filippo, il cui padrino di battesimo fu Romano Prodi, ma per contrappasso migliore amico di Geronimo La Russa, figlio di Ignazio. È laureato in ingegneria informatica, lavora in Roland Berger, società di consulenza aziendale. Elisabetta, detta Thea, è ascesa alle cronache molto piccina quando suo padre, presidente del Senato, una volta, d'estate, fermò i vagoni ferroviari di rappresentanza (detti saloni) spettanti alla presidenza di palazzo Madama in una piccola stazione del Nord per far scendere i bambini che dovevano raggiungere una località di mare. È al quarto anno di medicina alla Statale.

La fotografia in cui Scognamiglio – doppiopetto di grisaglia e cravatta in tono – abbraccia Delfina guardando in basso, e lei – con un pullover a collo alto nero – fissa la macchina e sorride con la testa appoggiata tra il petto e la spalla di lui, è una delle più belle del libro di Priscilla.

*

Breve profilo di Lupo Rattazzi, detto «Pagnotta». La storia del soprannome è questa: l'autista storico di casa Agnelli, Giovanni, che fu poi ereditato da Suni, lo chiamava chissà perché Lupani, che poi diventò Pane e infine Pagnotta, per via della forma tondeggiante della faccia.

È presidente di Neos, società di trasporto aereo partecipata da Ifil, e vicepresidente di Alpitour. Ha studiato a Columbia e a Harvard, ha lavorato a Lehman e a Salomon, ha sempre avuto buoni rapporti nelle banche, è stato in società con Giorgio Magnoni, fratello del vecchio amico Ruggero, l'influente finanziere, fondatore e capo delle attività italiane della Lehman Brothers. È stato consigliere comunale all'Argentario per il Pri. Prese più preferenze di sua madre.

È uno dei pochi ad avere fatto soldi per i fatti suoi. Ecco

come. Attratto dagli aerei fin da piccolo (come ancora oggi ricorda con un certo orgoglio una delle fidanzate di quand'era ragazzino), cominciò a volare da bambino in Argentina. Il pilota del Cessna 182 di Los Cardos gli toglieva dalle mani il giornaletto di Bugs Bunny e in cambio gli cedeva la cloche. Prese il brevetto di pilota (oggi ha 2000 ore di volo all'attivo). Con l'età adulta si fece degli amici nell'ambiente. Nel 1988 un gruppo inglese, Air Europe, gli chiede se è interessato a fondare un braccio della compagnia in Italia, una specie di franchising. Rattazzi dice di sì. L'anno successivo Air Europe inglese fallisce. Lui e un altro manager vengono contattati dai liquidatori che gli propongono di rilevare la parte italiana. Con due soci compra per poche centinaia di milioni di lire il 75 per cento di Air Europe Italia, un marchio che all'epoca aveva un avviamento paragonabile a quello che oggi potrebbero avere Ryan Air o Easy Jet. Tra il 1992 e il 1996 Air Europe modifica ripetutamente il suo assetto azionario. Entra Alitalia nel 1992, nel 1993 esce Alpitour in difficoltà economiche, nel 1996 entra il finanziere Jody Vender che paga per il 18 per cento 18 miliardi di lire. L'obiettivo è la quotazione in borsa, ma uno dei soci si oppone. Due anni dopo, Swiss Air valuta l'intera azienda (che era costata zero) 320 miliardi di lire. Nel 2000 la rileva Swiss Air attraverso Volare.

Questa operazione ha fruttato a Lupo parecchio denaro, indipendenza psicologica e considerazione nella cerchia famigliare più stretta. Lo dicono: intelligente, ombroso, di silenzi minacciosi; in accomandita è uno di quelli che prendono posizione (ed è in grado di organizzare consenso). Qualcuno sostiene che a volte è incostante nei giudizi. Uomo di un certo fascino – genere Bernardo Bertolucci – moderatamente mondano, è amico di Mario D'Urso e, dalla giovinezza, di Giovanni Malagò. Fu lui a presentarlo allo zio Gianni, che lo prese poi sotto la sua ala benigna. Allo zio volle molto bene e ne fu ricambiato, tra i pochi. Ma è stato anche uno dei primi a capire come l'immagine monumentale di sé che Agnelli aveva stesse diventando un problema per l'azienda. Nell'aumento di capitale del 2003 sottoscrisse cinque volte e mezzo la quota a lui spettante nell'accomandita, portando la sua partecipazione a circa il 2 per cento. Lo fece – spiega – «perché erano tali i fattori di discontinuità intervenuti che ero incoraggiato a scommettere sul futuro».

Nel libro di fotografie di sua sorella Priscilla, Lupo ha due scatti, luglio 1977, casa di via dei Baullari, la direttrice che porta da piazza Navona a piazza Farnese. Nella prima è in terrazza, si appoggia con una mano sul parapetto. È di profilo e sullo sfondo c'è l'ingresso di palazzo Braschi sulla piazza San Pantaleo. Nella seconda è in casa, la testa spunta dal bordo di una vasca in un bagno dal rivestimento floreale che dà all'ambiente un'aria vagamente orientale.

Da ragazzo visse con sua sorella Delfina nell'appartamento di Lexington cui facevano capo gli amici italiani che, tra la fine degli anni Settanta e l'inizio degli Ottanta, passavano da New York. Anche Montezemolo visse lì per un periodo. Quando Delfina si mise a scrivere il suo libro di memorie newyorkesi Lupo le raccomandò di non addolcire troppo i ricordi. Ha un accento vagamente esotico, ma – sembrerebbe – senza pose. Andy Warhol nomina anche lui nel suo diario, l'11 dicembre 1981: «Ho sentito dire che Imelda Marcos sta di nuovo frequentando Lupo Rattazzi...». (Imelda jr era la figlia di Imelda e Ferdinando Marcos. Lei e Lupo sono stati insieme al tempo in cui entrambi studiavano in America.)

Ha sposato Isabel Lanza, una ragazza cubano-americana, ex indossatrice, da cui si è separato. Dalla sua compagna Dana O'Rourke, californiana, ex indossatrice di Valentino, conosciuta a Roma, ha due figli: Cosima di otto anni e Nicholas di cinque.

*

Priscilla Rattazzi Whittle, già Mohlmann, già Ponti. Cinquantun anni, detta Pira. Sposò prima Alex Ponti, figlio di Carlo, matrimonio che durò tre mesi, poi il banchiere tedesco Claus Mohlmann. Il suo terzo marito è Christopher Whittle, uno tra i primi investitori a puntare sulla privatizzazione del sistema scolastico americano. Vive in America dal '74, ha la cittadinanza americana, è molto legata a suo fratello Lupo.

Ha sempre avuto case meravigliose, tra cui una agli Hamptons che, al tempo della crisi della società di suo marito Christopher (la Edison Schools, quotata al Nasdaq), fu messa in vendita per la cifra di 45 milioni di dollari (nel 1989 l'avevano pagata 7,3 milioni). Poi fu tolta dal mercato perché Whittle risolse i problemi della Edison.

Priscilla è una brava fotografa. Ha pubblicato tre libri: *Georgica Pond; Amico mio* su cani e padroni; *Bambini,* ritratti dei figli (i testi sono stati scritti da sua sorella Ilaria).

In occasione del sessantesimo compleanno di sua madre, il 24 aprile 1982, ha raccolto le sue foto di famiglia in un libro qui ripetutamente citato, distribuito tra i soli parenti, dal titolo un po' minimalista *Una famiglia*. Fra i ritratti migliori ci sono: Delfina e suo marito, Urbano Rattazzi sul divano, Allegra Caracciolo, Gianni in camicia di jeans, Argenta Campello il giorno del suo matrimonio, Umberta Nasi che sferruzza, Ruy, Georgina e Coco tra i cuscini, Cristiana in accappatoio su un divano bianco e un vecchio telecomando della fine degli anni Settanta mentre un cane di nome Cucuruzza le salta addosso, le tre sorelle Nasi in posa da auguste zie, Tiziana Nasi.

Priscilla ha tre figli: Maximilian Mohlmann, che studia politiche pubbliche, e poi Andrea e Sasha Whittle, che vanno a scuola a New York. È molto protettiva con gli amici e piuttosto simpatica. Una volta ha raccontato a proposito di suo zio: «L'Avvocato preferiva di gran lunga i rapporti con i nipoti maschi. Gli creavano meno imbarazzo e meno fatica. Ma anche con noi ragazze non rinunciava al suo humour. Lo divertivano un mondo i miei divorzi. Mi chiedeva sempre: parlami del tuo stato civile».

*Gianni 3*

# Ricorso alla complessità

L'Agnelli complesso lo troverete nei racconti di qualche amico, quando diventa oggetto di interpretazione.

C'è una definizione del suo modo di essere, formulata da un testimone anonimo che gli volle bene e lo frequentò per molti anni. Dice: «Agnelli era fatto di tre cose: innanzitutto spirito di servizio, poi un umorismo molto laterale, infine Agostino 'o Pazzo».

Lo spirito di servizio è la fedeltà alla Fiat, il celebre imprinting militaresco, la visione ottocentesca dell'esistenza che si ritrova anche nel rapporto con i figli, soprattutto con Edoardo.

L'umorismo laterale è un modo di vedere le cose, un'angolazione imprevista, facilitata naturalmente dalle sue possibilità e dal suo ruolo. «Una volta gli chiesi un giudizio sul *Nabila*, il primo vero yacht moderno, che Adnan Kashoggi aveva appena varato. Tutti ammiravano questa barca, me compreso. Era un oggetto mitizzato dagli appassionati. Agnelli mi disse "Sembra piuttosto un astice", a causa delle antenne sull'ultimo ponte. In un certo senso aveva ragione.»

Agostino 'o Pazzo è la temerarietà mista all'insolenza. «Fu sua moglie a chiamarlo così una volta. Nella realtà, Agostino 'o Pazzo era un certo Antonio Mellino, piccolo delinquente napoletano contiguo alla camorra. Nei primi anni Settanta faceva ammattire i poliziotti dietro la sua moto. Lo chiamavano Agostino 'o Pazzo per via di Giacomo Agostini, il campione motociclistico. Gianni era Agostino 'o Pazzo quando guidava, ma lo era anche in certi scherzi: quando faceva preparare piatti molto complicati, di incerta interpretazione – cucchiaio o forchetta per esempio? – per mettere in imbarazzo uno di quei politici democristiani che disprezzava, ospite a colazione.»

Nella versione complessa esistono molti Gianni Agnelli. Spesso chi elabora interpretazioni di Gianni Agnelli come frutto di complessità lo fa perché, avendogli voluto bene o avendolo frequentato o incrociato per ragioni famigliari, vuole giustificare a se stesso i difetti dell'amico (che è anche una divinità) diluendoli in uno stato d'animo.

Cesare Garboli conosceva gli Agnelli sin da quando erano ragazzi. La sua tesi era che la personalità di Gianni nasceva dalla cancellazione della sua persona: «Aveva cancellato se stesso, il proprio "io", a vantaggio esclusivo dell'istituzione e della "forma". Tutto ciò che il nome proprio comporta era stato tolto alla realtà con un colpo di spugna; e una totale adesione, al contrario, era stata concessa al cognome, sposato fino alle estreme conseguenze nel bene e nel male, senza riserve e ripensamenti, senza orgoglio e senza pudore, accettandone tutti i discorsi a favore e tutte le conclusioni contro. Tutto ciò che appartiene al singolo, all'individuo, ai sentimenti e ai valori dell'individuo era non solo cancellato ma, secondo coerenza, svilito, svalutato: l'individuo non esiste, l'accettazione del privilegio esigeva un sacrificio esistenziale ma anche una filosofia della pratica». Dunque, l'istituzione al posto dell'io.

La più importante testimonianza dell'Agnelli complesso è l'intervista televisiva che egli diede a suo cognato Nicola Caracciolo. Sono loro due soli, in tre ambienti diversi: la veranda settecentesca e poi il giardino di Villar Perosa e, infine, uno spazio abbastanza anonimo al Lingotto. È il 1999, Gianni Agnelli ha settantotto anni, la Fiat è appena entrata nel periodo più drammatico della sua storia, suo figlio si toglierà la vita tra pochi mesi, le rughe quasi cominciano a stirarsi, le sopracciglia sono ormai un cespuglio spoglio, ogni tanto muove una mano per scacciare una mosca o per toccarsi la gamba malata. Sembra privo di commozione, eppure la conversazione vira su quel tono naturalmente trascinata da una incombente nostalgia. Agnelli rivela di sé quello che non appare quando viene raccontato dai suoi adoratori. Ammette di aver commesso degli errori (non da solo, sottolinea), non gigioneggia, non cerca il consenso, non è autocelebrativo, dice che la storia mitica della Fiat è quella della fondazione, di suo nonno e di Valletta, lui ha fatto la parte meno gloriosa: mantenere la baracca in piedi. Non parla di sé, evita qualunque forma di personalizzazione, sua madre, i figli, la sua vita anteriore di ragazzo e di gran mondano, le esperienze sulla guerra («Le dico la verità, i ricordi di guerra li trovo tristi»), tutto si chiude in una forma misteriosa, impersonale ma drammatica. Forse questa forma potrebbe essere al tempo stesso l'esercizio del privilegio e la difesa da esso: il rifugio nell'istituzione.

*Le famiglie*

# I Campello e i Teodorani Fabbri

Maria Sole Agnelli è la guida dell'ala agricola della famiglia, con un'azienda a Castellombardo, alle porte di Roma. Nel 1953 sposò Ranieri Campello della Spina con cui mise al mondo quattro figli: Virginia, Argenta, Cintia, Bernardino. Campello ne aveva avuti altri due da un matrimonio precedente. La passione coltivata in questo ramo per i cavalli viene da lui. Ranieri Campello nel 1936 fu olimpionico italiano a Berlino, disciplina «completo» (quella in cui oggi primeggia Zara Phillips, nipote della regina Elisabetta). Fu eroe di guerra: combatté i russi alla guida di un contingente di cosacchi bianchi, e poi in Italia contro i tedeschi. Morì a 51 anni nel 1959.

Dopo la sua scomparsa, tra il 1960 e il 1968 Maria Sole fu sindaco di Campello, base feudale della famiglia. A questo proposito, uno dei tratti più singolari degli Agnelli della sua generazione è la capacità di coniugare la spinta a radicarsi in un sistema aristocratico con quella a interpretare una sorta di feudalità moderna che si fonda sulle istituzioni locali: Maria Sole diventa sindaco a Campello così come Gianni a Villar Perosa, Suni a Monte Argentario e Giovanni Nasi a Sestrière.

Un quinto figlio, Eduardo, è nato dal secondo matrimonio con Pio Teodorani Fabbri, già ufficiale di marina, alto, vecchio stampo, famiglia di Cesena, imparentato con i Mussolini (un Teodorani sposò una figlia di Arnaldo). Pio Teodorani guida l'ufficio romano dell'Ifi ed è un po' il suggeritore della linea del ramo Campello-Teodorani, che ha un peso notevole nell'accomandita. Dopo John, Maria Sole Agnelli ha la quota più alta: circa il 13 per cento, valore attuale intorno ai 260 milioni di euro.

Maria Sole presiede la fondazione Giovanni Agnelli, creata da Gianni su idea di Vittorino Chiusano nel 1966 con l'intenzione di mettere in evidenza una svolta modernista, in direzione di un capitalismo democratico, filantropico all'americana, da parte degli Agnelli. Oggi la fondazione conta su un budget annuale di 2 milioni di euro per finanziare ricerche economico-sociali.

Dei ragazzini che furono, lei è la prima del sottogruppo «piccoli» così composto: Maria Sole, Cristiana, Giorgio, Umberto. È considerata la più quadrata delle sorelle. Legata a Umberto più che a Gianni, condivideva con il fratello minore una visione dell'esistenza fatta di sostanza e anche di parsimonia. Con la voce che ogni tanto si assottiglia come quella di Suni, non ha remore a definirsi un po' tirchia. A Londra va in giro in metropolitana (con qualche fastidio claustrofobico) e in *double deck*. Narrazioni famigliari lasciano intendere che ogni tanto indossi borse false di Vuitton. «Chi mai penserebbe» avrebbe confessato «che io vada in giro con una cosa non vera!»

Come sempre con gli Agnelli della sua generazione, la capacità di comprendere le questioni si mescola all'esperienza delle cose del mondo, ai fatti vissuti, alle persone incontrate, all'accesso di prima mano a ciò che accade in quel momento. Diventa difficile stabilire se il primato spetti all'esperienza o alle doti naturali (del resto ciò ha poca importanza quando giudichiamo gli altri). In *Vestivamo alla marinara* Maria Sole fu trattata con meno riguardo di quanto si sarebbe aspettata, e Gianni lo rimproverò a Suni.

Dei fratelli fu quella che volle più bene a Giorgio e l'unica che ne custodisca la memoria. A Castellombardo c'è una piccola testa di Giorgio fatta da Francesco Messina negli anni Trenta, cugina di altre due che lo scultore – amato dal Senatore e da Edoardo – fece di Umberto e di Gianni. La scultura passò per diverse mani prima di finire in possesso di Maria Sole. Alla morte di Giorgio fu regalata a Ferruccio Buratti, ex istitutore di Gianni dopo Antonicelli, e successivamente amministratore, quasi ministro, della Real Casa. Buratti aveva anche una vita parallela: scriveva romanzi popolari, gialli come *La strega bianca* e per ragazzi come *L'aquila rossa*. Quando morì, sua figlia svuotò la casa e vendette quello che conteneva. Maria Sole comprò la testa di Giorgio.

*

Virginia è la prima figlia di Maria Sole. Ha 53 anni e ha sposato Giuseppe Della Chiesa. In gioventù ha lavorato in pubblicità, e adesso si occupa con il marito di un'azienda agricola che si trova a nord di Roma. Ha ideato un sistema di informatizzazione dei risultati sportivi.

Ha due figli: Giacinta e Benedetto, che si chiama come il papa di famiglia, Benedetto XV, Giacomo Della Chiesa.

*

Argenta Campello. Argenta è un nome Campello: un'automobile Fiat si chiamerà come lei, ma non a causa sua, che in ogni caso si occupa di cavalli – è istruttrice professionista – e non di automobili.

Ha sposato Gian Antonio Bertoli, medico. Il giorno del matrimonio, il 28 ottobre 1978, a Castellombardo, Priscilla li ritrae così. Gli sposi sono su un calesse. Lui, in tight, tiene le briglie, è di profilo. Lei guarda verso la macchina, è sorridente, i capelli lunghi che spuntano da dietro le orecchie e il velo appuntato sulla nuca. Regge sulle gambe un cesto di vimini che contiene il bouquet.

Dal matrimonio sono nate tre figlie. Sara, 27 anni, amazzone, è stata riserva nella squadra olimpica di pentathlon per Atene 2004. Alice, 24 anni, amazzone, ex pentatleta, militare in un reggimento naturalmente di cavalleria – in divisa si recò al funerale del suo prozio Gianni –, come componente della squadra italiana ha partecipato ai mondiali di completo che si sono tenuti ad Aquisgrana, ma è caduta. Evelina, 20 anni, amazzone anche lei.

*

Cintia Campello lavora in campagna. È lei ad amministrare Castellombardo. Dai fratelli viene considerata la più carismatica e la più vicina a sua madre.

Suo marito Leopoldo Torlonia, 54 anni, lavora in banca ed è presidente dell'Associazione nazionale sindrome di Williams. Hanno avuto tre figli: Maria Sole, 22 anni; Emanuela, 19 anni; Paolo, 10 anni.

*

Bernardino Campello sposò prima Sonia Raule, da cui ha avuto Tancredi, che vive in Inghilterra; e poi Francesca Rizzo, da cui ha avuto altri quattro figli, Margherita, Angelica, Tristano e Ranieri. Giornalista, per molti anni ha lavorato per «la Repubblica». Se ne dimise nel 2001. Attualmente cura i rapporti con i media per il Festival dei Due Mondi.

Bernardino, pur avendo scelto il lato famigliare paterno dei suoi interessi – amministra una proprietà Campello con annesso ristorante alle Fonti del Clitunno, sito storico naturalistico – è anche un esponente della quarta generazione interessato al tema identitario della famiglia materna, vale a dire: che cosa sono gli Agnelli oggi. Intelligente, apparentemente solitario, ha congegnato un personale profilo sociale, un amalgama in cui convivono la terrazza romana, le librerie Ikea, i set Fisher-Price per i bambini piccoli, una distinta svagatezza un po' wodehousiana e un'aria di famiglia appena accennata: quest'ultima, che naturalmente ciascun Agnelli-Nasi sa essere quasi un'attrattiva personale nella relazione con gli altri, per lui è anche un oggetto di osservazione nella vita privata, uno sguardo sulla sua stessa famiglia.

*

Eduardo Teodorani Fabbri, detto Dodi, 42 anni, un po' di birignao di casa, è molto alto, quasi due metri. È uno dei più in vista nella sua generazione. Lavora in Case New Holland.

Lo zio Gianni aveva battute per tutti e una era per lui. Diceva che gli sembrava strano come tra i suoi nipoti l'unico uomo di finanza fosse Ruy, figlio degli ipermondani Cristiana e Brando Brandolini, e l'unico playboy fosse Eduardo, figlio dei molto posati Maria Sole e Pio Teodorani. È stato a lungo fidanzato con una Rovelli, da alcuni anni sta con Francesca Nardi.

Giovanni Alberto Agnelli, Giovannino, era solo un anno più vecchio di lui. Gli diceva che nella situazione in cui si trovavano, con una carriera davanti e le responsabilità eccetera, gli pareva più prudente condurre una vita mondana meno appariscente. Ma a Eduardo la vita di relazioni piace. Taki Theodoracopulos, vecchio amico dello zio Gianni, lo cita spesso nei suoi pezzi mondani sullo «Spectator». Recentemente, in occasione del battesimo del secondo figlio di Elle McPherson, a Roma, Eduardo ha offerto una colazione al Circolo della caccia. A Victoria Beckham ha assegnato un posto accanto a suo padre, Pio. È console sanmarinese a Londra.

*Gianni 4*

# Che cos'è il revisionismo

Poi c'è un Agnelli revisionato, cioè messo in discussione. L'operazione revisionista comincia già negli anni Settanta e viene da un'area collaterale: Eugenio Scalfari, direttore della «Repubblica» di Carlo Caracciolo – il fratello di Marella –, lo definisce l'«Avvocato di panna montata». Scalfari se la prese con Agnelli per non aver tenuto duro nella prima battaglia per il controllo del «Corriere della Sera». Gianni vivente, questo filone continua, saltuariamente, nella dialettica quotidiana della stampa o in qualche libro. Nel 1988 il corrispondente da Milano del «Financial Times», Alan Friedman, scrive un libro urticante. L'obiettivo, come recita la bandella dell'editore, è «di non adeguarsi alla celebrazione del mito». Il volume pieno di spigolature molto irriverenti per l'epoca e di giudizi sull'egemonia Fiat fu considerato da Agnelli e dal suo entourage una manifestazione ostile. Ci furono, poi, tentativi più efficaci perché meno programmaticamente in opposizione. Nel 1992 un saggio su alcuni protagonisti del capitalismo italiano (De Benedetti, Gardini, Romiti, Pirelli, Agnelli) scritto da Marco Borsa con Luca De Biase coglie alcuni aspetti controversi del presidente della Fiat, dalla vanità alla spregiudicatezza. Il libro – racconta oggi De Biase – fu oggetto di acquisti a blocco nelle librerie e non più stampato.

Ma è nel 1989, con tre anni di anticipo su Borsa, che arriva il primo vero tentativo sistematico di ragionare su Agnelli non solo come uomo di impresa, ma come simbolo di un mondo. Viene da Marie-France Pochna, una signora francese con ottime entrature, lo scrupolo del buon giornalismo e soprattutto una raffinata intelligenza analitica: *Agnelli l'Irrésistible*, così è intitolato il libro pubblicato in Francia nel 1989, e con lo stesso titolo in Italia l'anno successivo. È un lavoro eccellente. Si parte da un Agnelli complesso, si arriva a un personaggio demistificato. Ancora dio, sì, ma anche terribilmente umano. Racconta di un genitore impreparato, di un uomo conteso tra dovere e frivolezza, portato a mantenere il controllo completo sulla realtà, e sempre in ritardo sulla storia, perché rispetto alle trasformazioni del suo tempo sa agire solo di rimessa. All'epoca era una tesi del tutto isolata. Successivamente comincerà a prendere corpo. Spiega oggi lo storico dell'economia Giuseppe Berta, per sette anni alla guida dell'archivio Fiat: «Fermò la sua capacità di interpretare il mondo agli anni Settanta, non capì Reagan né la Thatcher».

Naturalmente il vero processo revisionista comincerà alla fine, quando Agnelli sarà morto.

Nel giugno del 2005, Carlo De Benedetti viene intervistato da Massimo Gaggi per una trasmissione del canale Raisat Extra. Il «Corriere della Sera» pubblica l'intervista, in cui peraltro De Benedetti esprime giudizi già enunciati in un libro intervista dell'anno prima. Ne nasce una polemica con il giovane John Elkann che risponde sulla prima pagina del «Corriere della Sera» in difesa della memoria di suo nonno. Il giudizio espresso da De Benedetti è sostanzialmente questo: Agnelli ha condizionato la sua esperienza di imprenditore all'esasperata ricerca della propria immagine.

Nel giudizio convivono molti elementi anche emotivamente diversi. Per l'uomo che ne fu al tempo stesso una scoperta (fu Agnelli a innamorarsene quando De Benedetti guidava l'Unione industriale di Torino) e l'alternativa più credibile, giudicare Agnelli significa anche esprimere una valutazione su se stessi. Dice oggi De Benedetti: «Per me Agnelli era un mito, per il suo charme, per la leggerezza calviniana, per la ricchezza. Con tutti i suoi difetti, per me è rimasto ancora tutto ciò. Era egoista, cinico, superficiale. Era profondamente conservatore, ma con una vernice di progressismo: teneva sulla scrivania la foto di una carica della polizia polacca a cavallo. Diceva che era l'immagine di una grande forza fisica. Era un uomo inadatto a fare l'imprenditore, ma era un uomo molto intelligente, di un'intelligenza estremamente complicata. Per me rimase un mito, un mito gratificante, anche quando ne scoprii i limiti: mi faceva piacere quando ci incontravamo, mi faceva piacere parlare con lui, conoscere il suo punto di vista. Ed è una persona che mi manca».

Da questa prospettiva, dunque, scoprire i difetti di Agnelli è un po' scoprire i nostri difetti. In fondo, se Agnelli riuscì a occupare quella formidabile posizione che occupò nell'immaginario del suo paese, ciò accadde anche perché, in una specie di gioco di specchi, gli fu consentito. Persino Eugenio Cefis, che fu uno dei suoi grandi avversari, lo trovava simpatico, come lo stesso Cefis racconta a Dario Di Vico in un'intervista pubblicata postuma.

In realtà anche simbolicamente il vero processo di revisione comincia in famiglia. Gli ultimi anni della vita di Gianni Agnelli sono anni di scarsi successi per il gruppo Fiat, per gli azionisti di riferimento e per le loro finanziarie. La lenta crisi del sistema Fiat che già si manifesta verso la fine del regno di Cesare Romiti comincia a minare la fedeltà parentale al mito. Tra cugini e nipoti inizia ad affiorare una sensazione: con la crisi dell'azienda viene messa a repentaglio la base ontologica della genealogia, il denaro, quell'entità, cioè, che esiste prima ancora di loro stessi, secondo la tesi di Ludovica Ripa di Meana che vedremo più avanti, una tesi in cui la revisione diventa materia drammatica.

Dunque, il revisionismo comincia pochi giorni dopo il funerale di Agnelli, con un articolo strano, ma bello, del procugino Oddone Camerana, pubblicato da «Diario». C'è scritto fra l'altro che a lui si è perdonato quello che non si sarebbe perdonato a nessun altro, e che il suo narcisismo è seduto su una montagna di debiti. Il revisionismo di famiglia troverà compimento pochi mesi dopo, quando Umberto chiederà la sottoscrizione dell'aumento di capitale a cascata. Per la prima volta nella storia degli Agnelli, la richiesta di denaro arriva ai singoli eredi del fondatore. La richiesta viene soddisfatta dalla maggioranza dei soci dell'accomandita. Qualcuno sottoscriverà solo perché lui, l'Avvocato, non c'è più.

*Le famiglie*
# I Brandolini

Cristiana Agnelli è la più piccola delle ragazze Agnelli. Sposò Brando Brandolini d'Adda, e vissero un po' a Parigi e un po' in Italia, qualche volta a Venezia nel palazzo Brandolini, più spesso nella campagna friulana in una località chiamata Vistorta. E in ognuno di questi luoghi si esercitavano in generose attività mondane.

Brando Brandolini è morto ottantasettenne nel settembre del 2005. Era un uomo di un altro tempo. Famiglia veneziana, antica di mille anni, nipote per parte materna dell'ottavo duca di Cadaval, portoghese (legami con i Braganza e con la duchessa di Berry), eroe della Venezia anni Cinquanta, quella hemingwaiana di *Di là dal fiume e tra gli alberi*, elegantissimo, esperto di camicie, con l'abito blu portava (come Rudy Crespi, secondo Olghina di Robilant) i «pumps», le scarpette basse da smoking, con un fiocco piatto di gros-grain a chiudere la scollatura. Appassionato d'opera, amico della Callas, gli piacevano Stendhal e Balzac, che leggeva o citava a memoria al figlio Leonello.

Furono loro, Brando e Cristiana, scegliendo Parigi, a costituire il presidio mondano di casa Agnelli nel centro d'Europa. Per Gianni erano un'antenna nel sistema di relazioni parigino e anche una distrazione. Loro si divertivano pazzamente. L'anno in cui se ne andarono a Parigi, il 1968, fu un anno chiave nella storia delle abitudini famigliari, poiché fu venduta la casa di Forte dei Marmi – dove i nipoti trascorrevano tutti insieme l'estate in un'enorme pipinara capitalistica – che era diventata un problema a causa della gestione comune.

Ci sono due foto Brandolini di Priscilla Rattazzi. Una a Parigi, 1977: Brando e Cristiana affacciati alla finestra che guardano in due direzioni diverse con aria intensa. L'altra è a Venezia, l'anno dopo: c'è solo lei, seduta su un divano, avvolta in un accappatoio, il suo cane le salta addosso, lei ride, si vede un ginocchio, ha i piedi lunghi infilati in un paio di comuni zoccoli del dottor Scholl's, probabilmente blu o rossi. Ha le unghie smaltate, le dita sono lunghissime, e il secondo dito è più lungo dell'alluce.

Cristiana è una donna minuta, sorridente, con tendenza al buon umore. Teme l'aereo, ma non il treno Parigi-Londra che passa sotto la Manica. Ken Lane la cita nella sua autobiografia a proposito di una certa croce maltese e di un passo falso che egli fece. Scrive: «Una domenica ero a Parigi a una colazione offerta da una donna molto elegante, la contessa Cristiana Brandolini, sorella di Gianni Agnelli della Fiat. Lei ha uno stile molto personale e mette insieme cose meravigliose in una specie di ricco selvaggio stile gipsy che le si adatta perfettamente. Eravamo seduti intorno a un grande tavolo, quando notai che indossava un largo maglione con una enorme spilla nel mezzo. Pensai che aveva qualcosa di famigliare, assomigliava a qualcosa di mio. Lei girò intorno alla cosa meditando uno scopo. E finalmente mi chiese se avessi notato niente. Io dissi: "Naturalmente, quella mia mostruosa croce maltese". Lei disse: "Forse no, guarda meglio". Mio Dio, l'aveva fatta copiare in pietre preziose da Boivin. Le dissi che la prossima volta che avesse voluto copiare uno dei miei pezzi avrebbe dovuto farlo con uno dei migliori».

Ha avuto quattro figli, i cui nomi sono nell'insieme in cima alla speciale classifica di creatività dell'onomastica di famiglia, ma questo dipende dalle ascendenze medievali di casa Brandolini.

La quota in accomandita controllata dal suo ramo è intorno al 6 per cento, pari a un valore di circa 120 milioni di euro.

*

Ruy Brandolini, uomo forte di questo ramo e in generale della sua generazione di cugini. Nome di battesimo Tiberto Rodrigo, 60 anni, ha posizioni chiave nel gruppo. È presidente e amministratore delegato di Sequana (controllata da Ifil e nella cui pancia c'è il gruppo cartaceo Arjo-Wiggins), e amministratore delegato e vicepresidente di Exor, la holding estera non quotata della famiglia, considerata una delle maggiori riserve di liquidità a beneficio dei soci. Exor ha avuto una parte decisiva nella vicenda dell'*equity swap* che ha riportato gli Agnelli-Nasi al 30 per cento del capitale Fiat. È anche consigliere di amministrazione della Fiat, vicepresidente di Ifil, una delle finanziarie della catena di comando, nonché uno dei soci accomandatari della Giovanni Agnelli & C. Vive a Parigi ed è il vero capo delle attività internazionali del gruppo e della famiglia. Dice: «Tutto quello che Gabetti e io avevamo costruito in Exor abbiamo dovuto smantellarlo per far fronte alle necessità della Fiat. Anche vendere richiede una certa arte, però investire è più divertente».

Più riservato dei genitori, meno mondano, Ruy ha sposato nel 1975 Georgina di Faucigny-Lucinge e Coligny, avvenente e temperamentale, discendenza di Filippo il Bello. Sotto il profilo dello status, il suo matrimonio è stato sicuramente il più ragguardevole di questa generazione. Circostanza che venne sancita da un evento straordinario: lo zio Gianni – caso unico – si prestò a fare da testimone di nozze. La storia per sommi capi è questa.

Il padre di Georgina, Jean-Louis de Faucigny-Lucinge, fu uno dei protagonisti del bel mondo internazionale tra le due guerre. Nel 1928 con la sua prima moglie, Baba, offrì un ricevimento a tema – il Tempo perduto – che si concluse alle sei del mattino sotto la torre Eiffel. Scrisse un libro abbastanza geniale nel suo genere, dal titolo inequivocabile, *Legendary parties 1922-1972*. In seconde nozze sposò Sylvia Regis de

Olivera, brasiliana, «una genealogia risalente a san Luigi», secondo Marie-France Pochna, informata dei fatti.

Ciò che rendeva unico il matrimonio era, però, una parentela più recente: Valéry Giscard d'Estaing aveva sposato Anne Souvage de Brantes, cugina di Georgina, perché sua madre era una Faucigny-Lucinge. Nel 1975 era stato appena eletto presidente. Agnelli ritenne che questo straordinario intreccio di parentele richiedesse la sua testimonianza personale. C'è una foto che ritrae Gianni e Marella mentre escono dalla loro casa parigina il giorno del matrimonio, con l'aria di una missione importante da compiere, imparentarsi con Giscard. (Agnelli non farà più da testimone di nozze, con una sola eccezione: Luca Cordero di Montezemolo, a cui regalò una Ferrari 360 Modena grigio argento, commissionata a Pininfarina nella versione barchetta.) Ruy Brandolini, che è persona di spirito, con una specie di ironica discrezione, riferendosi al ruolo dello zio al proprio matrimonio, dice: «Preferisco pensare che sia accaduto perché mi voleva bene». In effetti era, insieme a Lupo e a Cristiano, il nipote preferito dello zio.

In famiglia lo considerano in gamba, ma non tutti lo giudicano simpatico. Qualcuno crede che ogni tanto gli piacerebbe una vita meno stressante. Ha due figlie: Cornelia e Bianca.

C'è una foto scattata da Priscilla Rattazzi all'inizio degli anni Ottanta: Ruy, Georgina e Cornelia sdraiati su un letto o su un largo divano a Parigi. Ruy è in fondo, un po' sfocato, fissa l'obiettivo, con una leggera velatura malinconica, la testa appoggiata al dorso della mano sinistra, e chi guarda è indotto a provare per lui una specie di affetto. Più avanti c'è sua moglie, guarda verso la nostra destra, sorride, è molto bella, anche lei con la testa poggiata sulla mano sinistra. Sul suo braccio destro c'è la testa di Cornelia, che ha tre o quattro anni, e osserva un giocattolo musicale poggiato sul tessuto trapuntato.

Cornelia, detta Coco, si è laureata in scienze politiche all'università americana di Parigi, ha studiato moda, è stata assistente di Oscar de La Renta a New York per qualche anno, si occupa di consulenze nel ramo, ha disegnato il vestito da sposa di Martina Mondadori. Simpatica, spiritosa, è una di quelle dell'ultima generazione globalizzata che parlano italiano con accento straniero. Bianca studia cinema, anche lei all'università americana di Parigi.

*

Leonello Brandolini si occupa di editoria in Francia. Vive anche lui a Parigi, è stato direttore editoriale di «Livre de poche» di Hachette e attualmente è presidente e amministratore delegato di Laffont, Nil, Fixot, Julliard e Seghers, uno dei principali gruppi editoriali francesi, creato per successive incorporazioni. La sua carriera si è sviluppata fuori dai rapporti famigliari.

Nel 1968, trasferitosi a Parigi con i suoi, va a studiare prima all'Istituto di scienze politiche e poi alla Sorbona: sociologia ed etnologia comparate. La Sorbona era ancora in subbuglio, «così decisi – anche spinto dai miei genitori – di mettermi a lavorare: qualcuno mi suggerì di entrare nell'editoria». Cominciò da Hachette, legò con un influente personaggio dell'editoria francese, Alex Grall (il marito di Françoise Giroud, fondatrice de «L'Express» e ministro della Condizione femminile), andò a lavorare da Fayard, poi a Edition n. 1, partecipò alla creazione di Bfb con Bernard Fixot, diresse «Livre de poche», quindi Presse Pocket, poi detta Pocket, dove attuò la prima sostanziosa operazione di management, facendola diventare la prima casa editrice di tascabili in Francia.

Oggi guida un gruppo da 60 milioni di euro di fatturato, si considera più uomo di narrativa che di saggistica, e dice che nell'editoria oltre alla curiosità, alla sensibilità per il fatto commerciale e all'intuizione del gusto del pubblico, bisogna anche essere fortunati. Il suo colpo principale fu Patrick Suskind. «A quel tempo ero a "Livre de poche". Tutti i francesi si stavano scannando per comprare *Il Profumo* di Süskind. Io non leggevo il tedesco. Però il "Corriere della Sera" ne aveva pubblicato stralci da alcuni capitoli. Li avevo letti e mi aveva convinto. Riuscii a comprarlo impegnandomi per un minimo garantito di 150.000 copie, cifra inaudita per un esordiente in lingua tedesca sconosciuto in Francia. Facemmo 2,5 milioni di copie.»

Persona intelligente ed eclettica, insieme a Lupo Rattazzi e a Sebastiano Fürstenberg (a cui è legato per un fatto generazionale, erano bambini della stessa età ai tempi del Forte), è l'unico a essersi fatto valere fuori dal suo sistema d'origine. Dice una cosa piuttosto istruttiva e acuta sul rapporto fra la sua educazione (le sue origini) e il suo lavoro: «La mia educazione mi ha dato una posizione sociale che molti dei miei colleghi cercano di ottenere proprio attraverso questo lavoro». Che è un modo per sottolineare come l'editoria abbia tra i suoi principali obiettivi la dimestichezza con i cocktail e la vita mondana.

Ha sposato Maria Sala, mezza catalana e mezza russa, epigrafista specializzata in geroglifici maya. Ha una figlia, Xenia (in greco significa «straniera»), che studia musica e vuole lavorare in quel settore.

Foto di Priscilla: è il 1982, Leonello ha trentadue anni, è fermo su una scala monumentale, da qualche parte, ai giardini del Trocadéro. Spunta da dietro una statua e – in lontananza – saluta muovendo la mano, come se fosse ancora più lontano di quello che è.

*

Nuno (attenzione, non Numo: è il nome di un prozio Cadaval) Brandolini vive a New York e lavora in finanza. È amministratore di un suo fondo d'investimento.

Da Muriel Phan van Thiet ha avuto Brando e Filippa. Sua moglie viene da un'importante famiglia vietnamita. Lasciarono Saigon quando gli americani se ne andarono.

*

Brandino Brandolini, 50 anni – sposato con Marie de la Beaumelle, Rothschild per parte di madre –, è l'unico dei fratelli a essere tornato in Italia. Si occupa di vini, ha due aziende, una in Veneto e una in Friuli da 300 mila bottiglie l'anno.

Ha aperto un sushibar a Rialto che si chiama Naranzaria e che va fortissimo. Riempie con onore le cronache cortinesi. Lo descrivono come simpatico e i cugini lo chiamano affettuosamente bif – bifolco. Parla in veneziano. Sa dipingere, imparò da Lila De Nobili, la grande costumista e scenografa che lavorò con Luchino Visconti, Franco Zeffirelli e Giancarlo Menotti. Scoprì la vocazione per la terra quando fu spedito in un kibbutz nei primi anni Settanta.

Nel marzo scorso è stato immortalato dal magazine «Style» in un servizio sulla villa di Vistorta, giardino disegnato da Russell Page, il preferito dagli Agnelli-Nasi, arredi di Renzo Mongiardino, il preferito di Marella e Gianni. Ha tre figli: Guido, Marcantonio e Gioacchino.

*A ritroso*

# Umberto

Umberto è l'altro Agnelli. Una biografia professionale più regolare e una vita più normale. Laureato in giurisprudenza, fu mandato a farsi le ossa alla Juventus, dove diventò presidente nel 1955 a ventun anni (fu il presidente del decimo scudetto, della prima stella), poi alla Sai, società assicuratrice, e dal 1965 alla Fiat Francia che riportò in attivo. Dall'inizio degli anni Settanta è amministratore delegato della Fiat, artefice – insieme al fratello – dell'operazione di ristrutturazione del modello aziendale, non più fondato sull'accentramento piramidale dei tempi di Valletta, ma su singole unità di business autonome, ciascuna responsabile di un proprio budget. Quando comincia la prima vera crisi della Fiat, Umberto viene affiancato da due manager esterni. Cesare Romiti, il direttore finanziario che lui e Gianni avevano chiamato qualche anno prima, e Carlo De Benedetti, suo compagno di scuola. Nell'estate del 1976, dopo soli tre mesi al vertice della Fiat, De Benedetti va via. È un uomo che punta al successo, ha personalità, vuole fare il padrone. Tra Romiti e Umberto Agnelli sarà guerra, lunga, dura, logorante, per quasi trent'anni.

Nella seconda metà degli anni Settanta, intorno a Umberto viene costruita una carriera di capro espiatorio, che gli procurerà un giudizio sempre scettico degli osservatori (lui non utilizzava i fumogeni di suo fratello), rivisto solo a partire dagli ultimi anni della vita di Gianni. Oggi, ovviamente, non bisogna cadere nella trappola di rivalutare Umberto solo per parlar male di Gianni. Ma di sicuro la storia della progressiva esclusione di Umberto è molto istruttiva per capire come sono complessi i sistemi di potere e le regole che vi presiedono.

Dunque, nel 1976, in un clima politico complicato, Gianni Agnelli rifiuta l'offerta che gli arriva da ambienti governativi di andare a fare l'ambasciatore a Washington. Nello stesso momento Umberto, che probabilmente si rende conto di avere spazi più stretti da quando è arrivato De Benedetti, accetta la candidatura nelle liste Dc. È animato da propositi riformisti. È collegato al giro dell'Arel, il centro studi di Beniamino Andreatta. Ma la sua è una candidatura difficile. Il maggiorente democristiano Carlo Donat-Cattin gli nega un collegio senatoriale a Pinerolo. La Dc piemontese non vuole dare agli Agnelli alcuna legittimazione territoriale. Sarà Andreotti a mettergli a disposizione un collegio a Roma. Il centro operativo della sua campagna elettorale – affidata a Luca di Montezemolo – viene collocato in un albergo. Il gruppo di ragazzi che gli darà una mano sarà detto «gli hiltoniani».

Per non scontentare l'area laica, gli Agnelli si impegnano anche su un altro fronte: Susanna si candida con i repubblicani.

Dopo pochi mesi, Umberto si scopre deluso dall'esperienza politica e dal modo in cui i democristiani lo emarginano per mettere in chiaro con i padroni che la politica non si tocca. Ritorna in Fiat, dove trova Romiti molto più forte di come l'aveva lasciato. Umberto fa asse con Vittorio Ghidella, Romiti li contrasta, accusandoli di metodi troppo spicci nella gestione delle forniture. Alla fine degli anni Ottanta, premono entrambi per l'accordo con la Ford. Ma Romiti e Gianni Agnelli lo impediscono. L'amministratore delegato perché l'accordo prevede che per i primi cinque anni a guidare la nuova società in cui confluirebbero le attività di Fiat Auto e Ford Europa toccherebbe a Ghidella. Il presidente perché l'accordo prevede che, dopo cinque anni, il comando passerebbe agli americani.

Comunque, il 18 dicembre 1987, a Marentino, nella villa

Rossi di Montelera dove ha sede la scuola dirigenti della Fiat, Gianni dice davanti a 150 top manager riuniti che tra poco lascerà il posto a suo fratello e Romiti a Ghidella. Solo sei mesi dopo, Ghidella viene mandato via. Umberto resta, ma in posizione marginale.

Nei primi anni Novanta, viene sconfitto da Romiti e da Cuccia, il quale lo detesta. Valerio Castronovo spiega che «all'inizio degli anni Settanta Cuccia si era fatto l'idea che fosse una colomba nel rapporto con il sindacato e gli rimproverò sempre l'intervista del 1980 alla "Repubblica" in cui chiese al governo la svalutazione competitiva». Dunque, il capo di Mediobanca ottiene da Gianni Agnelli l'esclusione di Umberto dalla successione. La nuova governance della Fiat viene costruita intorno a Romiti.

Si chiude un accordo. Il futuro che era stato promesso alla parte umbertina viene accelerato: Giovanni Alberto, Giovannino, designato come colui che guiderà la famiglia alla quarta generazione, colui che – quando arriverà il momento – farà il presidente della Fiat, entra subito nel cda. Un accordo che in qualche modo vincola Umberto a un patto di lealtà. Lascia la Fiat e sposta la sua azione nella finanza. Se ne va all'Ifil e ricomincia da capo, costruendo un portafogli finanziario internazionale che tornerà molto utile alla famiglia nei momenti di crisi.

Quali fossero i rapporti tra Umberto e il suo ingombrante fratello non è facile da stabilire. Piero Ottone scrisse che «i collaboratori non abituati a considerare il presidente come un sentimentale erano sorpresi di constatare che nei confronti di Umberto lo era».

Susanna, donna che va al punto, ritiene che Umberto si sia sempre considerato figlio di Gianni, e una volta ha detto: «Lo ammira, gli è affezionato, ma pensa di non aver risposto alle sue aspettative; da parte sua, Gianni teme di non avergli dedicato tutta l'attenzione possibile. Il loro non è un legame fraterno, ma di dipendenza».

Spiega Montezemolo che voleva bene a entrambi: «Gianni

amava Umberto, il quale certe volte malsopportava che Gianni lo trattasse come un figlio». Visto dalla parte di Umberto, dunque, il rapporto è controverso. Non ha mai conosciuto suo padre Edoardo, morto quando lui aveva appena un anno. Dunque Gianni è come un padre, sì: hanno tredici anni di differenza. È lui che gli ha comprato il primo motorino, ma è anche un uomo faticoso. Un amico di Giovannino racconta di un pomeriggio passato a casa di Umberto, al tempo in cui il figlio stava già male. Era uno di quei pomeriggi sereni e malinconici d'autunno. «Si sentì il rumore delle pale dell'elicottero, stava arrivando l'Avvocato. Umberto cambiò espressione, e Giovanni mi guardò con l'aria di dire: dammi una mano.» La questione è che Umberto ha sempre vissuto la relazione con suo fratello come sostanzialmente conflittuale, ma ha anche sempre cercato di evitare che dal latente conflitto nascessero altri problemi.

Per tutta la vita si sono sentiti tre o quattro o cinque volte al giorno (talora, dopo l'ultima telefonata delle dieci e mezzo di sera, l'indomani Gianni lo svegliava alle sei e mezzo per sapere se c'erano novità); per tutta la vita Umberto ha subito (come era accaduto a Giorgio) il peso del maggiorasco, la doppia quota del fratello in accomandita, la clausola della Giovanni Agnelli & C. che dava a Gianni potere di veto; per buona parte della vita ha pensato che Gianni sbagliasse, sostenuto nei suoi giudizi da quella forma di libertà psicologica di chi è all'opposizione ed è dunque meno soggetto alla prova dei fatti; per quindici anni – gli ultimi quindici – ha tenuto in piedi la baracca con i soldi di Ifi-Ifil, pensando che in Fiat non facessero altrettanto bene, e rimproverando al fratello un errore decisivo: l'aumento di capitale del 1993 che determinò, in forza del nuovo patto di sindacato, la sostanziale estromissione degli Agnelli dal governo della loro azienda, passata sotto il controllo della Mediobanca di Cuccia.

Naturalmente Umberto aveva i suoi difetti, una discontinuità temperamentale, per esempio. E commise anche lui degli errori, in Fiat e fuori. L'episodio più controverso probabilmente fu quello del 1997, quando Ifil entrò nel nocciolo duro della Telecom privatizzata. Con lo 0,6 per cento era l'unico socio privato insieme a una serie di soci bancari (tutte le principali banche italiane, con l'eccezione della Banca di Roma).

All'inizio si trattò soltanto di un investimento in un settore nuovo che serviva all'Ifil per bilanciare le difficoltà del settore meccanico. Di solito queste operazioni venivano fatte con un partner tecnico, Danone nel caso Galbani e Auchan nel caso Rinascente. Nell'operazione Telecom ci doveva essere il coinvolgimento di AT&T, che poi si defilò. Nel brevissimo periodo in cui l'Ifil di Umberto Agnelli e Gabriele Galateri occupò una posizione chiave nella società telefonica, si ventilò anche l'ipotesi di un impegno più cospicuo. Ma non se ne fece niente.

Alcuni dicono che l'avventura in Telecom fu condizionata dalla decisione presa da Gianni di non uscire dal settore auto. C'era stata un'offerta della Daimler, che poi comprò una delle Big Three, la Chrysler. Cuccia suggerì di accettare, Umberto era d'accordo. Gianni disse di no. Umberto da sempre favorevole a uscire dall'auto, in quel momento pensò che con i soldi di Fiat si potesse entrare nella telefonia. Ma quando la possibilità di cedere il settore auto venne meno e si accorse che non avrebbe avuto senso crescere solo limitatamente nell'azionariato della Telecom privatizzata, preferì utilizzare la partecipazione come strumento di *capital gain* (dal disimpegno degli Agnelli originò la scalata di Roberto Colaninno, il superindebitamento della società e la sostanziale cattiva riuscita della più importante privatizzazione italiana).

Secondo alcuni osservatori e protagonisti di quella fase, Umberto avrebbe comunque dovuto rafforzare la presenza di Ifil, e non assecondare la designazione di Gian Mario Rossignolo alla guida della società. Era stato individuato da un cacciatore di teste, Umberto sapeva che gli sarebbe stato imputato, ma non si oppose. Rossignolo fu poi un capo azienda deludente e il mercato penalizzò il valore del titolo sotto il suo breve regno. Se gli Agnelli avessero difeso la Telecom, per loro e per l'assetto del sistema economico e finanziario italiano tutto sarebbe stato diverso.

È difficile immaginare due persone più diverse. Gianni è un timido che, entro certi limiti, lavora sulla sua timidezza. Umberto non è esattamente un timido, è soprattutto un riservato, non è un intrattenitore, ma una persona semplice. Gianni bello ed etrusco, Umberto con i tipici occhi a palla di famiglia e l'aria del bravo ragazzo. Gianni andava in giro con gli aerei della flotta Fiat, un appannaggio di sua spettanza, senza l'opprimente carico della famiglia che considerava una scocciatura. L'elicottero li divideva: l'uso quotidiano del mezzo volante come utilitaria infastidiva il fratello minore, gli sembrava una volgarità. Umberto quando andava in montagna, al Sestrière, prendeva la macchina, caricava i ragazzi, apriva lo sportello a sua moglie e si metteva alla guida.

Natale dalla parte di Gianni era come se non esistesse. «Gianni e Marella facevano una cena il 24 sera, a Roma, e partivano il giorno dopo. Se per caso eri lì e ci andavi, e avevi la malaugurata idea di portare un regalo, ti guardavano storto. Eri uno che non sapeva stare al mondo. Comunque a Natale andavano in depressione» racconta un'amica di famiglia. Sul versante umbertino, invece, il Natale si faceva dalla parte di sua moglie Allegra Caracciolo ed era un'occasione famigliare.

Gianni va d'accordo con la dura Susanna, sua compagna di giochi d'infanzia, e con Cristiana che ha il tratto mondano; Umberto con Maria Sole. Entrambi perdono un figlio, ma Umberto aveva il senso del padre educatore. Una volta rimproverò Giovannino che per andare a una festa all'estero si era servito dell'aereo privato.

Interessato al denaro come tutti gli Agnelli (ancorché Gianni affettasse noncuranza), aveva con i soldi un rapporto cauto. Era molto, molto ricco, e siccome non era una mammola aveva saputo far fruttare i suoi interessi con l'aggressività del capitalista e del raider. Non amava le sbruffonerie ed era spartano. La sera andava a tavola alle 19 e 45, con una franchigia di quindici minuti per il suo secondo figlio, Andrea. Ma a cinque minuti dallo scadere della franchigia, il ragazzo doveva telefonare nel caso non ce l'avesse fatta ad arrivare in tempo.

Una fotografia a Roma. È il 25 agosto 1960, allo stadio olimpico, giornata di inaugurazione dei Giochi. Su uno degli spalti sono seduti Marella, Gianni, Umberto e la sua prima moglie Antonella Bechi Piaggio. Il campo della fotografia è abbastanza stretto, ma non c'è nessuno intorno a loro. La gradinata inferiore è deserta. In quella immediatamente superiore si muovono i passi di chi sta lasciando lo stadio. Marella è vestita di bianco, le gambe accavallate, un braccio che si allunga dietro la spalla del marito, ma non lo tocca. Gianni, trentanove anni, è vestito di chiaro e ha un'aria antipatica. Umberto, in quanto presidente della Federazione italiana giuoco calcio, indossa una divisa sportiva, ha una cravatta a righe, un paio di mocassini bicromi e gli occhiali da sole. Antonella, capelli molto cotonati che non rendono giustizia alla sua bellezza, ha un vestito fiorato e sta armeggiando con un cono gelato che le ha passato suo marito (circostanza che si desume dallo scatto precedente). Umberto e Gianni la guardano. Nessuno dei quattro parla. Nello sguardo di Gianni si intravede la solita noia, ma soprattutto una specie di fortissimo desiderio di non essere lì, con loro. Come se qualcosa lo stesse disturbando, forse il gelato, o qualche altro dettaglio che gli sembra fuori luogo.

Chissà perché, ma il naturale movimento del collo di sua moglie – che accentua l'aria racé che sappiamo – sembra quasi incoraggiarlo.

Per gli appassionati della materia letteraria, Umberto Agnelli è stato l'ultimo presidente della Fiat a portare il cognome del fondatore, suo nonno. A partire dalla metà degli anni Ottanta spinse per la cessione della Fiat. Ma, anche in questo caso, la questione non era così semplice. «Ricordatevi che tutto quello che abbiamo lo dobbiamo alla Fiat» diceva ai figli. Era favorevole a vendere in posizione di forza, cioè con un'azienda risanata. La Fiat non la vendette Gianni, e neppure lui.

È molto difficile stabilire quale fosse il sentimento famigliare intorno a Umberto Agnelli. È stato tra gli ostaggi di suo fratello, il più ostaggio. E questo era chiaro a tutti. Perciò era circondato da un affetto abbastanza generale. Ma nella classifica della popolarità famigliare era difficile battere Gianni, perché a lui veniva perdonata ogni cosa (tanto più in un gruppo governato da una folla di sorelle e cugine). C'era, però, un trasversale zoccolo duro di simpatizzanti umbertini che aveva fatto la sua scelta. Negli ultimi anni lo zoccolo duro si era irrobustito. A poco a poco sorelle, cugini e nipoti più grandi hanno scoperto che dietro l'uomo – con le sue titubanze e debolezze – c'era una persona capace. Quello che era stato affetto per il fratello ultimogenito maltrattato dal maggiore diventava stima. E questo – raccontano i suoi amici – gli faceva piacere.

Dopo la sua morte, Delfina Rattazzi, in un articolo pubblicato dalla «Repubblica», ne fece un ritratto un po' celebrativo, ma affettuoso e risarcitorio. «Un'ora dopo la scomparsa del fratello Gianni» scrive «ha presieduto l'assemblea dell'accomandita in cui ha annunciato che la società andava ricapitalizzata, con piglio durissimo, severo, militaresco. ... La forza delle sue convinzioni era più trascinante di qualsiasi discorso abile e ruffiano. ... Non aveva paura dell'impopolarità: infatti chiese di poter licenziare alla Fiat durante gli anni Ottanta. Era consapevole del fatto che investire nell'auto era pericoloso, ma quando ha dovuto farlo l'ha fatto. E noi con lui. Perché c'era lui. Un uomo che non sapeva cosa farsene dei privilegi. E che quando aveva finito di lavorare tornava da sua moglie, dai suoi figli e dai suoi cani. Sperando che alla domenica vincesse la Juve. E magari anche la Ferrari.» Fuori dal ritratto, ma ben presente, c'è lo zio Gianni, che scende dall'elicottero, che non rinunzia ai privilegi e che a casa si annoia.

C'è nel destino di Umberto la prova mancata, una sorte monca che impedisce a lui di giocare la sua chance sul fronte cui più teneva, la Fiat, e a chi è rimasto di giudicarlo. Dopo una vita, va alla presidenza, e pochi mesi dopo muore.

Tutta la sua esistenza sconta un handicap iniziale, una fratellanza sbilanciata e forse ossessiva. Quando si pensa a lui è inevitabile soffermarsi sull'occasione perduta che dovette essere – per lui stesso – il disinteresse del fratello per il gioco di squadra e, come conseguenza, la spinta alla sopravvivenza individuale. Visti da lontano – da molto lontano, da lontanissimo – viene naturale pensare alla promessa di una mattina di metà agosto del 1967. Gianni e Umberto con Marella, Allegra e Beno Graziani, uno degli amici del cuore di Gianni, sono a bordo di una goletta che naviga nei Mari del Sud tra le Hawaii e Maui. Un elicottero della marina da guerra americana li incrocia, volteggia loro intorno, li identifica e si avvicina. Dall'altoparlante, una voce chiede di Mister Agnelli. Valletta è morto. Gianni e Umberto furono tirati su in shorts dall'elicottero e – insieme – cominciarono il viaggio per Torino, scali a Honolulu, Los Angeles, New York e Parigi. Chi non avrebbe voluto un fratello con cui attraversare il mondo?

*Gianni 5*

# Varie notazioni psicologiche

Il curriculum scolastico di Gianni Agnelli fu precario e irregolare. Tornò nel 1939 dagli Stati Uniti dove si era recato dopo la maturità. Come fece a laurearsi e contemporaneamente a fare la guerra in Russia, in Tunisia e poi in Italia, dove nel '44 ebbe il primo grave incidente d'auto con sua sorella Susanna nel tentativo di superare le linee tedesche per raggiungere la madre a Roma e arruolarsi con gli alleati? La guerra la fece davvero. Ma l'agiografia collettiva di cui fu oggetto ha sottovalutato il ruolo protettivo di suo nonno, le cose che egli stesso raccontava (nell'intervista a Nicola Caracciolo dice: «Sono stato in Russia nel primo inverno, ma non in linea di combattimento»), nonché le testimonianze di chi tendeva a considerare la sua partecipazione alla prima parte della guerra come un evento sportivo. Suo cognato Urbano Rattazzi, anch'egli ufficiale di cavalleria, lo aveva conosciuto in Russia: nel 1989 a Marie-France Pochna racconta che Gianni «aveva trovato uno schiavo che faceva funzionare la sua stufa al massimo e lui circolava nudo nella sua isba come in una sauna. Per terra c'erano due pelli d'orso che probabilmente erano solo di capra. Però facevano lo stesso effetto! Ambiente molto gradevole. Aveva del cognac, organizzava party, riceveva giornalisti, alcuni rumeni. Era un posto in cui c'era del movimento, si raccoglievano notizie, correvano barzellette e scherzi».

Poi Gianni riuscì a ottenere un trasferimento al fronte. «Sono stato comandante di plotone di autoblindo in Tunisia» dice lui stesso a Caracciolo. Aveva rispetto della guerra e considerazione per l'ardimento. Si sentiva coraggioso, del coraggio militaresco cui allenò soprattutto la parte privata della sua psicologia, che gli fu necessaria alla morte del padre in un incidente aereo, della madre in un incidente di macchina, e per quelle – entrambe portatrici di sensi di colpa – del figlio e del fratello Giorgio.

Un settimanale ha raccontato di come avesse cenato una volta l'anno, fino alla fine, con i suoi compagni d'arme in Russia.

Alcuni tra coloro che lo conobbero bene ritengono che il coraggio fu in lui quasi la proiezione di un desiderio e, come spesso succede agli esseri umani di sesso maschile, una rappresentazione. Nicola Caracciolo racconta che ebbe sempre un problema quando fu a contatto con il disagio psicologico. Gli faceva paura (elemento che può tornare utile per capire il rapporto con suo figlio). Così come temeva il giudizio degli altri. Non vendette mai la Fiat perché non voleva essere giudicato come un liquidatore. Del resto, che la sua personalità fosse condizionata dal rapporto con gli altri è provato dal desiderio di piacere a tutti i costi e dalla fatica che pose nella costruzione del monumento a se stesso.

C'era un elemento schizofrenico nella sua personalità. Alla guida era temerario. Fa parte della sua agiografia il racconto di lui che tiene l'autista al posto del passeggero, sale al volante, e passa con il rosso per le strade di Torino; ma secondo Jas Gawronski, suo grande amico, quando era alla guida sotto sotto temeva che qualcuno incrociasse lo sguardo con il suo e gli facesse capire: ti ho riconosciuto. Per la stessa ragione in Italia non usciva mai da solo, neppure in incognito.

Una scena negli anni Settanta. Gianni parte da villa Frescot alla guida della sua auto, seguita da quella della scorta. Scendono a rotta di collo per la collina. Prima dei semafori che attraversa regolarmente col rosso, prima del ponte sul Po, all'improvviso inchioda. La macchina della scorta non fa in tempo a fermarsi e lo tampona. Gianni Agnelli scende ridendo e dice all'autista: «Lei è un grandissimo coglione».

In un libro intitolato *L'armonia perduta*, Raffaele La Capria espone una tesi affascinante sulla napoletanità per come la conosciamo noi: dice che, probabilmente per esorcizzare la paura radicata nella coscienza collettiva dopo la rivoluzione del 1799, la borghesia partenopea cercò in tutti i modi di flirtare col popolo, con i lazzaroni, e che lo strumento prevalente utilizzato in questo flirt fu il dialetto, che dava una sensazione di vicinanza, di condivisione, di identità comune.

Dovette agire in Agnelli un meccanismo simile. Egli era l'uomo che guardava gli altri e il mondo circostante «con la stessa identica prospettiva di un bimbo che guarda il suo trenino» racconta un amico. Eppure egli sa, percepisce, sente anche, che quei puntini distanti – le file in autostrada che sorvola in elicottero – sono masse, sono simili agli uomini che occuparono la Fiat nel 1919 o a quelli che estromisero il nonno dalla guida dell'azienda. Si ricorda ciò che Galeazzo Ciano disse a Susanna: «Se ammazzano me, ammazzano anche te».

È probabile che questo abbia contribuito a fargli assumere l'aria del rettile mansueto. Rispetto al mondo esterno era fragile e detestava la sola ipotesi dell'impopolarità. Chi se lo ricorda quando i giornalisti gli andavano incontro e lo circondavano alla partita o all'uscita di un convegno racconta che i suoi occhi quasi brillavano di felicità. E il dialetto che scelse per mettersi in linea col pubblico fu il calcio e quella specie di senso comune (espresso però lateralmente) che trasformava le frasi, i giudizi, le considerazioni – talvolta banali – in motti arguti, in prove irrefutabili di intelligenza del mondo.

Gianni era una persona vulnerabile? Secondo la scrittrice Gaia Servadio che lo frequentò tra la fine degli anni Sessanta e l'inizio dei Settanta, era semplicemente un uomo che «voleva essere amato e ammirato come tutti, o quasi. Non amava la debolezza». Forse perché egli stesso era un debole? «No, piuttosto perché, come ciascuno di noi, aveva conquistato la sua forza. Restava un uomo con i suoi pudori, restio a esprimere nella forma privata certi punti di vista. Era una persona complicata, era soggetto anche a fasi di depressione, cosa che mi sembrava inevitabile per uno come lui, nella posizione di uno come lui.»

L'iconografia privata e famigliare di Gianni Agnelli prevede che gli piacesse la nudità fisica, come nelle foto in cui si tuffa dal *Capricia*. Dice la Servadio: «So che alcuni pensano che questo fosse una specie di retaggio del vitalismo giovanile. Non credo. In realtà aveva a che fare con la gamba malata. Voleva dimostrare che quella menomazione non gli dava fastidio. Ho sempre creduto che invece soffrisse molto per la gamba perché era un impedimento, un condizionamento anche della sua libertà, anche se poi era sportivo, coraggioso, i tuffi, lo sci, le corse in macchina. Ma si sentiva che la gamba era un tabù».

Nella sua versione Agostino 'o Pazzo, Gianni amava i filibustieri, e qualche volta la teppaglia. Era attratto dalle situazioni discutibili, dalle anime nere. Dice Carlo De Benedetti: «Ho sempre avuto la sensazione che i malandrini gli piacessero perché la sua educazione gli aveva riservato un destino che non era di strada». Da un certo punto di vista questa debolezza era uno degli aspetti dell'attaccamento al territorio, al municipio, alla provincia che erano stati anche la sua forza. La provincia, intesa come spazio circoscritto e semifeudale, è la base delle operazioni. Come tutti i personaggi letterari, Agnelli ha bisogno di un tirocinio nel male, ha bisogno di dimostrare dimestichezza con i bricconi, ha bisogno di dimostrare a sé e agli altri di potersela cavare. (È l'altro lato del servizio militare, della guerra, dell'apprendistato nelle catene di montaggio riservato ai nipoti che devono farsi le ossa.) Furio Colombo racconta di quando lo portò in un'osteria nell'agro di Villar Perosa a conoscere il titolare del locale che la vox populi accusava di aver ucciso la moglie.

Affrontare una situazione pericolosa o equivoca è un aspetto del saper stare al mondo. Ma in generale, nel caso di Agnelli, questo desiderio di filibusta è uno dei segni della sua fragilità. Da ragazzo giocò molto a carte e molto perdette. Gli piaceva stare in limine, il grigioscuro esistenziale: così manifestava un cattivo gusto emotivo, molto di maniera. Il pittore americano Harold Stevenson, omosessuale, raccontava una storia che risaliva ai tempi in cui era fidanzato con un giovane lord inglese, Timothy Willoughby, molto ricco. Seduto al tavolo da gioco con Agnelli, Willoughby gli dice: «È inutile che io e lei ci giochiamo dei soldi. Giochiamoci invece qualcosa a cui teniamo. Se vinco vorrei la sua houseboat». (Agnelli si era fatto costruire una barca a fondo piatto, sul modello di quelle che ci sono sul lago di Srinagar, nel Kashmir.) La storia ebbe una conclusione drammatica a causa dell'incoscienza di Willoughby. Vinse la partita ed ebbe la barca. Sconsideratamente – poiché l'imbarcazione era inadatta alla navigazione marina – salpò alla volta della Corsica. E non giunse mai a destinazione.

C'è una foto del 1948, Gianni a Rapallo con una delle sorelle Cattaneo. L'aria è semidelinquenziale. Vestito completamente di bianco: pumps, pantaloni con pince e risvolto, T-shirt; al polso un orologio e un braccialetto. Gambe accavallate, leggermente sbracato, una sigaretta tra l'indice e il pollice della mano sinistra, un bicchiere nella destra appoggiata al tavolino: la tovaglia leggermente lisa, un po' macchiata, un posacenere pubblicitario Martini. Lei lo guarda come le ragazze guardano i grandi figli di puttana. E lui lo sa.

Era attratto dalle persone che non godevano di buona stampa. Aveva simpatia per un signore che si chiamava Emanuele de Seta, un marchese siciliano, molto discusso, considerato sgradevole, che a lui garbava per la sua estrema scorrettezza, come se l'abitudine a quella scorrettezza fosse una sfida, un evento sportivo, un gioco dal titolo «posso sostenere un uomo come de Seta».

Gli piaceva Niarchos, il re della scorrettezza, il più imprevedibile degli eroi del selvaggio capitalismo europeo degli anni Cinquanta: inaffidabile, spavaldo, traditore, teppista, seduttore, soprattutto di donne altrui. «Gianni ne subiva il fascino» dice un amico. «Era l'unico uomo che gli dava buca se invitato a un pranzo, e l'unico che non gli chiedeva scusa.»

Marcello Sorgi gli raccontava storie di mafia che lui adorava. Era avido di dettagli psicologici, di interpretazioni, di sintassi mafiosa. Quando Sorgi gli fece conoscere Giovanni Falcone, Agnelli passò il pomeriggio tutto eccitato a chiedergli notizie di sbirri e assassini. E a sua nipote Ginevra in vacanza a Palermo suggerì di andare a visitare alcuni luoghi di efferatezze mafiose, per farsene un'idea.

Gli piacevano quelli sul filo, gli scommettitori, gli amanti del rischio. Racconta De Benedetti: «La mattina del suicidio di Raul Gardini, appena seppe la notizia, mi chiamò per dirmi che non poteva che finire così, con una pistola, come in Texas, disse. La trovò la fine straordinaria di un *gambler*».

*Le famiglie*

# Gli Agnelli

Umberto Agnelli ha avuto due mogli e tre figli. Nel 1959 sposò Antonella Bechi Piaggio, e nel 1964 nacque Giovanni Alberto. Dal successivo matrimonio con Allegra Caracciolo sono nati Andrea e Anna.

Giovanni Alberto morì nel 1997 a 33 anni, lasciando una bambina di pochi mesi avuta da Avery Howe, sposata l'anno precedente.

In quanto erede designato, in quanto terzo Agnelli di nome Giovanni, in quanto bello, perbene, simpatico, in quanto ricco, in quanto morto giovane a meno di metà di una vita che si preannunciava promettente, c'è nel modo in cui è stata raccontata la sua storia una inevitabile vena di languore.

Di lui si sa che crebbe con un'educazione americana, che studiò fuori dall'Italia fin da piccolo, che fece il tradizionale cursus agnelliano attualizzato ai tempi moderni – il paracadutista e l'operaio anonimo al Comau, azienda del gruppo, leader nella fabbricazione di impianti robotizzati –, che rilasciò un paio di interviste di stampo riformista al «Wall Street Journal» e al «Sant'Anna News», la rivista semestrale della scuola superiore Sant'Anna di Pisa che la Piaggio sosteneva economicamente.

Si sa che fu individuato per tempo da Massimo D'Alema e Walter Veltroni – soprattutto da quest'ultimo – come il capitalista con cui stabilire un rapporto di vicinanza. Lui intuì la convenienza del patto generazionale con Veltroni, e nel 1996 fece in tempo a vederlo vicepresidente del Consiglio nel primo governo Prodi. Per contrappasso pare che D'Alema lo considerasse un Veltroni di destra.

Probabilmente nessuno come lui in Italia ha avuto tanta industria nelle vene. Da sua madre Antonella, figlia di Enrico Piaggio, ereditava la più importante azienda motociclistica italiana. Ne diventò amministratore delegato molto giovane. Commise qualche errore di gestione, ma a quel tempo gli errori si potevano commettere perché esistevano gli adulti e un'efficiente rete di protezione. Si sa anche che era una persona con un suo carattere; che era stato tirato su dal padre in modo da sapersela cavare nella naturale dialettica tra genitori e figli. In una certa fase subì il fascino dello zio Gianni, ma gli amici dicono che comprese che doveva trattarlo da zio, senza troppo cameratismo.

Era molto legato a sua madre, alle case di lei ad Atlanta e a Varramista, nei pressi di Pisa, 400 ettari, villa cinquecentesca di Bartolomeo Ammannati comprata da Enrico Piaggio, e dove si sposarono Antonella e Umberto e lui stesso con Avery. Ma considerava casa sua Torino, la casa di suo padre, La Mandria.

Era educato con un tratto all'antica. Quando era un ragazzino, i cugini più grandi lo prendevano in giro perché sbatteva i tacchi quando faceva il baciamano. Sposò una donna brillante, con un'attitudine per la vita di relazioni, restano gli interrogativi su come sarebbero stati in azione insieme.

La loro figlia nacque un anno dopo il matrimonio.

La storia di Virginia Asia Agnelli comincia qui, in una piccola strada che parte dalla Lungara e finisce dritta dritta sotto l'Accademia di Finlandia, ai piedi del Gianicolo. Tre amiche inglesi molto carine vengono a vivere a Roma, in via dei Riari, in compagnia di due gatti. Una si chiama Tamara Nuttal. Un'altra Amanda Glossop, ed essendo wodehousiana fin nel cognome si sarebbe poi sposata con un inglese benestante, in possesso di mansion d'ordinanza, che però di mestiere fa il pompiere. La terza si chiama Avery Howe. È figlia di un'arredatrice americana e di un vecchio signore inglese, John Howe. Dall'energica madre ha ereditato la determinazione. Il suo fratellastro Julian Metcalfe ha creato dal nulla «Prêt à manger», una catena di fast food, genere tramezzini e baguette. Ha degli amici italiani ed è stata compagna di college del giovane Giovanni Alberto Agnelli, noto come Giovannino, in famiglia detto Giò (detesta essere chiamato Giovannino). Si è laureata alla Brown University, è sveglia, simpatica, brillante. Vive per un po' la vita romana, mondaneggia, flirta. Poi si mette con il giovane Agnelli e lo sposa.

Virginia Asia è un nome di compromesso: Virginia era la bisnonna, Asia il continente dove fu concepita.

Esattamente come suo nonno Umberto, non ha conosciuto suo padre, morto che lei aveva pochi mesi. Scomparso Umberto, Virginia Asia è diventata anche orfana di nonno.

Oggi è una ricca bambina di dieci anni, cresciuta un po' appartata al ritmo delle filastrocche inglesi che fanno «a-b-c-d-e-f-g», o che parlano di «ten green bottles standing on a wall».

A causa della chimica misteriosa del lutto, Avery si è riavvicinata alla seconda moglie di suo suocero, Allegra Caracciolo. Amministra il patrimonio di Virginia Asia, alla quale è andato quasi il 40 per cento dei proventi derivati dalla cessione della Piaggio, una delle più brillanti operazioni di suo nonno Umberto, cioè una fetta di circa 400 milioni di euro. È rimasta in possesso anche di una minuscola, simbolica partecipazione di mille azioni nell'accomandita.

Avery continua a fare il suo lavoro di architetto. È in società con altre due persone in uno studio di progettazione, Acq, che si occupa soprattutto di aziende.

Si è risposata con John Frieda, cinquantenne imprenditore nel ramo dei saloni di bellezza, da cui ha avuto due figli, Leyla Luna e Jackson John. Frieda, prima di diventare un imprenditore, era più prosaicamente un parrucchiere. Poi si è applicato al problema delle chiome, soprattutto quelle crespe, e ha inventato una linea di prodotti al silicone che lo hanno consegnato alla *hall of fame* e alla gratitudine femminile. Ha creato un impero costruito sui prodotti per capelli e ha saloni di bellezza in giro per il mondo, da Londra a Los Angeles. Su www.johnfrieda.com si legge che ha inventato Frizz-Ease Hair Serum, Ready-to-Wear, Sheer Blonde, Brilliant Brunette (che d'istinto è il nostro preferito) e Radiant Red. Quattro anni fa ha venduto le sue linee per 450 milioni di dollari.

Lo scorso anno sul «New York Times» è apparso il ritratto di un lato privato di Frieda. Egli è un appassionato cultore di paesaggi e di lavori movimento terra. Ha comprato un paio di lotti di terreno molto roccioso a Ibiza: uomo dinamico, si occupa personalmente di trasformare i luoghi e ridisegnare il paesaggio. Lo fa con i trattori che un locale gli ha insegnato a guidare. Avery gli ha regalato una piccola scavatrice Jcb da 7000 sterline. «Sono fatto così» ha detto ridendo al suo ritrattista, «muoverei i fiumi.»

Anche la sua vita sentimentale pre-Avery non è disprezzabile. Succedendo a Maurice Gibb, uno dei Bee Gees, è stato il secondo marito di Lulu, personaggio molto noto al pubblico televisivo inglese in quanto cantante, attrice e presentatrice. Nel 1976, quando si unirono in matrimonio, Lulu era incinta del loro unico figlio Jordan: attore anche lui, ha recitato nella parte del principe William in un polpettone tv della Fox.

Giovanni Alberto ha una sorella lato madre, Chiara Visconti di Modrone, nata dal secondo matrimonio di Antonella Piaggio con Uberto Visconti. In pochi anni Chiara ha perduto la nonna, Paola Piaggio Antonelli, il fratello Giovanni Alberto, la madre e il padre.

È l'erede di Varramista. Ha 29 anni, vive a Londra, è legata ad Andrea, Anna e Allegra. Sta per sposarsi con un giovane greco, Angelos Pervanas.

*

Allegra Agnelli Caracciolo di Castagneto è la seconda moglie di Umberto Agnelli, dopo Antonella Bechi Piaggio. È cugina di primo grado di sua cognata, Marella: è la figlia più giovane di Adolfo Caracciolo – fratello minore di Filippo, padre appunto di Carlo, Marella e Nicola – e di Anna Visconti, sorella maggiore di Luchino.

Lei – persona quadrata, carattere fermo – e Umberto hanno trasmesso ai figli, Andrea e Anna, un'idea di normalità esistenziale. Ama i cani, tifa Juventus, cerca di tenere insieme i legami famigliari che i lutti hanno reso meno stretti.

Dice un'amica: «All'inizio, quando a Torino arrivò Allegra, Marella forse pensò che sarebbe stata meno sola. Ma Umberto e Allegra andarono ad abitare nella parte opposta della città, nel golf della Mandria. Come per aumentare la distanza. E la distanza c'era, una diversa psicologia dell'esistenza li separava».

Priscilla include tre foto di Allegra nella sua raccolta, tutte autunnali e di fascino malinconico: la prima è dell'ottobre 1978, Allegra con un vestito lungo, seduta su un muretto a Castellombardo, il giorno del matrimonio di Argenta Campello, tiene in braccio Andrea. Lei guarda lontano, Andrea ha la testa su di lei. La seconda e la terza sono di tre anni dopo, scattate nella casa a Torino. In una è con il marito: ha un golf di lana con la zip probabilmente beige. Lo abbraccia, ha il gomito sinistro sulla spalla di lui e con la mano destra tocca il suo avambraccio. Entrambi guardano l'obiettivo: lui, polo e maglione blu, con la testa lievissimamente chinata in avanti, fuma una sigaretta. Alle spalle una tela di Delleani ritrae un'automobile degli anni Dieci che sta partendo. Un signore si toglie il cappello e lo agita in segno di saluto. Nell'altra foto, è sola, sdraiata in terra, alle sue spalle l'orlo di una tappezzeria, una tenda forse, la testa è posata su un cane pastore che si presta a farle da cuscino. Lei ha occhi intensi, naso e bocca dritti.

Andrea Agnelli ha sposato Emma Winter, inglese, con cui ha avuto una bambina, di nome Baya.

Dopo un'esperienza in Ferrari, poi in Svizzera in Philip Morris dove ha conosciuto sua moglie, ha lavorato nell'area sviluppo strategico di Ifil, è consigliere di amministrazione della Fiat, e dovrà occuparsi di uno dei patrimoni personali più grossi della famiglia. Non solo la quota in accomandita – quasi il 10 per cento (valore 200 milioni di euro) –, ma anche il patrimonio personale di Umberto Agnelli. Nello scorso marzo ha lasciato il suo incarico professionale in Ifil (ha conservato le cariche nei cda di Ifi e Fiat) e ha annunciato la costituzione di un suo fondo d'investimento.

Andrea Agnelli si trovò a essere il punto di raccordo della fronda interna quando, dopo la morte di suo padre, la situazione della Fiat era a un passo dalla catastrofe e l'effetto Marchionne non si era ancora sentito. La questione fu più o meno la seguente. Nel settembre del 2005, alla vigilia dell'assemblea dell'accomandita dove si sarebbe ratificata la decisione di procedere con l'*equity swap* per riportare la famiglia sopra il 30 per cento dell'azionariato della Fiat, Andrea Agnelli rilasciò un'intervista in cui espresse contrarietà all'operazione. Riteneva che la condizione di quel momento, con la famiglia al 22 e le banche al 28, era l'occasione per mettere in piedi una *public company*. Si sarebbe reso esplicito il fatto che l'interesse era la crescita dell'azienda e non il gioco di potere. Sosteneva anche che, in quelle condizioni di debolezza, alla famiglia sarebbe convenuto un accordo con le banche – che stavano convertendo in capitale il loro credito con l'azienda – invece di tirare fuori altri soldi per assicurarsi una parziale posizione difensiva, in una situazione in cui con i titoli vicini al minimo storico sarebbe stato comunque impossibile difendersi da un'eventuale opa ostile.

A definire la sua posizione concorrevano probabilmente due questioni distinte. La prima era l'analisi della situazione in un momento drammatico e dalle prospettive tutt'altro che incoraggianti: si aspettava l'uscita della Grande Punto, senza previsioni sull'accoglienza che avrebbe ricevuto dal pubblico. L'estrema ciclicità del mercato dell'auto poneva, in quel momento, una questione che secondo alcuni osservatori potrebbe tornare all'ordine del giorno: sebbene sia stato superato il momento drammatico del 2003-2005, non è detto che la Fiat sia in grado di finanziare completamente lo sviluppo in vista del prossimo decennio. Il ragionamento di Agnelli era che escludere le banche in quel momento avrebbe potuto rivelarsi una cattiva idea, considerato che per gli anni successivi andava messa in preventivo l'ipotesi di un ricorso al finanziamento, magari attraverso un aumento di capitale, che la famiglia da sola non sarebbe stata in grado di reggere.

C'era anche una seconda questione: il sangue, il filone ereditario. L'unico maschio delle due ultime generazioni a chiamarsi Agnelli, su oltre 150 discendenti del Senatore, era contrariato di sentirsi minoranza, emarginato dal blocco costituito intorno al procugino John Elkann. Se l'accomandita non fosse risalita, la posizione di Elkann si sarebbe indebolita e lui probabilmente pensava per se stesso a un ruolo di pontiere tra la famiglia e qualcuno dei nuovi soci bancari. Dopotutto, è la vecchia storia della contrapposizione Gianni-Umberto che riaffiora nelle generazioni successive.

La tensione ebbe due picchi. Dopo l'intervista, «La Stampa», il giornale di famiglia, sottolineò che Andrea Agnelli aveva espresso posizioni personali e che all'Ifil era in carico come stagista: in realtà era anche consigliere d'amministrazione della Fiat e portavoce di una quota del 10 per cento circa dell'accomandita che detiene insieme a sua sorella Anna.

Il secondo momento di tensione non è stato ancora assorbito. Si tratta della Juventus.

Quella della Juve è una storia complicata, ha origini controverse che non sono solo torinesi. Proviamo a riassumerla e a schematizzarla, tenendoci alla larga dal problema delle regole sportive, tema pericolosamente scivoloso.

La storia è più o meno questa: gli Agnelli non si occupano finanziariamente della Juventus da molti anni, da quando è stato evidente che il combinato disposto costituito da a) l'incombente crisi Fiat + b) l'avvento del modello Milan non consentiva loro di essere padroni (quasi assoluti) della scena calcistica com'era stato per tutti gli anni Settanta e buona parte degli Ottanta. Quando Umberto Agnelli si trasferì all'Ifil, proprietaria della Juve, decise di intervenire drasticamente sulla gestione della squadra che non vinceva da qualche anno. Così prese sul mercato un abile direttore sportivo, Luciano Moggi, reduce da successi in altre piazze, gli affiancò un manager fidato, Antonio Giraudo, e chiese loro di riportare la Juve ai vertici senza pesare sul sistema Ifi-Ifil. I due raggiunsero l'obiettivo. Con un piccolo problema, però. Moggi, ex ferroviere con pensione baby, uomo svelto, furbo, pratico, dai modi spicci, disinvolto e incline all'autoindulgenza, costruì un apparato di potere personale all'interno del sistema calcistico, come spesso accade in quell'ambiente. La struttura del potere moggiano era soprattutto economica: aveva messo in piedi una rete di interessi che passavano anche attraverso una società di consulenza, la Gea World, di cui era socio suo figlio, che curava gli interessi di calciatori e allenatori. L'influenza via via crescente della Gea aveva generato molti fastidi nel mondo del calcio.

A un certo punto Moggi subisce la reazione del sistema. Mentre nel palazzo calcistico il movimento anti-Moggi apre le ostilità, lui si ritrova senza sponde in casa Juventus, perché da tempo la componente elkanniana, il cui portavoce è Lapo, mostra di volersi liberare dello strapotere del direttore sportivo. Insomma alla fine, anche la vicenda Moggi diventa uno strascico dell'antico confronto tra Gianni e Umberto. I gianniani, che sono sempre stati di fondo antimoggiani, provocano e assecondano la giubilazione di Moggi e ne accettano le conseguenze – cioè la Juve in serie B per la prima volta nella sua storia –, mentre gli umbertini continuano a difendere Moggi (e Giraudo, con cui Andrea Agnelli ha rapporti eccellenti), ma soprattutto non sono d'accordo con la nuova dirigenza che accetta la cancellazione di due scudetti, smantella quella che alcuni considerano – sulla carta – la squadra più forte del mondo (otto di loro disputeranno la finale di Coppa del mondo del 2006), e si lascia retrocedere in serie B.

Ancora oggi i rapporti tra l'area umbertina e l'area elkanniana restano molto tesi.

*

Anna Agnelli fa la regista pubblicitaria. Aria interessante, fascino discreto genere Mazarine Mitterrand. Insieme al fratello è stata riconosciuta portatrice di understatement, giacché fu apprezzata la naturalezza del loro atteggiamento il giorno del funerale paterno. Un'amica dice di lei: «Altera, ma non antipatica, idee chiare, precisa nella vita, parla poco».

*Gianni 6*

# Ragguagli sulla vita sociale

Nicola Caracciolo spiega che negli Agnelli il rapporto tra mondanità e potere fu molto complesso: «I ragazzi Agnelli sono nati negli anni Venti, in una cultura sociale ancora proustiana. Quando Gianni cominciò a frequentare da adulto Roma, per esempio, era molto importante andare la sera a pranzo da Isabel Colonna che teneva il salotto più importante della città, dove si sentiva ancora lo speciale tono di una delle aristocrazie più peculiari d'Europa, quella romana. Con il passare degli anni gli rimase un vezzo snobistico, ma il mondo era cambiato e lui percepiva chiaramente come fosse molto più vivo, contemporaneo frequentare i Kennedy o Henry Kissinger. Poiché lui era nel complesso una persona un po' scissa, il suo lato frivolo, il suo essere playboy doveva convivere con il ruolo nel lavoro e con la provenienza da un'educazione famigliare genere Piemonte Reale Cavalleria. Riteneva di dover rappresentare con onore e glamour la fine di un'epoca. Credo che sentisse in sé un'etica signorile».

C'è una fotografia in barca con i Kennedy, scattata nel 1962 a Newport. A giudicare dalle maniche a vento, la barca sembrerebbe il *Manitou*. Costruita in un cantiere delle isole Solomon nel 1937, vinse una Detroit-Mackinaw Straits Race; successivamente acquistata dalla U.S. Coast Guard, era a disposizione di JFK durante il mandato presidenziale. Gianni Agnelli è al centro dello scatto. Marella, poco più in basso, è in asse con il marito, indossa pantaloni chiari, una maglia scura e occhiali neri, parla con Jacqueline che volge la nuca all'obiettivo e ha un fazzoletto in testa a proteggere i capelli dagli spruzzi. Il presidente, nell'angolo basso a sinistra della foto, molto periferico, sorride nella sua più tipica aria da figlio di puttana. Gianni Agnelli guarda in direzione del presidente, ed è uno sguardo insolito: nonostante sia al centro esatto della foto, la vita vera, la massima concentrazione sembra svolgersi nell'angolo Kennedy. Nota un amico: «È una fotografia che dice molte cose».

Gianni e Marella furono una coppia mondana, ma in uno schema complesso. Così da sembrare quasi poco convinta. Un po' di jet set internazionale, alcuni vecchi amici.

Il punto è che Gianni da una parte non era salottiero, dall'altra, come spiega Mario D'Urso, amico di famiglia, «aveva un'idea delle relazioni sociali fatta per compartimenti stagni. Le sue vite sociali erano numerose, erano il seguito dei suoi interessi». Il calcio, la politica, la finanza, le donne, il gran mondo internazionale, la vita istituzionale, gli eventi ai quali partecipava quasi come il capo di una comunità. Non amava mischiare le persone. Questa fu una delle intuizioni della sua vita. Gli consentiva di tenere rigidamente separati i suoi mondi, di costruirsi volta per volta il suo «a proprio agio», di avere sempre un piede fuori dal luogo in cui si trovava e di coltivare negli altri il senso della sua assenza. Agnelli è sempre da qualche altra parte. Questo lo vedremo meglio più avanti.

Il metodo dei compartimenti stagni, insieme alla curiosità per le persone e alle possibilità che i suoi interessi gli offrivano, dava alla sua vita di relazioni un carattere stellare: i rapporti con le famiglie reali di molti paesi, con i magnati americani, con i governanti (Michail Gorbaciov, per esempio), i grandi protagonisti dell'economia, i soci del Bilderberg o della Trilateral. L'aneddotica in questo campo è ricca. C'è, per esempio, una storia laterale – ma molto divertente e istruttiva – sul galateo delle relazioni pubbliche che riguarda la preparazione dei soufflé organizzata dal banchiere André Meyer, storico capo di Banque Lazard (la boutique finanziaria che seguiva casa Agnelli), uno dei maghi della finanza mondiale tra gli anni Settanta e Ottanta. Ebbene, quando Agnelli mangia con lui, immediatamente arriva il soufflé. Una volta Meyer gli spiegò come faceva a essere così tempestivo: dava ordine al cuoco di prepararne uno ogni cinque minuti.

Nella vita sociale c'è anche una corte. Ed è, come tutte le corti, piena di personaggi di ogni genere. Per esempio Dino Fabbri, prototipo di straordinario adorabile gagà, erede della casa editrice. Aveva i baffetti in stile sudamericano, superabbronzato, era un mondanaccio da commedia all'italiana, automobili, locali, donne, ed era anche molto simpatico. Una volta andò a prendere Gianni con la sua nuova Rolls Royce. Gianni osservò: «Bella macchina, ma che sedili di merda». La volta successiva Dino si ripresentò con la stessa automobile, al posto dei sedili aveva fatto mettere due poltrone Luigi XVI. L'amicizia con i Fabbri costò al sistema Ifil prima e poi a Gemina-Rcs alcune decine di miliardi di lire, perché Agnelli decise di accollarsi il gruppo Fabbri, che si rivelò un bidone.

Un'amica racconta che Fabbri in origine faceva parte di un piccolo gruppo di amici playboy, che fu sfoltito dopo che Gianni scoprì che uno di loro aveva corteggiato sua figlia.

*A ritroso*

# Edoardo

L'8 settembre 1962 a Grazzano Visconti si sposano Violante Caracciolo e Gianmaria Visconti. Lei è sorella di Allegra e cugina di Marella. Nel castello di Grazzano si tiene un ricevimento molto fotografato. L'archivio Farabola conserva tre scatti di un bambino, in piedi accanto a sua madre che è seduta a tavola. È il piccolo Edoardo Agnelli, ha otto anni: è vestito con pantaloni chiari e camicia a righe bianca e celeste, e al collo ha una macchina fotografica. Sono tre scatti tristi. Noi li guardiamo sapendo come finirà. Un suicidio, il volo da un viadotto su un'autostrada piemontese.

La nostra metà darwiniana dirà che non era abbastanza forte, la nostra metà compassionevole dirà che non era abbastanza forte suo padre. Il biografo di Edoardo, Marco Bernardini, lascia intendere che era la madre a essergli mancata, troppo impegnata all'inseguimento psicologico di suo marito. È possibile, plausibile e ragionevole. Le testimonianze degli amici e dei parenti concordano in questa direzione. La cugina di Edoardo, Marella, figlia di Nicola, racconta dei suoi zii a Judy Bachrach di «Vanity Fair»: «Vede, tutto quello che hanno fatto doveva essere piacevole e perfetto – era parte del loro stesso mito, l'unico che avevano creato e recitato per tutta la vita. Il culto estetico di avere la vita migliore possibile. Il miglior cibo, la migliore arte, il miglior vino. Tutto doveva essere il meglio del mondo». E quanto a sua zia aggiunge: «Si è dedicata a questo completamente, all'idea di creare la casa perfetta, la perfetta decorazione floreale, ogni singolo pezzo della biancheria, perfetto». Dunque questo era il quadro in cui Edoardo era cresciuto. E di solito le ipotesi degli psicologismi famigliari hanno un fondamento.

Poi l'anno scorso, ignorato dalla distrazione e dal conformismo, è stato pubblicato un libro insolito e quasi stravagante per i nostri tempi, *La fine degli A.* È un libro di poesia, pezzi di tragedia, dice la copertina. Racconta di come si consuma, sfuma e svanisce il massimo mito dinastico italiano del nostro tempo, la famiglia che è stata al centro dei nostri pensieri sociali, amata da quelli che si accomodano sull'amore, detestata da una società minoritaria che nei confronti degli Agnelli continuò a praticare – spesso silenziosamente – la quintessenza dello snobismo liberale. Il libro è di Ludovica Ripa di Meana. È la cosa più bella, densa e originale scritta sugli A. È letteratura contaminata, sono Agnelli e sono Atridi: qui Gianni si chiama Agamennone, Umberto Menelao, la Fiat si chiama Lux, Edoardo è Cassandro. Cassandro e Agamennone si incontrano da morti. «Tu lo sai» dice Cassandro «sono stato abbandonato.» «Da chi?» gli chiede suo padre. E aggiunge: «io dovevo far fronte». Cassandro: «Assassinato dalla delusione». Agamennone: «Di chi Cassandro? Chi osa deluderti?». Cassandro: «Mi sono assassinato per amore».

> L'amore per la Lux non ricambiato...
> eppure son l'erede, anche così
> sono il tuo erede, morto come sono.
> Hai avuto paura, poveretto,
> la tua magagna è stata la paura,
> per fascino e coraggio tu invincibile,
> povero padre, capo, sì, di tutto,
> non dei miei sogni. Le mie fantasie
> corrono corrono non per vedere
> la schiena del futuro, ma la faccia.
> È una forza politica la Lux
> di tutti, non di pochi, non di noi,
> Atridi fondatori: popolare
> è un'energia, nazionale, ecumenica,
> e che laboratorio sociologico!
> Basta riconvertire: è nostro compito,

io, quarto della stirpe, era il mio compito,
dovuta a me la fase successiva,
nella visione c'è l'evoluzione:
sei stato un re, volevo essere il papa.
Ma i tuoi luogotenenti a nome tuo
mi hanno squalificato e messo ai ceppi.
Hai muscoli (così chiami il denaro),
non hai le ali come me che volo.

Poiché Edoardo mette in gioco quella parte di noi stessi che tutti i giorni si tormenta nei dubbi del relativismo genitoriale, questa versione dei fatti può suonare come assolutoria. Gianni non c'entra, sembrerebbe. Il tradimento viene dalla Lux, dall'eredità che rifiuta l'erede. *La fine degli A* racconta com'è difficile – o impossibile – essere vivi nella dimensione del denaro. Una cosa che, quando c'è, esiste prima di noi stessi e ci presenta al mondo. Non ci precede la bellezza, non ci precede l'intelligenza, il denaro sì. Che cosa si aspettano da noi quando nasciamo ricchi? Agamennone spiega quello che ci vuole – disciplina, obbedienza – noi non siamo privati, navighiamo nel pubblico. Cassandro gli dice che avrebbe voluto solo sedersi in riva al fiume a prender pesci, lui principe, suo padre re: «Serviva l'olio della tua attenzione per salvarmi, mio sorpassato eroe». E suo padre gli spiega che il suo compito è l'esercito, non un granello di sabbia può fermare il meccanismo.

Ma c'è un altro punto di vista per spiegare la questione: Agnelli era un uomo cresciuto in un altro tempo. La sua educazione, la sua cultura sociale (che quasi mai passò attraverso il filtro dei libri o dell'attualità meditata), era molto rigida e schematica, fondata sulla separazione tra adulti e bambini in voga nei due ceti che aveva attraversato, cioè il notabilato di campagna di suo nonno e successivamente il mondo urbano, ricco e aristocratico di Edoardo e Virginia: con il rito serale della breve visita dei genitori prima di uscire o ricevere. Anche qui siamo in un meccanismo proustiano, se aspettate il bacio della buona notte siete fritti. Infatti Susanna racconta delle sue notti di terrore, buio e lacrime in corso Oporto.

«Mio nonno credeva nella libertà delle persone di cercare

il loro modo di esprimersi» dice John Elkann. «Mio zio Edoardo non aveva invece quello spirito, aveva forse bisogno di essere inquadrato. E trovò mio nonno, che era cresciuto in un altro modo, privo di strumenti e di esperienza e poco incline a trasmettere un'educazione diversa da quella che lui stesso aveva ricevuto.» Certo, su questa distanza culturale si innesta la scocciatura, il senso della perdita di tempo, il suo proprio infantilismo: Gianni è un bambino ipercinetico in un certo senso, molto concentrato su di sé. Edoardo raccontava un episodio in cui c'era la matrice dell'abbandono. Una volta – era appena ragazzino – mentre giocava in giardino, fu chiamato al telefono da suo padre. Gli dice di mangiare presto e di vestirsi, stasera lo porterà a una partita di coppa della Juventus. Edoardo si prepara, ma suo padre non arriverà e non lo avviserà.

Esiste una foto molto cupa scattata nel dicembre del 1968 a villa Bona. Una stanza in penombra. Sullo sfondo, sopra un caminetto, un quadro di Bacon. Il gruppo di famiglia disegna una specie di croce. Gianni è in piedi, con la faccia in posa, serio, scuro, una maschera. Tiene una mano sulla spalla di Marella e un'altra sulla spalla di Edoardo. In basso c'è Margherita seduta all'indiana, maglione di cachemire, capelli rossi arruffati, scarpe basse allacciate da uomo, sguardo irrimediabilmente imbronciato. Edoardo è corrucciato, seduto su un pouf bianco, scarpe inglesi sportive, calzettoni a scacchi, pantaloni di velluto, maglione a collo alto e giacca sportiva. Una gamba è distesa. Marella è seduta su una dormeuse di midollino. Ha un maglione a collo alto chiaro, ed è l'unica a sorridere. La foto è resa ancora più cupa a causa di una specie di incipiente modernità che vi si avverte. Si intravedono alcuni oggetti di design tra cui una lampada a bulbo, una sedia e un divano senza sponde sul genere Barcelona. In alto, da sinistra, al disopra della testa di Edoardo emerge dalla penombra il profilo di qualcuno chinato, sembrerebbe un domestico che apparecchia un carrello.

In una delle sue rarissime interviste Margherita, una volta, dichiarò che la relazione più profonda che avesse stabilito il padre con lei e suo fratello era quella dello sguardo, che era una specie di punto di riferimento: loro seguivano il suo meravigliarsi e stupirsi di fronte a ogni cosa. Non in questa foto, evidentemente, che reca come un presagio di disfacimento.

Marco Pannella fu amico di Edoardo. Se lo ritrovò a metà degli anni Settanta nella prima sede del Partito radicale in via di Torre Argentina e la frequentazione nacque sotto l'occhio informato di Gianni, con il quale in quegli stessi anni Pannella cominciò a vedersi per ragioni politiche. In un paio di occasioni intercettò l'andamento delle vicende tra padre e figlio. La prima volta fu quando, nel periodo precedente le elezioni del 1976, andò a Torino a chiedergli un contributo per la campagna elettorale. Era un giorno di sciopero aereo. Arrivò a Torino rocambolescamente e molto tardi. Agnelli era già andato a dormire, Edoardo non era in città. Fecero dormire Pannella in camera sua e in un biglietto che spiegava la cosa c'era una nota di attenzione paterna: «A Edoardo farà piacere». Tempo dopo, Pannella capitò a Roma nella casa dove si erano trasferiti gli Agnelli, al Quirinale, che era la vecchia casa di Niccolò Carandini, dove il capo dei radicali era stato tante volte da ragazzo. Quella volta andò da Agnelli con Giovanni Negri, giovanissimo segretario del partito. Bisognava discutere un'idea che Pannella aveva avuto: chiedere alla Confindustria la donazione di una lira, una sola, che simbolicamente sanasse il finanziamento selvaggio ai partiti che l'industria praticava. A Gianni l'idea piaceva. Disse: «Sì, mi diverte» (dava alla parola divertimento una gravità che Pannella non gli dava). Agnelli osservava Negri molto incuriosito. A un certo punto arrivò Edoardo e accadde una cosa assai sgradevole. Il ragazzo entrò in un certo senso fiducioso, lui era un punto di contatto tra suo padre e Pannella. Ma Agnelli con un tono liquidatorio e antipatico indicando Negri disse a suo figlio: «Guarda questo, deve avere la tua età e guarda già a che punto è».

Su questo groviglio di sentimenti si costruisce il futuro di Edoardo. Cerca una strada personale per scalfire il muro della distrazione paterna, rilascia un paio di interviste molto eccentriche. Nella prima, del 1985, si candida a guidare la Juventus al posto del molto blasonato Giampiero Boniperti. Nella seconda, l'anno dopo, individuato dai giornalisti alla manifestazione per la pace di Assisi, esprime opinioni sostanzialmente anticapitaliste. Negli anni successivi interviene ancora, più o meno una volta l'anno, per parlare dei suoi rapporti con il padre, con Vincenzo Maranghi e con suo cugino Giovanni.

Con quest'ultimo ingaggia un confronto a distanza fatto di amore e di risentimento, ma anche di aspettativa. Da un certo momento in poi sembrerebbe sperare nel ricambio generazionale, confida nell'amicizia con Giovanni per ottenere uno spazio suo nel sistema aziendale che lo ha escluso.

Si immerge sempre più negli interessi per l'Oriente e la religione. Si converte all'islam. Spende molti soldi, moltissimi. Entra – all'inizio probabilmente per un fatto generazionale – in contatto con l'eroina. «La droga lo cambia» dice Nicola Caracciolo. Ha un paio di storie d'amore importanti. Una va malissimo, subisce un brutto tradimento. «Con un'attrice» racconta Marco Bernardini. La morte del cugino Giovanni gli sbarra un'altra strada; non riesce a riagganciarsi alla vita. Resta un rapporto molto forte con sua sorella Margherita. Nel 1990 gli capita l'incidente dell'aeroporto di Malindi, dove viene trovato in possesso di 300 grammi di eroina.

Nel 1998 si fa vivo sui giornali per l'ultima volta, dopo la nomina del nipote John nel consiglio di amministrazione della Fiat. Dice che il capofamiglia aveva avuto delle perplessità su questa designazione. Per l'ultima volta Gianni Agnelli lo smentisce. Quando viene costituita la società fiduciaria Dicembre che dovrà custodire la quota di Gianni nell'accomandita Edoardo rifiuta la parte che gli spetta.

Vive a villa Bona, la casa in collina poco sopra quella di suo padre, il sorpassato eroe, che era stata progettata da Amedeo Albertini. Da lì parte la mattina del 15 novembre del

2000. Si mette una giacca di velluto sopra il pigiama azzurro, sale sulla sua Croma blindata, imbocca la Torino-Savona, si ferma sul viadotto che scavalca il fiume Stura e si lancia da 80 metri.

Edoardo ha una sua vita internettiana. Su Google, digitando Edoardo Agnelli il primo link recita: Edoardo Agnelli martire dell'islam. Rimanda a un blog, www.edoardo.ws; lingue: persiano, arabo, italiano, inglese, francese. Nella home page campeggia la sua foto sotto la scritta «in nome di Allah». Vi si racconta di come Edoardo fu eliminato da forze sioniste legate agli Elkann in quanto islamico. In Iran, dov'era stato alcune volte, gode di una certa popolarità. Nel 2001 la tv iraniana realizzò un documentario per mitizzare «il martirio sciita» di Edoardo che laggiù va in onda in tv, anche in replica, e viene venduto in dvd. Su www.irib.ir si può leggere una lunga storia che è una via di mezzo tra la biografia islamizzata e la pseudoinchiesta sulla sua morte.

Un cantante italiano, invece, lo ha scelto come nome d'arte. È belloccio, melodico, faceva parte della squadra televisiva di Paolo Limiti.

Ma la storia più avvincente è di sicuro quella di Mister Bruins, che conferma come in tutte le saghe vi sia un pretendente, uno spodestato, un uomo del mistero. Naturalmente anche qui. Lo raccontiamo perché nelle vite sovraesposte c'è sempre un po' di romanzo; e non c'è bisogno di crederci, qualche volta le storie attraggono anche se inverosimili. Dunque: cercando sul web il nome Carolynne Hight-Hebrew, si apre una pagina del sito www.angelfire.com intitolata «Descendants of Giovanni Agnelli e Clara Boselli». È l'elenco (più o meno) aggiornato al 28 ottobre 2006 dei figli, nipoti, pronipoti eccetera del Senatore. Vi compare, venuto alla luce nel 1972, un Giovanni Agnelli che, secondo gli estensori, sarebbe nato da Edoardo Agnelli, figlio di Gianni, e da una Carolynne HH.

Circa l'attendibilità di questa informazione bisogna segnalare che, a parte un'imprecisione e i normali difetti di aggiornamento, l'elenco dei discendenti è corretto. Certo, è strano che di Carolynne Hight-Hebrew non esistano altre tracce sul web che non siano riprese da questo albero genealogico. Come hanno già fatto, invano, alcuni componenti della famiglia imbattutisi nel sito, anche noi abbiamo scritto al titolare Hein Bruins, in un primo tempo senza ottenerne risposta.

Abbiamo chiesto chiarimenti anche a monsignor Paolo Bonato, corrispondente italiano di Bruins, il quale ci ha riferito di non essere stato lui a trasmettere quell'informazione. Quanto a un secondo corrispondente italiano, Michele Fanciulli, non siamo riusciti a rintracciarlo.

Poi alcuni mesi fa, nel luglio dello scorso anno, Bruins rispose dicendo di aver ricevuto l'informazione dagli Stati Uniti da una misteriosa persona che si dichiarava il tutore del giovane Giovanni: «La sua storia suonava abbastanza degna di fede, ma io non ho prove. Comunque l'ho inclusa nel sito per verificare le reazioni. Di solito quando certe informazioni non sono vere ricevo delle proteste, ma in questo caso non è accaduto». Alla successiva richiesta di essere messi in contatto con il sedicente tutore, Mister Bruins non ha mai risposto.

Esistono resoconti leggendari di un Giovanni Agnelli venditore di automobili in California, e il remoto racconto di una cugina che per caso una volta aveva trovato un trafiletto che vi faceva cenno su un giornale di provincia americano. Ma sembrano adattamenti contemporanei delle incredibili trovate di Wilkie Collins, ottocentesco padre del noir famigliare. La cosa più ragionevole è tenere conto del punto di vista di Lupo Rattazzi, che tra i cugini era uno dei più vicini a Edoardo, e che esclude la veridicità di quell'informazione perché, se ci fosse stata una Carolynne (+ figlio), l'avrebbe saputo.

# *Gianni 7*
# Un quasi Stato

Per comprendere davvero la sideralità della sua dimensione, bisogna tenere presente che Gianni Agnelli fu molto più di un padrone. Fu quasi un governante. La Fiat era uno Stato. Già nel 1940 aveva oltre 60 mila dipendenti, nel 1957 erano 80 mila, nel 1966, quando Agnelli prese il posto di Valletta, erano 134 mila, nel 1979 erano 284 mila. E queste cifre si riferiscono solo agli stabilimenti del gruppo, non tengono conto del sistema di alleanze della Fiat o dell'influenza sull'indotto. Si calcola che a metà degli anni Sessanta, dal sistema Fiat dipendesse circa il 10 per cento del prodotto interno lordo del paese.

La Fiat aveva anche un sistema capillare di presenza sul territorio attraverso i concessionari. Durante la guerra questo sistema assiste la famiglia: quando Gianni e Susanna nel 1944 partono da Firenze diretti verso sud è il direttore della Fiat di Firenze a organizzare la partenza, e sono due ingegneri della Fiat che, dopo l'incidente in cui Gianni si rompe un piede, lo recuperano dall'ospedale in Val di Chiana per riportarlo a Firenze.

La Fiat aveva strutture diplomatiche e di rappresentanza in giro per il mondo. La prima fu quella francese creata da Enrico Pigozzi, genero di Carlo Cannone, il fondatore della Recuperi. Il rapporto tra il sistema Fiat e la Francia costituì un canale diplomatico con il potere industrial-finanziario d'oltralpe che visse indipendentemente dalle relazioni politiche tra i due paesi (questo canale fu reso molto navigabile grazie al lavoro di Umberto a partire dagli anni Sessanta, poi incrementato da Brandolini e Gabetti). Dopo l'accordo con i libici – che nel 1976 entrano nel capitale Fiat –, Agnelli, il quale non ha ancora mai conosciuto Gheddafi, si fa organizzare un incontro con il colonnello a Mosca attraverso il rappresentante della Fiat in Unione Sovietica, Piero Savoretti, figlio di un ex amministratore della Cinzano che in Urss aveva fondato una *joint venture* siderurgica con i russi. Il sistema diplomatico Fiat funziona anche negli Stati Uniti, dove il plenipotenziario, il commendator Vincent Garibaldi, ha quasi il rango di ambasciatore. Inoltre Agnelli poteva contare su due legazioni sportive, due simboli globali: Juventus e Ferrari.

Forte di questo apparato, Gianni si comporta da governante, dando vita a una psicologia delle relazioni dalle sfumature molto varie. C'è lo sguardo snobisticamente soddisfatto quando si flette nell'inchino alla regina di Spagna. C'è il tenero racconto di un incontro con Hua Kuo Feng, quando si ritrovò seduto accanto a lui durante un ricevimento al Quirinale e si sorrisero tutto il tempo senza parlarsi, perché il leader cinese non diceva una parola d'inglese, e dopo essersi sorrisi e guardati per tutta la sera, Kuo Feng prese la mano di Agnelli e gliela accarezzò. C'è infine quel tratto di disperazione, di arrivismo, di cinetismo, di vitalità che ritroverete per esempio in un giorno dell'estate del 1969: Agnelli è in vacanza in Thailandia, molla i suoi amici, raggiunge William Childs Westmoreland, comandante in capo delle truppe americane in Vietnam, e da lui si fa portare a sorvolare in elicottero il sentiero di Ho Chi Minh, l'impervia pista nella jungla, tra le montagne che collegano il Nord al Sud del Vietnam, decisiva nella guerra contro gli americani.

Agnelli aveva un altro strumento di potere, di governo e di rappresentanza, «La Stampa», il giornale comprato da suo nonno negli anni Venti, appartenuto ai Frassati. «La Stampa» ebbe per il suo modo di concepire i giornali un'importanza superiore a quella che avrebbe avuto successivamente il

«Corriere della Sera», su cui pure ebbe un primato. La complessa relazione con questo giornale è utile per capire il glocalismo del capo della Fiat. È interessante consultare gli atti di un convegno su Agnelli editore con gli interventi di Alberto Ronchey, Arrigo Levi, Paolo Mieli, Carlo Rossella, Marcello Sorgi ed Ezio Mauro.

Secondo Ezio Mauro, direttore del quotidiano dal 1992 al 1996, Agnelli editore è il risultato di sei fattori. Anzitutto la passione per i giornali dipendeva dalla curiosità intellettuale, dall'ammirazione psicologica per la superficialità giornalistica come caratteristica dell'intelligenza e dalla curiosità per la politica (che egli frequentava in altri due modi, i rapporti privati con i leader e il rapporto tra potere e potere). «La Stampa» aveva un senso per altre tre ragioni: in primo luogo perché, siccome i giornali sono uno strumento per tenersi informati, i direttori del quotidiano venivano utilizzati come si fa con un'agenzia di stampa («Novità?»), «chiunque fosse il direttore in quel momento» spiega Mauro. «Non dipendeva dalle sue qualità, dipendeva dalla funzione e dal ruolo che svolgeva.» In secondo luogo – aggiunge – «perché gli piacevano i giornalisti intelligenti, e li trattava un po' come trattava i calciatori, ogni tanto capiva di avere a che fare con dei talenti». Infine c'è una terza ragione: tutto questo complesso sistema di informazione e di delegazione («La Stampa» era una *situation room* in un certo senso, aveva un corrispondente a Londra, uno a Parigi, uno a New York e uno a Mosca) andava declinato tenendo conto che il giornale doveva essere qualcosa di più largo rispetto agli interessi e alla cultura aziendale, ma doveva essere anche il giornale che nasceva da lì, dalla base delle operazioni: Torino, città fattuale, borghese, luogo in cui nasce un potere forte che però rispetta la politica (con cui è peraltro in rapporti di mutualità), spazio di definizione del rapporto tra società e Stato, luogo di elaborazione intellettuale (che egli, del tutto alieno dalle teorizzazioni, proteggeva), piccolo mondo morale e civile, città europea perché italiana. Osserva Mauro: «La torinesità è determinante, "La Stampa" è il giornale di una parte dell'Italia lontana dal suo centro, ma per Agnelli ciò non è un limite, ma un privilegio, un beneficio per il giornale, una qualità».

Le dimensioni della Fiat e il ruolo che ebbe nel paese furono determinanti per definire la funzione internazionale di Agnelli. La sua psicologia si nutriva della progressiva crescita di questa funzione. Così nacque la regalità. Per farsene un'idea, bisogna tener conto che, essendo al fondo un uomo molto meridionale, cioè italiano, aveva chiaro il senso della base, del feudo, del territorio. Il territorio era al tempo stesso il primo teatro della recita e la fonte della legittimazione popolare. Montezemolo lo spiega così: «Agnelli era un uomo dagli interessi globali, di smisurata curiosità e interesse per il mondo, che non perdeva mai di vista la base di partenza. Era un geniale, autentico italiano con passioni quasi provinciali, che credeva in questa dimensione e la sfruttava, sapeva servirsene istintivamente. Era uno che appena arrivava a New York, chiamava Torino e Roma per sapere se c'erano novità. Una parte della sua popolarità era costruita su questo senso dell'italianità, dell'appartenenza a una comunità, con tutti i suoi difetti, anche. In fondo, qual era il suo segreto? Era un uomo molto ricco che si occupava di cose che piacevano a tutti, a cominciare dal calcio».

Per essere se stesso, per tramutare la popolarità in diritto di rappresentanza era necessaria la difesa strenua del suo ruolo domestico. Nessuno doveva essere più in vista di lui. Quando De Benedetti alla metà degli anni Ottanta tenta l'opa sulla Société Générale du Belgique dei Lippens (gli Agnelli del Belgio), Gianni gli si mette di traverso, con due alleati, Banque Lazard ed Etienne D'Avignon, che poi diventerà consigliere d'amministrazione della Fiat. Non avrebbe sopportato che De Benedetti vincesse in Europa. «Alla fine mi disse: sono contento che lei non ce l'abbia fatta, veramente usò un'espressione molto più colorita, e io gli dissi: avvocato, la ringrazio per il contributo.»

Per analoghe ragioni non amò Berlusconi. «Gli era simpatico, naturalmente, ma non tollerava che la straripante popolarità del fondatore della Fininvest entrasse in concorrenza con la sua» dice Carlo Rossella. Ci tiene sempre a fare bella figura. È sempre vigile nel rapporto con la stampa, ed è fin troppo indulgente nei confronti del giornalismo. La cura dell'immagine lo condiziona anche negli affari. Nel 1999 l'Istituto San Paolo, di cui è azionista, lancia l'opa sulla Banca di Roma. Si convince a non ingaggiare una battaglia all'ultimo sangue quando Cesare Geronzi gli fa sapere che non ci sarà esclusione di colpi e lui comprende che questo potrebbe nuocergli. Ma quando la sua immagine non è in gioco è più feroce. Dovrebbe essere il leader degli industriali italiani, ma – notarono nel '92 Borsa e De Biase – esercita questa leadership con un'attitudine egemonica: quando la Zanussi va in crisi nei primi anni Novanta, si schiera con i suoi amici svedesi Wallenberg; tratta male i Gardini nella partita Unicem e cerca di sfilare la Barilla ai Barilla. Fa un favore ai Fabbri rilevando la casa editrice indebitata solo perché Dino è un suo amico, salvo vendicarsene con uno scherzo in stile *Amici miei*.

*Le famiglie*

# I Ferrero Ventimiglia

Aniceta, detta Tina, figlia del senatore Giovanni e sorella di Edoardo, sposa Carlo Nasi da cui nascono cinque figli: Clara, Laura, Giovanni, Umberta, Emanuele.

Carlo Nasi era un ingegnere sportivo e tennista. Il Senatore, che non era interessato a questi dettagli, lo trattò come aveva cercato di fare con sua nuora Virginia, gli tolse la potestà sui ragazzi dopo la morte di Tina. Nasi non è sepolto a Villar Perosa, ma nel cimitero di un altro paese della Val Chisone, San Secondo, in una tomba Nasi. Di lui restano scarsi ricordi, travolto e spazzato via anche lui dal vento maligno che toccò alla sua generazione: Edoardo morto in un incidente aereo, Tina morta di parto alla nascita di Emanuele, Virginia in un incidente d'auto, Nasi chissà.

C'è una differenza tra i Nasi e gli Agnelli? Secondo Oddone Camerana, nella generazione dei nipoti del Senatore, quella di Gianni cioè, mentre gli Agnelli si internazionalizzano cumulativamente – è Clara a cominciare – i Nasi si rimpiccioliscono nella torinesità. «Si diffonde allora una certa idea del ramo Nasi, come piccolo borghese» spiega Camerana. «Nella generazione degli Elkann questo genere di discorsi non ha più senso, i due rami tendono a ritornare sullo stesso piano.»

Il lato Nasi ha una sua compattezza complessiva, con qualche crepa naturalmente. Per esempio, tra i Ferrero e i Camerana non c'era identità d'impostazione, c'era qualche frizione, ma – come spiega uno di loro – erano situazioni congelate dai soldi, gli interessi comuni spingevano perché tutto si appianasse. Inoltre l'auctoritas di Laura Camerana – uomo forte dei Nasi – vigilava sulla pace.

La maggiore dei ragazzi Nasi è Clara, che è anche la maggiore di tutti i nipoti del Senatore. È nata nel 1913, ha 94 anni. Ha fama di essere una donna fredda, snobissima, di carattere difficile, oculata nell'amministrazione e senza vizi. Sposò Luca Ferrero de Gubernatis Ventimiglia, nipote di quel vecchio Alfonso Ferrero che fu uno dei fondatori della Fiat e che il cavaliere Giovanni Agnelli, partito segretario del consiglio di amministrazione, col tempo mise nel sacco ed estromise dalla proprietà.

Luca Ferrero era un uomo chiuso, eccentrico, ma felicemente convertito agli usi confortevoli della bella vita. Una volta, per esempio, si fece modificare un coupé per poter mettere il cappello in auto. All'inizio, molti anni fa, i Ferrero vivevano nell'ammezzato di uno di quei grandi palazzoni ottocenteschi torinesi: i parenti carinamente chiamavano il posto «la topaia». Successivamente si fecero costruire una casa in corso Galileo Ferraris, una palazzina di tre piani. Dopo la morte di suo marito, Clara decise di lasciarla. Oggi è la sede della Juventus.

La quota in accomandita di Clara è poco sotto il 7 per cento (140 milioni di euro circa).

*

Dal matrimonio sono nati due maschi. Il primo, Emanuele, detto Manuel, morto nel 2002, sposò Marina Cavalli d'Olivola, che oggi vive fra Torino, Hammamet e un piccolo borgo nei pressi di Saluzzo. Possiede anche una casa ragguardevole sulle mura di Civita di Bagnoregio. Hanno avuto due figli: Lucrezia e Luca. Lucrezia, madre di Nicolas, vive vicino ad Asti. Fotografa, iniziò a fare un libro di ritratti famigliari. Riuscì però a realizzare solo quelli della parte Nasi. Doveva essere un libro diverso da quello di Priscilla. Solo primi piani, bianco e nero, scattati con un sistema a distanza senza guardare in macchina, chiacchierando con i soggetti della foto.

Luca, padre di Emanuele, Umberto e Riccardo, avuti con Antonia Loria, si occupa di finanza. In passato ha lavorato in Alfa Romeo, Ferrari e Rinascente. È uno di quelli che sostengono il ruolo della famiglia nell'azienda. È legato a John Elkann e molto amico di Vittorio Collobiano. Vive a Gstaad. Una specie di ritorno all'infanzia, perché sin da bambino è stato da quelle parti, studiava al Rosey, scuola privata di Ginevra.

*

Il secondo figlio di Clara è Edoardo. Presidia la casa al mare, a Levanto, di cui si dirà oltre. Vive a Londra, è proprietario di un'agenzia viaggi. Pragmatico, qualcuno dice che abbia capito come la vita reale sia migliore di questo carrozzone. Fa sempre una domanda alle riunioni dell'accomandita.

Si è sposato due volte. Da Giovanna Turi ha avuto: una figlia femmina, Ilaria, di carattere duro, che vive pure lei a Londra dove fa l'infermiera nel reparto urgenze di un ospedale, e ha sposato André Vercueil, un anestesista sudafricano da cui ha avuto due figli, Jasmine e André; un figlio maschio, Clemente, che lavora nel settore immobiliare, ha sposato Giovanna Morganti e ha tre figli molto piccoli, Edoardo, Viola e Giovanni.

Edoardo Ferrero ha avuto anche altri due figli con la seconda moglie Elisabeth Brandt, piuttosto avvenenti e mondani: Ferrante e Matteo, pittore ritrattista. Ogni tanto finiscono su «Bystander», la celebre rubrica di alta società del mensile inglese «Tatler». Entrambi parlano inglese e male l'italiano. Ferrante è molto amico di Alessandro Nasi.

Elisabeth è bellissima e tutti i Nasi-Camerana sono stati pazzi di lei.

*Gianni 8*

# L'uomo che parlava alle donne

L'uomo che parlava alle donne ebbe una notevole vita amorosa. Nel dopoguerra, forte di una rendita praticamente illimitata, vi si dedicò a tempo pieno. E non abbandonò l'attività neppure nella maturità.

Fu molto amato. Per esempio da Anita Ekberg, che lo considerava l'amore della sua vita. Curiosità: Dino Risi raccontò che lei teneva testa ai tradimenti di Agnelli, e che una volta che lui stesso era a letto con la Ekberg assistette a una scenata di gelosia telefonica. Anita diceva a Gianni: «Tu non ama me, tu maiale italiano, io non ti ama più».

Agnelli ebbe anche alcuni grandi amori, e alcune donne occuparono un posto importante nella sua vita a partire, naturalmente, da sua moglie in quanto moglie. La ricostruzione ufficiosa dice che sposò Marella Caracciolo sotto la pressione delle sue sorelle, mentre era ancora in atto, sebbene in fase calante, la storia con Pamela Churchill, nuora di Winston.

Secondo l'interpretazione corrente, adottata nella ricostruzione che ne fece il biografo di lei, Christopher Ogden in un libro quasi introvabile – e di cui nell'archivio di Dagospia, il sito Internet di Roberto D'Agostino, è possibile scaricare il capitolo che racconta la sua vita con Gianni –, fu Pamela a schiudere le porte del gran mondo internazionale ad Agnelli. I testimoni di quella stagione ritengono che la storia con la Churchill sia sicuramente un passaggio chiave nel processo di costruzione del mito sociale di se stesso.

Tra loro si sviluppò il confronto tra due culture sociali profondamente diverse. Gianni era a quel tempo già assai strutturato sotto questo aspetto. Suo padre e sua madre avevano costituito una coppia molto in vista. Nell'Italia fascista gli Agnelli avevano contribuito a elaborare un modello di successo altoborghese compatibile con l'ordine sociale del regime. Di questo modello l'esperienza di Susanna crocerossina e amica dei Ciano, nipote un po' ribelle del Senatore e figlia innamorata di Virginia, costituisce l'immagine più nota e più nitida. Nello stesso tempo, però, gli Agnelli della terza generazione – Gianni in particolare – si ritrovano a dover aggiornare il modello dei genitori perché alle prese con la stagione di trapasso, conseguenza della guerra perduta. Gianni comincia a cogliere i primi segnali di declino nel sistema sociale che aveva considerato mitico perché in effetti lo era (quello di Isabel Colonna, per intendersi). E in quel frangente conosce Pamela, donna affascinante, moderna, che appartiene al mondo dei vincitori. Vi appartiene non solo perché suo suocero ha vinto la guerra (il che comunque costituisce agli occhi di Gianni un atout straordinario: dirà che Churchill è l'uomo più interessante mai incontrato), ma perché fa parte di un sistema internazionale che Gianni ha solo intravisto da ragazzino. Con lei ne prende possesso da adulto.

Pamela, donna molto discussa ma di charme, fu l'unica che Agnelli frequentò per una forma di interesse. Nello stesso tempo, l'intelligenza di Gianni fu di accettare la sfida che lei gli presentava, cimentarsi con il mondo inteso nella sua globalità, puntare alla vetta.

Dice un'amica di famiglia: «L'amore con Pamela Churchill fu molto osteggiato dalle sorelle. Quando lei si convertì al cattolicesimo le riversarono addosso un abissale disprezzo». Fallito il progetto di unirsi a Gianni, sposò in seconde nozze un agente di Hollywood, Leland Hayward, e successivamente Averell Harriman, molto più anziano di lei, ricco, wasp, maggiorente del partito democratico americano. Racconta un amico: «A New York Gianni le fece il suo regalo di nozze. Era un'automobile. Le fece portare le chiavi su un piatto d'argento. Erano attaccate a un portachiavi napoletano a forma di bara. Le disse: aprilo. Dentro alla bara c'era uno scheletro che all'apertura aveva un'erezione. Lei si mise a ridere. Restarono amici per tutta la vita». Pamela morì a Parigi nel 1997, mentre ricopriva la carica di ambasciatore degli Stati Uniti in Francia. Gianni andò alla camera ardente a salutarla per l'ultima volta.

Dopo il matrimonio con Marella ebbe un'altra serie di amori: alcuni brevi e intensi; altri presero forma di lunghe e intermittenti avventure che si trascinavano negli anni ed erano fatte di chiamate, convocazioni, brevi viaggi.

La più importante di queste storie fu una storia romana nei primi anni Sessanta, con una donna bellissima che lui amò. Si racconta che la storia finì come in una canzone di Lucio Battisti: una sera lui avvertì in ritardo che sarebbe andato a prenderla, ma lei era già uscita, non l'aveva aspettato. Per Gianni la storia finì in quel momento.

Dice una testimone: «Credo che dai 50 anni in poi avesse chiuso con i flirt che potessero avere un valore lontanamente sentimentale. Ebbe però una lunga storia con un sottofondo affettivo».

I cani furono per Agnelli un altro genere d'amore. Fa parte dell'agiografia postuma, per esempio, il racconto sulla malattia del cane Balto, uno dei suoi preferiti. Cadde da una finestra e Gianni lo portò in Svizzera a curarsi. Jas Gawronski racconta che dava da mangiare ai cani con la forchetta, e ogni tanto si videro degli ospiti particolarmente zelanti fare lo stesso.

In montagna i suoi husky erano indisciplinati. Fuggivano dal recinto della casa a Saint-Moritz per andare a caccia di daini engadinesi, e gli Agnelli pagavano multe salate per queste scappatelle. Finché un giorno la polizia locale non disse esplicitamente che se i cani fossero scappati ancora sarebbero stati abbattuti.

Ricordo di un ospite, trent'anni fa: «All'imbrunire, a Frescot, i cani di casa (labrador e husky) raspano con le zampe sulle porte di casa per entrare. È l'ora in cui stanno per uscire dalle gabbie i cani da guardia veri, dei grandi lupi dal pelo folto. Se ti dimentichi di avvertire, la sera, quando torni, si avventano sul cancello. Una sera che Gianni non riusciva a dormire ed è uscito in giardino senza avvertire, ha rischiato di finire sbranato».

Gli husky arrivarono nella sua vita – e in quella degli italiani – attraverso una ragazza che gli regalò un cucciolo dicendogli: «È uguale a te. Brizzolato e con gli occhi azzurri». E l'Italia si riempì di husky.

Un po' per via della retorica sul cinismo, un po' per via di quella sul potere, fiorì un'aneddotica semiclandestina sulla disinvoltura di Gianni nelle frequentazioni femminili. Marie-France Pochna riporta una frase di Henry Ford III, dopo una breve crociera su una barca con Agnelli: «Avevo davanti a me quest'uomo pressappoco della mia età, bello, virile, abbronzato, dinamico, alla guida di un'azienda fiorente, che trovava anche il tempo per far la spola tra Saint-Moritz e Saint-Tropez con al seguito bionde per tutte le temperature».

In un libro del 1985, Piero Ottone riferisce di una telefonata tra Gianni Agnelli e Leopoldo Pirelli durante lo scontro per la Montedison nel 1970. Una notte Agnelli chiama Pirelli e gli dice che non riesce a dormire. «Allora trovati una donna!» gli dice Pirelli. «Già fatto, ma non basta» risponde lui.

In generale, riguardo alle donne, cioè all'amore, così come riguardo ai figli (con un'aggravante), e al ricordo di sua madre (con un'attenuante), Agnelli era vittima di un misto di pudore, prudenza, ottocentismo militaresco, paura e timidezza. Lo testimonia Susanna, quando ricorda un episodio durante la guerra: «Un pomeriggio Gianni mi ha detto con infinita malinconia: "Chissà se tu potessi trovare la maniera di non metterti quella vestaglia. Mi ricorda una persona che la portava sempre e mi dà una sensazione strana". Si scusava ed era imbarazzato di dover ammettere una commozione di tipo sentimentale. Lo considerava di cattivo gusto».

*Le famiglie*

# I Camerana

I Camerana sono il ramo più numeroso sul versante Nasi e anche quello in accomandita con la quota più frammentata. Anche se nel complesso vale il 9 per cento (180 milioni di euro), va divisa tra sette figli e i loro figli. Così per molti dei nuclei famigliari della quinta generazione la partecipazione nella Giovanni Agnelli & C. è ormai appena l'equivalente di una buona proprietà immobiliare.

Laura, la personalità più forte tra i Nasi – come vedremo più avanti –, sposò Giancarlo Camerana, vicepresidente della Fiat ai tempi del Senatore, l'unico marito delle nipoti con cui il vecchio ebbe rapporti. Hanno avuto sette figli, due dei quali scomparsi.

*

Il primo era Vittorio, che morì ventiquattro anni fa in un incidente aereo, lasciando quattro figli, due dalla prima moglie Christine Lang, due dalla seconda Sibilla Antonelli.

Il primo figlio di Vittorio si chiama Giancarlo, vive a Ginevra, si occupa di investment banking. È sposato con Julie Alessie e hanno tre bambini: Chiara, Lorenzo e Bianca.

Il secondo figlio di Vittorio, Lorenzo, morì giovanissimo in un incidente d'auto, dopo il matrimonio con Uberta Zambeletti da cui ebbe Leone.

La terza figlia è Sofia Camerana. Vive a Milano. Lavora in Prco, la principale agenzia multinazionale di comunicazione nella promozione degli alberghi di lusso, alfista. Fu protagonista di una buffa storia che illustra le distanze famigliari. Una volta, da ragazzina, mentre era in montagna fu presentata a un tale, suo coetaneo, e si misero a parlare di scuole e collegi. Lei disse: «Sto a Seven Oaks», lui rispose: «Sto all'Eglan». E lei: «Lì ho dei cugini noiosissimi, si chiamano Frua». E lui: «Sono io Andrea Frua». E da cugini che erano, diventarono amici.

Quarto figlio di Vittorio, Niccolò. Vive a Londra, lavora in Ubs dove si occupa di M&A, fusioni e acquisizioni. Nicolò e Sofia hanno un fratello, Pietro Calvi di Bergolo, nato dal primo matrimonio della madre Sibilla.

*

La secondogenita di Laura Nasi e Giancarlo Camerana è Cristina, tifosa sfegatata di Juve e Ferrari. È anche una dei pochissimi italiani a essere stati in possesso di un'Alfa Romeo 156 crosswagon. Ha sposato Alberto Marone Cinzano, un uomo molto serio, da cui ha avuto Noemi, Francesco ed Enrico.

I ragazzi Marone Cinzano hanno ereditato un'ingente sostanza dal padre.

Noemi vive a Londra. Creativa, progettuale, generosa, produce il vino «Argiano» in Montalcino. Ha creato un'azienda agricola denominata Bodega noemia in Patagonia. Era sposata con Gelasio Gaetani. Insieme hanno avuto Cristoforo e Jacobella, nomi di casa Gaetani. I ragazzi Gaetani sono molto jet setter e per due anni hanno vissuto in barca. Attualmente Noemi è fidanzata con un danese, Hans Vinding-Diers, enologo che segue le produzioni delle due aziende.

Anche Francesco Marone Cinzano si occupa di vino, ha vissuto a lungo a Santiago del Cile, dove possiede l'azienda Vina la Reserva de Calibro. Si è poi trasferito a Siena, perché a Montalcino ne ha un'altra, Col d'Orcia, considerata una delle più importanti della zona, da un milione di bottiglie l'anno. È un cacciatore di camosci. Ha sposato una donna torinese, Marcella Pittaluga e hanno tre figli: Alberto, Santiago e Nicoletta.

Enrico Marone Cinzano, molto simpatico alla comunità famigliare, vive a New York, in una casa downtown dove ci sono palmizi di cinque metri. Si occupa soprattutto di mercato immobiliare. Recentemente, però, ha fondato il marchio di abbigliamento «Project Alabama», T-shirt e vestiti lavorati e ricamati a mano, costosissimi. È il Lapo di questo versante. Nel 1989 sposò Mafalda di Hesse e ne divorziò due anni dopo. (Lei ha sposato in seconde nozze Carlo Galdo, e in terze Ferdinando Brachetti-Peretti.)

È appassionato di tatuaggi; i più recenti sono ispirati alla *Divina Commedia* e all'*Amleto*, ma non si vedono quando porta la camicia. Mezzo di locomozione: Harley-Davidson.

*

Il terzo figlio Camerana si chiamava Carlo. È morto tre anni fa a Milano, poco prima di Gianni, in una giornata d'inverno, durante le vacanze di Natale.

Per vent'anni dopo la morte di suo fratello maggiore fu il capo del lato Camerana, e fu anche trait d'union tra i Nasi e gli Agnelli.

Dicono che, sebbene fosse un uomo intelligente, Carlo Camerana era convinto che non sarebbe mai diventato quel che avrebbe voluto. Sul lato privato ha avuto una vita piena, con una famiglia molto allargata piena di donne e ragazzini.

Dalla sua prima moglie, la bellissima Anna Bozza, che morì, non ebbe figli, ma considerava figlio suo il figlio di lei, Paolo, amico di Andrea Agnelli (hanno vissuto nella stessa casa per qualche tempo).

Da Rosanna Armani, sorella di Giorgio, Carlo ebbe Andrea: trentasette anni, lavora in Armani. Viene considerato l'erede manageriale di suo zio Giorgio. È una persona silenziosa e un lavoratore. Dicono che si senta affettivamente più legato alla parte Armani. Anche dal punto di vista degli interessi economici il versante materno è più robusto: il gruppo Armani è stato recentemente valutato 5 miliardi di euro. Assurgendo alla sommità di mito umano, ha sposato la cantante Alexia. Una volta la cantante Alexia, il cui vero nome è Alessia Aquilani, arrivando a un ritrovo Camerana, chiese a uno dei cugini di Andrea se non ci fosse un alberello genealogico per orientarsi. Hanno appena avuto una bambina, Vittoria.

La seconda moglie di Carlo Camerana è stata Antonella Carnelli De Micheli. Un'amica la definisce vagamente tarantolata. Ha l'aria da first lady.

Alcuni anni fa offrì la sua testimonianza per la lotta alla depressione. Raccontò la propria esperienza in un libro collettivo promosso da Giovanni Cassano. Consigliere della commissione beneficenza della fondazione Cariplo, vicepresidente del Museo della scienza e della tecnica (del quale era stato presidente suo marito), è attiva nell'assistenza ai bambini malati terminali. Da Carlo ha avuto Beatrice, molto diretta ed estremamente generosa, come generoso era suo padre. Da un'unione precedente, ha avuto altri due figli, Lodovica e Gregorio Dal Pozzo D'Annone, alti e biondi.

*

Oddone Camerana è uno dei pochi Agnelli-Nasi ad aver passato tutta la vita professionale nel gruppo di famiglia.

Dopo aver tergiversato riguardo al futuro (magistratura, editoria in seguito a una proposta di Giulio Einaudi, giornalismo per via dell'interessamento del commendator Garibaldi, plenipotenziario della Fiat in America che gli aveva prospettato un'esperienza al «New York Times»), decide di andare a lavorare in azienda. All'ufficio stampa, dove fece la gavetta, diventò direttore dell'immagine Fiat. Ha uno sguardo a metà tra l'azienda e la famiglia. Da qualche anno ha lasciato la Fiat e si è dedicato alla scrittura: romanzi, perlopiù, e un po' (poca) memorialistica.

Oddone è un signore alto, dalle mani tormentate (lo sguardo pure), di una simpatia naturale. È il campione famigliare del revisionismo agnelliano, ne è un antesignano. Alla morte di Gianni Agnelli, «Diario» pubblicò un lungo articolo – che abbiamo già citato – su quello che era stato Agnelli per la città e la famiglia. Si chiudeva così: «Gianni Agnelli non è mai stato un simbolo e nessuno si scappellava al suo passaggio. Semmai qualcosa di più intimo, di più segreto e a volte di imbarazzante spingeva a unirsi a lui. Una voglia contagiosa di far festa e di aprirsi. Senonché una forza uguale e contraria e la prudenza consigliavano ad alcuni di non farlo e di resistere. Per questo, ora che lui è scomparso, dispiace, ma ci si sente liberati» (7 febbraio 2003). Molti dei suoi cugini lo giudicarono un po' forte, e nessuno lo commentò. Dell'articolo esiste una versione più lunga che fu oggetto di un seminario alla Bocconi.

I suoi lavori spesso vanno a sbattere sull'azienda. Uno dei libri migliori è il primo, *L'enigma del cavalier Agnelli*, l'immaginaria passeggiata del suo bisnonno per le strade di Torino nell'autunno del 1920, quando per la prima volta (la seconda gli capiterà alla fine dell'ultima guerra e ne morirà) fu estromesso dall'azienda occupata dagli operai socialisti. Mentre al telefono i centralinisti rispondono «Fiat-Soviet», Agnelli se ne va alla riscoperta della sua città. Ai suoi estimatori piace *L'imitazione di Carl*, un romanzo sull'internazionalizzazione di un'industria automobilistica. L'ultimo libro va dritto dentro la sua famiglia. Si intitola *Vite a riscatto*. È un romanzo, ma forse sarebbe stato più efficace se fosse stato scritto sotto forma di memoria. Lui però dice di non saper scrivere in prima persona. È la storia del rapporto tra Alter (Oddone) e i suoi. Spiega molte cose sul ramo Nasi e in generale sul ruolo reale degli azionisti in una società di capitale.

Il libro segue due filoni: da una parte la vita e il carattere di Grefin, nome dietro il quale si nasconde Laura Nasi, il più carismatico dei personaggi di questo lato della genealogia; dall'altra, la reazione del ramo cadetto alla crisi della Fiat (Corazzata), dagli ultimi anni di Romiti (Bracciodestro) fino alla morte del capofamiglia e alla successiva richiesta di aumento di capitale.

L'intreccio si sviluppa da una formidabile ambientazione, la villa sull'acqua, la casa di Levanto in comproprietà tra i

Ferrero, i Camerana e i Nasi, dove si consuma un faticoso stile di vita. «La pedagogia imperante alla villa si basava su poche regole, l'inosservanza delle quali esponeva tuttavia a qualche vessazione. Giocare a tennis anche male era un obbligo da cui era esente solo chi mostrava interesse a questo sport assistendo alle partite che si svolgevano due volte al giorno sul campo di casa. Persone di provenienza extracomunitaria erano tollerate solo se "di servizio" e subordinate ... Le lingue straniere erano preferite all'italiano, il che non toglieva che fosse vietato confondere "gusto" con "sapore" ... L'istruzione impartita in lingua inglese o francese alla maggioranza dei ragazzi e delle ragazze del parentado e la frequentazione di scuole straniere era pertanto all'origine di errori memorabili come quello in cui era incorso un giovane, il quale, dovendo ringraziare per l'ospitalità ricevuta, aveva indirizzato alla padrona di casa il seguente biglietto: "Grazie per la magnifica nottata passata con lei".»

La vita della villa è scandita da rituali. Si festeggia l'onomastico della zia Clara Ferrero (zia Besotta), cui si consegna un regalo mentre è sprofondata in un dondolo e cui bisogna sussurrare due parole a bassissima voce per evitare che quanto detto diventi oggetto di commento da parte di quelli seduti vicino a lei. Si beve un vino locale sfuso acidulo che in casa piace per snobismo. Si va a colazione alle tre, e chi resta al mare è bersaglio di critiche. Nel pomeriggio ci si riunisce in uno spazio di riposo, in giardino. Le padrone di casa lavorano a maglia e la conversazione segue il ritmo imposto dal movimento delle mani. Gli adulti bevono molto alcol e i ragazzini sono indomabili e spesso scostumati, come quando una sera i maschi adolescenti, approfittando del bacio della buona notte alle donne di casa, cercano di toccare le tette di una zia molto bella, e più tardi le prenderanno di santa ragione da suo marito, lo zio.

A comandare sulla famiglia c'è lei, Laura Nasi, bella, altera, dura, intrattabile. Nel libro fotografico di Priscilla Rattazzi c'è uno scatto di assoluta verità. Risale al 1981 e ritrae le tre sorelle Nasi, superata la mezz'età. Clara, la più anziana e la più minuta, è a destra di chi guarda. Indossa una gonna grigia e un golfino a disegni cachemire. A sinistra c'è Umberta, Berta, la più giovane e la più alta; gonna a quadretti, collo alto e cardigan. Ha lo sguardo rivolto a destra, una mano dietro la schiena, con l'altra cinge la spalla di Laura che sta al centro. Lo sguardo di Laura è tagliente, fisso nell'obiettivo, con un misto di sfida, esercizio seduttivo (ma alle sue regole), duro, privo di tenerezza. È di tre quarti, una camicia di seta sotto il cardigan, sette giri di perle, un Rolex d'oro di misura intermedia al polso, i capelli con la scriminatura a sinistra e una frangia laterale, bianchissima. È una foto che parla esattamente di quello che è: le vostre vecchie zie, il loro severo attaccamento alla buona educazione che voi fate vacillare e il loro (e il vostro) denaro che parla attraverso gli occhi, i capelli e la posizione delle mani.

Laura è la figlia secondogenita di casa Nasi. È una delle preferite del nonno, che la considera ferma e coraggiosa. Quando muore lo zio Edoardo nell'incidente aereo, il Senatore la spedisce a dare la notizia alla nonna, che non glielo perdonerà mai, e si convincerà ancor più che sua nipote – essendo stata ambasciatrice del lutto – sia cattiva.

Laura, dopo aver rischiato un matrimonio combinato con un principe romano (tanto per cambiare), sposa Giancarlo Camerana. Viene da una famiglia di aristocrazia recente, conti per meriti militari dal 1879; sua madre è una Winspeare, famiglia anglo-napoletana. I due si ameranno per una decina d'anni. Poi si incrina l'amore, ma non il matrimonio.

Camerana, il solo dei nipoti acquisiti del Senatore che ricoprirà responsabilità aziendali, si occupa fra l'altro dello sviluppo internazionale della Fiat, nell'Europa dell'Est e in Sudamerica. Diventa vicepresidente. Durante la seconda guerra mondiale insieme al Senatore e a Valletta fa doppi e tripli giochi per salvare l'azienda: tratta contemporaneamente con i tedeschi che vogliono che la Fiat produca per loro, con Salò che cerca di giustificare la sua esistenza e con gli americani negoziando via intelligence una moratoria selettiva sui bombardamenti. Successivamente accusato di collaborazionismo, verrà scagionato. Ma intanto qualcosa si rompe in lui, cambia il suo giudizio sulla vita. Muore ancora molto giovane nel 1955.

Laura si ritrova da sola con sette figli, i quali lentamente vedono appannarsi la memoria del padre e recriminano su quello che avrebbe significato per loro se non fosse morto così presto. Oddone racconta questo stato d'animo collettivo – la proiezione della morte del padre anche sui rapporti di potere con l'altro lato della famiglia, gli Agnelli – e descrive il carattere tremendo di sua madre. Una nipote appena pubere non fa il bagno. «Mal di pancia» dice alla nonna, la quale replica con soddisfazione: «Bene». Un giorno incontra una nuora con un nipote neonato, il bambino ha il sole in faccia e fa le smorfie, e lei dice: «Sei sicura che sia normale?». Il figlio secondogenito di Oddone muore in un incidente mentre maneggia una pistola. Oddone ne scrive in un libro. Lo manda a sua madre. Lei lo legge e gli spedisce un biglietto: «Se tu sei il personaggio del padre del ragazzo morto, non posso che chiederti scusa di averti messo al mondo».

Come i fratelli, e ancor più i cugini, Laura Nasi crede nell'onnipotenza del denaro perché nel denaro è cresciuta, tratta le cose e le persone con impazienza, è al tempo stesso padronale, apodittica e buffa. Racconta di non essersi trasferita in Sudafrica con il marito nel dopoguerra perché preferiva il pericolo dei comunisti a quello di essere mangiati dai negri, dei quali «peraltro» scrive suo figlio «aveva poca stima perché non sanno spalare la neve». A un giudice che deve decidere il divorzio di uno dei suoi figli che nel frattempo ha avuto due bambini dalla futura moglie, dice imperiosamente: «Coraggio, signor giudice! Si sbrighi a darlo questo divorzio, lei che è un buon cattolico. Così questi due ragazzi possono finalmente regolarizzare la loro situazione».

Quando si schiera dalla parte di Oddone, lo fa in un modo anelastico e serioso, misto a una forma di cauta tenerezza. Lo invita a cena con i suoi fratelli, la serata è un mezzo disastro. Oddone va via e lei dice: «Scusami per la noia».

È formale e rispettosa di sé. Crede nella sua perfezione, crede nell'ordine, non è mai in ritardo, non accusa indisposizioni, né malori, né sonno, né noia. Negli ultimi anni soffriva di un grave disturbo all'anca e chi l'andava a trovare – anche quando stava male – «la trovava ogni volta lì, da sola, sdraiata sulla chaise longue, vestita, con le scarpe di vernice ai piedi e un libro in mano, nell'atteggiamento composto che avrebbe tenuto in ogni caso, anche senza essere in attesa di una visita».

Il secondo filone di *Vite a riscatto* è la crisi della Fiat vista da casa Nasi: la frettolosa indisponenza di Gianni, i pigri e imbarazzati tentativi di tranquillizzare i fratelli e i nipoti da parte di Carlo Camerana, rappresentante di questo ramo, la dimensione marginale di un piccolo gruppo famigliare che dall'azienda ha avuto tutto, lavoro, prebende, parecchia ricchezza e molto ruolo sociale (compatibilmente con i cognomi, che a mano a mano diventano così numerosi e irriconducibili a quello del fondatore); prima l'antipatia per Romiti che monta, poi lo scontro di potere al vertice visto da lontano, percepito, spiato; poi ancora i giornali che ogni giorno scrivono della crisi, prospettano l'amministrazione controllata, l'ingresso dello Stato, la fine imminente; la morte di Gianni, l'arrivo di Umberto, lo stile che cambia repentino (ma durerà sei mesi). Dice Giuseppe Berta: «Non conosco nessun'altra analisi che fissi con lucidità altrettanto fredda il profilo del capitalismo famigliare, per ancorarlo a una trama di relazioni famigliari. C'è un intreccio tra vincoli parentali e vincoli aziendali, la famiglia non può vivere senza azienda, ma i rapporti tra fratelli, cugini, figli, madri hanno bisogno del tessuto connettivo costituito dall'azienda».

Camerana svela l'impotenza dell'azionista di minoranza e l'incombente minaccia del provincialismo psicologico e culturale solo depistata dal petulante tono anglosassonizzato, cosmopolita, e a volte pseudomondano della periferia famigliare. Descrive un gruppo di persone ricco di relazioni e amicizie, conseguenze del denaro, che non sa trasformare questi rapporti in strumenti di analisi della realtà. C'è chi non è interessato a capire, chi si ritira negli agi e chi va a tentoni. Il ritratto della sorella maggiore Ottilia è il più crudo da questo punto di vista: dai tentativi di commemorare il cinquantesimo della scomparsa del padre, per i quali cerca incongrui agganci con l'attualità, fino al goffo approccio con il direttore del giornale della città (e della famiglia).

In mezzo a questi racconti l'autore Oddone Camerana affida al narratore Alter alcuni regolamenti di conti. Anzitutto i duri giudizi sui fratelli, a partire appunto da Ottilia. Poi le rivelazioni. Sulla madre, la quale dopo la morte del marito tenta il suicidio e si salva solo per la forte tempra. Ancora più spiazzante quella che riguarda suo fratello Nono, il rappresentante della famiglia nella finanziaria. Non è morto d'infarto, ma si è ucciso ingerendo barbiturici, e in precedenza aveva già tentato di farlo. Non solo: tutta la vita di Nono, racconta Alter/Oddone, è stata una recita, il tentativo di imitare un modello – il cugino Gianni –, sostenuta dall'abuso di alcol, poi degenerata in un *cupio dissolvi*, in un desiderio di resa, lo stesso che era toccato in sorte al loro padre.

Questa è la storia raccontata nel romanzo. Ma il romanzo vive fuori da se stesso, è nelle cose. C'è una storia che, uscita dal libro, si è trasferita nella vita. Gli affetti chiamati in causa da Alter/Oddone non sono stati contenti del trattamento. Alcuni lo hanno odiato. Altri non hanno capito perché fosse così necessario scrivere quelle storie e lasciare che alcuni dei nipoti le apprendessero così. Uno dei suoi fratelli dice di non averla mandata giù: «Avrebbe dovuto tenerlo come un diario privato. Tra cent'anni se qualcuno lo avesse giudicato meritevole di attenzione, solo allora avrebbe potuto essere pubblicato. Ma siamo ancora tutti vivi».

Antonella Carnelli de Micheli, moglie di Carlo, con una lunga lettera ha chiesto alla famiglia di fare mobbing nei confronti di Oddone, ma, contattata, non ha voluto commentare.

Oddone è una persona mimetica che ha bisogno, a un certo punto, di manifestarsi. E questo è l'ultimo atto di un continuo tradimento. Oddone tradisce con l'articolo in morte di Gianni Agnelli; tradisce rifiutando, in un primo momento, la sottoscrizione dell'aumento di capitale della GA (cambierà idea sottoscrivendone la metà dietro richiesta personale di Umberto); tradisce raccontando del tentato suicidio di sua madre e di quello di suo fratello; tradisce mettendo in vendita la «casa rosa», la dépendance della villa al mare di cui all'improvviso decide di liberarsi perché la manutenzione è ormai troppo costosa; tradisce quando porta da un antiquario un vaso di malachite ereditato dalla madre perché non sa che farsene.

Eppure, questa caratteristica di sé che egli autodenuncia convive con una forma di lealtà. Quando disse che la morte di Agnelli era anche liberazione – sapeva benissimo che cosa significava essere da una vita in ostaggio di sua madre, e del ruolo, e del suo procugino – aggiunse: attenzione, però, a non trattarlo come uno di quei re la cui morte purifica le colpe di chi gli sopravvive. Pensava che il problema degli eredi-azionisti era stato l'assenza di una cultura industriale, e di un'idea della parte che avrebbero dovuto sostenere anche nei confronti di Gianni Agnelli, al quale si consentiva di sbagliare per il carisma sì, ma soprattutto in ragione di un principio aritmetico-dinastico: è più forte perché ha più azioni, tocca a lui. Riteneva che riguardo al passato le responsabilità andavano precisate, e che una bella Norimberga della classe dirigente torinese (non solo Fiat) avrebbe portato, fra gli altri, due risultati: la fine del regime dell'arroganza e, in prospettiva, evitare che il revisionismo facesse di Gianni Agnelli il solo colpevole.

Esiste una fotografia che ritrae Oddone Camerana con Gianni, Marella e Carlo Caracciolo. È il 1961, a Villar Perosa. Marella, pantaloni e maglione neri, scarpe basse, è seduta sul bordo di una dormeuse con il ginocchio sinistro quasi a terra. I tre uomini sono in piedi intorno a lei, Oddone e Gianni alle sue spalle. Bevono un drink e ridono rivolti alla sinistra dell'obbiettivo.

A Villar Perosa c'era Peter Dragadze, uno scrittore angloarmeno che scriveva per «Time-Life» con una specializzazione in teste coronate (per esempio, era l'intervistatore di fiducia di Costantino di Grecia) e c'era David Leece, il fotografo. Oddone Camerana è in veste professionale. Quando c'era di mezzo la famiglia, l'ufficio stampa della Fiat gli affidava la pratica. Leece era molto spiritoso, perciò tutti ridevano. Agnelli ha una strana postura, con le spalle un po' all'indietro, sorride timidamente, stringe l'indice al pollice.

Oddone ha sposato Francesca Gentile, nipote di Giovanni Gentile. Lei, musicista, dirige una fondazione che si chiama De Sono, ed è direttore artistico del Lingotto. La loro fu una storia d'amore in parte avversata da Laura Nasi. Per convincere sua madre che quella era la sua scelta e per dimostrare che era definitiva, che voleva quella ragazza, proprio quella e basta, e che ci avrebbe messo del suo a costruire una famiglia, Camerana si mise a lavorare in Fiat.

Suo figlio Benedetto Camerana da ragazzo suonava l'oboe. Ambizioso, capace, fa l'architetto, ha progettato il villaggio Olimpico 2006, ha lavorato alla progettazione dell'immagine aziendale di Fiat e Ferrari, si occupa di architettura del paesaggio e di architettura bioclimatica. Vive a Torino, due figli da Alessandra Salina Amorini, genovese, da cui si è separato: Edoardo e Anna. Ha un terzo figlio, Leonardo, di pochi mesi, con una ragazza tedesca, Annabel Brinkama. La sua casa è stata pubblicata da «Casamica» nel numero di maggio del 2006. È un appartamento in cima a una torre fascista nel centro di Torino. Parquet, pareti colorate, soffitti bassi, un bagno abbastanza spettacolare, molto design. Notati: tre Tate bar stool di Jasper Morrison (Cappellini, 2000), uno sgabello, due tavolini e otto sedie Tulip di Eero Saarinen (Knoll, 1955-56), queste ultime intorno a un tavolo di Piero Lissoni (Porro, 1994), una Ball Chair – ogni tanto detta Globe Chair – di Eero Aarnio (Adelta, 1962), un divano On the rocks verde acido di Francesco Binfarè (Edra, 2004) e sei bicchieri rossi Diod di Anne Nilsson (Ikea, 1,99 euro il pezzo), posati su un sottopiatto apparentemente d'argento al centro del tavolo.

Flavia, l'altra figlia di Oddone e Francesca, malinconica,

riservatissima, molto piemontese, si occupa della creazione di archivi. Scrive soggetti teatrali. È stata punk. Voleva molto bene a sua cugina Margherita Bussei, di cui più avanti.

Breve appendice al racconto famigliare di Oddone Camerana. Pur in presenza di una dialettica famigliare serrata, con le sue distorsioni di gruppo, con i problemi di convivenza di un piccolo universo, i Nasi sono stati molto più clan rispetto ai cugini Agnelli. E la casa di Levanto, che ricorre nella loro esperienza, nei loro racconti, è il simbolo di una specie di associazione sentimentale tra parenti. Anche il ramo Agnelli aveva una casa al mare ch'era stata un luogo collettivo, la villa di Forte dei Marmi. Ma solo tra la fine degli anni Cinquanta e la prima metà dei Sessanta – dicono quelli della quarta generazione – questa parte della famiglia visse davvero come un clan. Anche se con molte defezioni, a partire dai Fürstenberg, che non frequentavano il Forte per via della freddezza con Clara causata dal secondo matrimonio. Ci andavano – a titolo personale, quasi – ogni tanto Egon e, più avanti, Sebastiano.

L'ambientazione era completamente diversa da quella, più affascinante, della villa Nasi di Levanto. Al Forte c'era una casa bianca a ridosso della spiaggia, con un numero sterminato di camere da letto, numerate. Oggi è un albergo, l'Augustus, e la spiaggia è diventata di proprietà dell'hotel. Ancora negli anni Sessanta era più o meno com'era stata al tempo di Virginia e dei suoi sette figli piccoli. «È stata molto più importante per quella generazione che per la nostra» dice Sebastiano Fürstenberg.

C'era un pezzo di spiaggia privata e due tende a vela, come usava una volta. Una per i grandi e l'altra per i ragazzini. Ricorda una nipote: «Passavano venditori: di focaccine; di tartufi di mare, uva, porcini e lamponi; di cocco; di caramelle lunghe e strette, a righe, detti duri alla menta; di gelati. Ma i nostri amici attraversavano difficilmente quella landa desolata, sotto gli occhi di tutti. Però venivano al trampolino. I giorni di mare calmo Sandrino, il bagnino, portava fuori con il pattino un oggetto bianco. Era un doppio trampolino, più alto da una parte, con degli scalini per arrampicarsi. Un pattino con due trampolini sopra. Sandrino lo ancorava dove l'acqua era più fonda, un po' in là, per evitare che tuffandoci ci spaccassimo la testa. Lì venivano molti bambini, ragazzini, adolescenti. Era un happening acquatico, divertentissimo. Credo che quell'oggetto bianco, vagamente assurdo, abbia fatto fantasticare un mare di bambini a noi sconosciuti. La gente mi dice ancora: "Ma ti ricordi il trampolino?". C'erano Umberto e Antonella, con Giovannino. Pare che Antonella avesse un tatuaggio su un gluteo. A noi sembrava il massimo della trasgressione. Un mare di cugini, di tate, di cameriere. Grandi cacce al tesoro in bicicletta. Per strada c'erano pochissime macchine. Erano invitati i Fila, i Rivetti, tutte famiglie con una marea di figli. La Capannina era per i grandi. I cugini maschi ti impietrivano con racconti di sesso al limite fra la fantascienza e l'horror». Ogni tanto arrivava Gianni, piaceva ai nipoti. Una volta dette dieci lire a uno dei maschi più grandi e disse: «Vatti a comprare un bel gelato di merda».

La casa fu rifatta dall'architetto Mongiardino, prediletto di Gianni e Marella e realizzatore delle quinte neoclassiche della loro vita. Fu eliminato un piano, quello delle soffitte. Poi, a un certo punto, la casa al Forte diventò un problema per un fatto amministrativo. Le spese erano equamente divise tra tutti i fratelli, ma non tutti se ne servivano allo stesso modo. Un anno, poiché c'era una spesa straordinaria, la risistemazione del tetto, decisero di venderla. In fondo si erano scocciati della vita in comune.

Lì nacquero i rapporti della quarta generazione. Sebastiano, Leonello e Delfina, oppure Ruy e i maschi Rattazzi. «I legami sono nati lì» dice ancora uno di loro, «sotto i pini, nelle stanze al terzo piano, nella siesta imposta, nella costruzione di gigantesche piste sulla sabbia per biglie di plastica con le figurine dei ciclisti. Un mare di tempo a disposizione. Una noia mortale. I pomeriggi passati a spaccare pinoli con un sasso piatto. Pochi libri e tante lezioni di tennis. Fino a settembre inoltrato, quando i temporali tappezzavano le strade vuote di aghi di pino caduti.»

*

Il quinto figlio di Laura e Giancarlo Camerana, Marco, mai sposato, vita avventurosa, belle case a Torino e nella campagna toscana, ha una vecchia Marea, passione antiquaria, si occupa della Fondazione Accorsi che raccoglie mobili, argenti e vetri, soprattutto settecenteschi.

È un socio attivo del Whist. Ed è pure un dendrologo, cioè un amante di piante e fiori rari. Parte due o tre volte l'anno per i viaggi organizzati dall'istituzione cui appartiene, l'International Dendrologist Society. Spiega: «Così come c'è chi va a vedere la torre di Pisa, io vado a vedere foreste». È anche socio dell'Accademia piemontese del giardino. Dice che i più bei giardini sono quelli in cui non si vede la mano dell'uomo, e che i giardini all'italiana sono belli ma troppo umani.

Un tempo, quando si riuniva l'accomandita, Gianni prima e Umberto poi organizzavano un pranzo per tutti i cugini che erano arrivati a Torino. Da un paio d'anni se ne occupa Camerana, che invita i cugini nella sua casa in collina, dove una volta abitava sua madre Laura.

Soggetto a distrarsi, gli capita di lasciare le chiavi in macchina.

Forse anche a causa di questa vaghezza, una volta gli capitò una storia che Marie-France Pochna – del cui marito Camerana fu compagno di collegio in Svizzera – raccontò nel suo libro senza attribuirgliela direttamente. Eccola, *brevis*. Negli anni Settanta, Marco Camerana viaggiava con una Ford station wagon mezza scassata. A Torino, in una situazione sociale, conosce due fratelli di buona famiglia, i Sebregondi. Li trova simpatici e divertenti. Un paio di volte si fanno vedere a casa sua, in Toscana. Tornato a Torino, trova un invito a comparire della locale questura. Si presenta e la polizia gli chiede se ha ospitato i Sebregondi in Toscana. Sono passati a trovarmi, dice lui, sono miei amici. Guardi – gli dicono in questura – che sono brigatisti e avevano progettato di rapirla, li abbiamo arrestati. Pare che solo la simpatia naturale e irresistibile del loro ospite avesse dissuaso i due fratelli dal loro proposito.

*

Sesta dei sette Camerana, Consolata, l'elemento più umano di questo versante. Il suo altruismo viene considerato una forma estrema di egoismo. Lettrice resistente, buona cuoca, frequenta i cori alpini. Molto ospitale, casa aperta, spirito di goliardia giovanile. Migliore amica di Tiziana Nasi.

Da ragazzina, a dodici anni, cadde da quattro metri nella casa al mare, dagli spogliatoi alla spiaggetta.

Ha sposato Annibale Avogadro di Collobiano, antica famiglia piemontese, consigliere di amministrazione Ifil, uomo chic, riservato e severo. Vivono a Torino, hanno tre figli, Vittorio, Laura, Simone.

Vittorio, 42 anni, vive a Milano e lavora all'Eni. È stato al «Sole-24 Ore», in Italaquae, in Evian, in Magneti Marelli e in Ferrari, dove per un certo periodo Lapo Elkann è stato un suo dipendente. Tra i nipoti è uno di quelli che tengono ai destini della Fiat. Sposato con Natalia Bianchi, architetta, tre figli, Cristoforo, Annibale e Ottaviano.

Laura, sportiva, vive in campagna, produce vino nella tenuta di Valgiano, un'azienda dove si pratica agricoltura biodinamica. Come molti Agnelli-Nasi agricoli viaggia in Doblò. Ogni due settimane carica di vino il furgoncino per un giro di rifornimento nelle cantine private.

Nel 2005 ha fondato la società Cautha, dea del sole nella mitologia etrusca. Progetta ristrutturazioni per edifici che utilizzano fonti di energia rinnovabile.

Ha due figli: Martino e Maria da Moreno Petrini.

La copertina di *Vite a riscatto* di suo zio Oddone che raffigura la villa di Levanto è un suo acquerello.

Simone Collobiano, 34 anni, laureato in fisica nucleare. Raccontatore di barzellette, lavora a Roma al ministero del Tesoro. È l'unico Agnelli-Nasi prestato allo Stato. Si è sposato con una collega di ufficio, Manuela Nanni. È padre di Orlando, che è nato nel novembre 2006. È amico di Giovanni Sebastiano Bussei.

*

Il settimo dei Camerana è Daniele, 55 anni, ex pilota di rally (ma adesso viaggia con una vecchia Tempra), ha corso in bici, ha importato biciclette Yeti da trekking (dal Colorado). Viene considerato il più borghese degli Agnelli-Nasi. Recentemente si è lamentato del caro-euro durante una riunione dell'accomandita. Suo fratello Oddone ha l'aria di proteggerlo. Ha sposato Gabriella Bona, dalla quale ha avuto Michele, che ha dato una mano alla cugina Tiziana Nasi nell'organizzazione delle Paraolimpiadi, e Vittoria, fisioterapista, che insegna arti marziali.

*Gianni 9*

# Bilancio di un capo azienda

Nel 1966 Agnelli assume la guida della Fiat. Da Valletta riceve una situazione formidabile, la Fiat è il quinto produttore mondiale di auto dietro le americane General Motors, Ford e Chrysler, le cosiddette Big Three, e a ridosso della Volkswagen, con una immensa liquidità disponibile. Dopo soli tre anni le riserve vanno a zero. Walter Guadagno, il ragioniere capo della direzione bilancio della Fiat – primo maschio dopo un ininterrotto regno amministrativo femminile –, non aveva nessuna pratica di banche, perché fino a quel momento la Fiat stessa era stata una banca, una fabbrica di liquido. Ed è costretto ad assumere un bancario del San Paolo, Francesco Rota, con la carica di vicedirettore generale e l'incarico di trattare con gli istituti di credito.

In meno di dieci anni la situazione precipita. Lievita il costo del lavoro, la Fiat viene travolta dal nuovo clima sociale, il rapporto di scambio con la politica – che viene considerato il socio occulto – negli anni Settanta la penalizza (basta guardare le serie storiche del numero dei dipendenti, che nella congiuntura negativa del decennio crescono di ben 10 mila unità l'anno), gli stabilimenti diventano il laboratorio della contestazione e della lotta armata: in fabbrica c'è il terrorismo, con le sue complicità, infiltrazioni e connivenze. Nel 1976 i libici entrano nel capitale Fiat. Comincia a salire la stella di Cesare Romiti, l'uomo degli ultimi venticinque anni del primo secolo della storia Fiat. È cresciuto nell'industria pubblica, arriva a Torino su segnalazione del capo di Mediobanca, Enrico Cuccia, il quale negli anni Novanta diventerà il vero azionista di riferimento del Lingotto.

Romiti rimette in sesto la finanza. Nel 1980 due manager, Luigi Arisio, rappresentante sindacale dei quadri, e Carlo Callieri, direttore del personale, colgono il malessere dei quadri aziendali, sostenuti anche da Umberto e Gianni Agnelli. Si prepara l'evento che rovescia i rapporti di forza tra industria e sindacato. È la marcia dei 40 mila, i quadri che sfilano per le strade di Torino. Sostengono la vertenza aziendale per il licenziamento di 23 mila esuberi. La decisione di tagliare è stata presa sull'onda della riscossa, cominciata circa dodici mesi prima con il licenziamento di alcuni dipendenti che secondo l'azienda hanno fiancheggiato il terrorismo. Quando Romiti capisce che il sostegno dei quadri è la svolta, lui che pure era stato guardingo nella gestione della crisi si schiera con i manifestanti e promuove l'immagine di sé di leader inflessibile che lo accompagnerà per il resto della vita.

«Romiti» spiega un alto dirigente del gruppo Fiat che non lo amò, ma ne ebbe rispetto «fu vicino a essere un manager perfetto per l'azionista, a parte il fatto che fu sempre più fedele a Cuccia che ad Agnelli ... Nelle relazioni con le istituzioni fu abilissimo. Fu bravo nel progettare e gestire personalmente un'articolata rete di rapporti a più livelli. Gli permise di raggiungere obiettivi e risultati economici impensabili che a volte fecero cambiare segno al bilancio del gruppo.»

Romiti interpreta con strumenti più aggiornati, rispetto ai tempi di Valletta e a quelli del Senatore, la cultura egemonica della Fiat sul sistema industriale. E sfrutta al massimo le possibilità messe a disposizione dall'economia mista (fatta di interventismo statale, di spesa pubblica e di obblighi sociali per l'impresa – anche quella privata – a partire dall'occupazione). Negli anni del pieno romitismo, i Novanta, la Fiat ottenne dallo Stato 10 mila miliardi di lire (circa 5 miliardi di euro) sotto forma di aiuti e ne restituì 6500 in tasse. Nello stesso periodo gli azionisti versarono 4200 miliardi e ne ottennero in dividendi 5700.

Nel decennio precedente, il successo della Fiat era dipeso soprattutto dalla qualità del prodotto. Negli anni Ottanta, Romiti grazie alla collaborazione di un management di qualità visse una stagione grandiosa. Sono gli anni in cui il gruppo Fiat torna al suo splendore, riconquista l'egemonia sul sistema industriale italiano, è forte e innovatore sull'auto. Sono gli anni della Uno e della Y10. Ma sono anche gli anni delle tre ammiraglie, Thema, Croma e 164, stesso pianale, parti comuni (tra cui gli sportelli), tre marchi e tre grandi successi. Sono gli anni di Vittorio Ghidella, il capo della Fiat Auto. Arrivò in Fiat dalla Riv, quando Agnelli, alla metà degli anni Settanta, la vendette ai Wallenberg. Anzi, siccome Ghidella era un uomo importante per la Riv, all'inizio Agnelli non voleva portarselo a Torino per non mettere in difficoltà gli acquirenti suoi amici, ma qualcuno riuscì a convincerlo. Ghidella impresse una svolta alla progettazione delle auto. La Uno fu un *benchmark* mondiale nel settore delle piccole.

Gli eventi successivi, con l'uscita traumatica di Ghidella dal gruppo, contribuirono alla costruzione del mito dell'ingegnere. Anche Ghidella ebbe i suoi difetti di manager, e commise i suoi errori, come quando concentrò troppa parte del budget stanziato per la Tipo nell'automazione degli stabilimenti, il che non giovò alla qualità del modello. Ma, nel complesso, il suo modo di guidare la Fiat Auto – il primo produttore di auto in Europa davanti a VW – fece di lui una star, e della Fiat un consolato. Una situazione che a Romiti non piaceva. E infatti si lasciò prendere la mano.

Dichiarò guerra a Ghidella, accusato di interessi personali nelle forniture. C'era un'azienda a lui riconducibile nel campo delle componenti, la Roltra. Lo fece fuori. Aprì e chiuse a proprio vantaggio una partita personale con Umberto Agnelli. Fece crescere Giorgio Garuzzo – entrato in azienda come assistente di Carlo De Benedetti – fino alla posizione numero tre del gruppo (dopo lui stesso e l'Avvocato), e poi lo liquidò accusandolo di essere passato con Umberto. Infine puntò al cuore del rapporto con Gianni Agnelli. Un rapporto complesso e ambivalente. Si temono, hanno reciproca stima (per ragioni diverse), sono complementari. Uno proietta sull'altro il desiderio di migliorare, l'altro ha trovato la stabilità manageriale, qualcuno che mette in ciò che fa l'attenzione che lui non mette: Agnelli non è interessato ai processi finanziari e industriali, detesta i consigli di amministrazione e non fa niente per nasconderlo, dicono i testimoni; si annoia, ha tutto, pertanto ha sempre qualcos'altro per la mente. Spiega Giorgio Garuzzo, direttore generale del gruppo Fiat fino al 1996: «Ci sono quattro periodi nella vita di Romiti in Fiat e quattro rapporti diversi tra lui e Agnelli. Il primo periodo è quello che va dal 1976 al 1988. Romiti era deferente e trasparente. Secondo periodo tra il 1988 e il 1993. Romiti fa fuori Ghidella, ma Fiat Auto entra in crisi e si trova invischiata in Tangentopoli, così che Romiti è costretto ad allontanarsi dalla gestione e a ridurre sostanzialmente la sua presenza. Nel 1993, quando la situazione economica ritorna migliore, è il protagonista di un cambiamento sostanziale per conto di Mediobanca: un nuovo patto di sindacato marginalizza gli Agnelli e consegna a Cuccia il ruolo di azionista di riferimento della Fiat. Emerge il vero Romiti, uomo di puro potere, che, per sua dichiarazione esplicita, vuole riprendersi in mano l'azienda. La terza fase, dal 1993 al 1996, è la fase del potere assoluto romitiano. Fu questa la fase più interessante da osservare nel rapporto tra i due: era evidente che considerasse Agnelli irraggiungibile, ma più Romiti diventava potente e più scodinzolava di fronte all'Avvocato. Intanto pensava al dopo, tanto che mai come allora fu attento a coltivare la famiglia. La quarta fase è tra il 1996 e il 1998, lì qualcosa si rompe. Romiti, che tra il 1995 e il 1996 sconfigge definitivamente Umberto, due anni dopo è costretto a lasciare. Che cosa è successo in quei due anni?». Semplice, si sono sentite le conseguenze di Tangentopoli e del coinvolgimento di Cesare Romiti nelle inchieste.

La magistratura torinese indaga per accertare le eventuali responsabilità degli altissimi vertici della Fiat in alcune vicende legate all'assegnazione di appalti pubblici. La strategia difensiva di Romiti è questa: la Fiat Holding è troppo grossa per tenere sotto controllo tutte le operazioni delle società operative, dunque io non so nulla, ma se io avessi saputo, avrebbero saputo anche loro, Gianni e Umberto Agnelli. La linea nel corso degli interrogatori è chiara. «È lui a tirarli allusivamente in ballo per invitare i giudici a interrogarli» scrivono Paolo Griseri, Massimo Novelli e Marco Travaglio in un libro sul processo. «Interrogate l'avvocato Agnelli che c'era prima di me, interrogate Umberto Agnelli e chiedetegli se sapevano» dice Romiti ai pm torinesi. Tira in ballo ancora allusivamente una frase di Ghidella che, a proposito dei rapporti finanziari tra Fiat Auto e Fiat Holding, sbilanciati a favore di quest'ultima, gli avrebbe detto: «Se io, invece di avere l'avvocato Agnelli che costa caro, non ce l'avessi, tutta quella spesa dell'avvocato la guadagnerei io». Ma il momento chiave si ha nell'interrogatorio del 15 giugno 1995. Uno dei pm, Gian Giacomo Sandrelli, gli chiede: «Se lei ci dice "io sapevo e ho detto tutto all'avvocato Agnelli", facciamo la comunicazione giudiziaria all'avvocato Agnelli! E lo stesso vale per il dottor Umberto, se lei ci dice...». «No» risponde Romiti «io vi dico l'inverso: che se lo avessi saputo, io glielo avrei detto a lui come a Umberto come vicepresidente. Allora voglio dire: se voi dite questo (che io non potevo non sapere), dovete tenere conto anche di questa dichiarazione.»

In quei mesi, dunque, il rapporto Romiti-Agnelli si lacera. Con Umberto sono già ai ferri corti. Con Gianni la guerra è appena cominciata. Romiti gli rimprovera di non averlo difeso come avrebbe voluto. Gianni non gli perdonerà l'atteggiamento tenuto con i giudici. Anche perché fa risalire allo stesso Romiti la responsabilità del coinvolgimento del gruppo nelle inchieste, che arriva proprio sul versante delle società di costruzioni acquisite dall'amministratore delegato nella sua strategia di diversificazione.

Dice John Elkann: «Non ho mai sentito una parola da mio nonno sulla fine del rapporto con il dottor Romiti». Non parlò quasi mai di quello che pensava di Romiti. Ma tutti sapevano che la rottura era avvenuta con Tangentopoli, e fu definitivamente sancita nel 1999, quando Romiti, da poco uscito dalla Fiat, sfidò Agnelli sul terreno di Confindustria. Invece di appoggiare il candidato sostenuto da Torino, Carlo Callieri, fece valere il suo peso a sostegno di Antonio D'Amato, un outsider brillante che si considerava alternativo al sistema di potere torinocentrico.

Tornando alla fase a cavallo tra la fine degli Ottanta e la prima metà dei Novanta, lo scontro interno per il potere contribuì a una crisi che diventa strutturale. A essa Romiti riesce a porre un freno con l'ultimo atto del suo quarto di secolo al governo della prima industria manifatturiera italiana: gli aiuti di Stato alla rottamazione.

Alla fine degli anni Ottanta, nel periodo di massimo fulgore agnellian-romitiano, il gruppo Fiat – sono cifre di Romiti – era composto da oltre 1100 società, 300 mila dipendenti fra Italia ed estero (in 65 nazioni), dei quali 700 direttori, 4000 dirigenti, 2400 quadri intermedi, 95 mila fornitori, 1850 mila clienti, un fatturato consolidato, attualizzato in euro, di oltre 30 miliardi, e un movimento finanziario, sempre in euro, di 180 miliardi. Quando Agnelli muore, all'inizio del 2003, lascia una situazione molto ridimensionata.

Facciamo un esempio che riguarda il solo sistema Fiat e che non tiene conto delle altre partecipazioni industriali e finanziarie in capo alla famiglia attraverso le sue holding. Nel 1977 il fatturato consolidato del gruppo Fiat è di 13.200 miliardi di lire circa. Un valore pari a circa il 6 per cento del prodotto interno lordo, il Pil, la ricchezza prodotta ogni anno in Italia. Nel 2003, l'anno in cui Agnelli muore, il fatturato consolidato del gruppo è di 47,2 miliardi di euro, pari al 3,6 per cento del Pil. Perché scende l'incidenza sul Pil, dunque l'influenza sull'economia reale? Perché l'economia italiana cresce in altri settori, e cresce a un ritmo superiore a quello del sistema Fiat. Ma c'è un elemento che colpisce: l'incidenza sul Pil del gruppo Fiat comincia a decrescere proprio mentre comincia la diversificazione romitiana in altri settori più promettenti, dunque nonostante la diversificazione romitiana.

Perché nel momento chiave le cose andarono male? Ci sono almeno cinque elementi da considerare. Anzitutto il mix tra congiuntura e ciclo. Il mercato dell'auto è un mercato fortemente ciclico, terribilmente concorrenziale, in cui è determinante la tecnologia, gli investimenti, ma anche l'immagine dei marchi e il gusto del pubblico. Se si esclude il successo della Punto (regina del segmento piccole, grandi volumi, bassi margini), a partire dagli anni Novanta fino all'uscita della Nuova Panda, la Fiat non è stata capace di sintonizzarsi con il mercato. Seconda questione: lo scontro interno pesò moltissimo sull'ambiente. Le energie erano assorbite dalla battaglia interna. Terza questione: Tangentopoli contribuì a distrarre l'attenzione del top management dagli affari. Quarto punto: l'interpretazione della globalizzazione. La Fiat investì sulla *world car*, cioè un modello vendibile su tutti i mercati: in Occidente, come modello a basso costo e nei paesi in via di sviluppo come prodotto della modernizzazione. Ma andò male. Molta liquidità fu assorbita dagli stabilimenti in giro per il mondo, India, Turchia, Cina. Costarono molto e non dettero ritorno immediato. Quinto: la strategia di accrescimento attraverso acquisizioni. Il terreno forse più disastroso. Ci fu il matrimonio fallito con Ford (vedremo tra poco che cosa avrebbe potuto significare in termini di creazione di ricchezza), poi la trattativa abbandonata con Chrysler, il successivo no della Fiat alla Daimler, e infine la soluzione ibrida trovata con General Motors: la cessione del 20 per cento dell'Auto e il contratto con la clausola put, cioè il diritto della Fiat a chiedere a GM di comprare il resto dell'Auto a un prezzo sostanzialmente predeterminato. Una soluzione che contribuì a paralizzare le forze aziendali, dopo la firma del contratto con GM, perché ormai si guardava oltre, al momento in cui con l'esercizio della put sarebbero arrivati gli americani. L'insieme di queste circostanze portò la società torinese sull'orlo del baratro.

Ecco perché dunque, da un punto di vista dei risultati economici, il saldo dei trentasei anni di Gianni Agnelli al vertice della Fiat è negativo. La prima decina fu resa complicata dalla turbolenza dei tempi. Seguirono i quindici anni della riscossa, vanificati infine dagli ultimi dieci. È un uomo che ha sbagliato il momento dell'uscita. «Analizzando i fatti a cui ho assistito» dice un alto dirigente dell'epoca «e i suoi comportamenti, mi sono fatto l'idea di un uomo acuto, perché consapevole della sua strutturale inadeguatezza come imprenditore e leader di un gruppo mondiale, epperò incapace nel momento della verità di fare un onesto outing su se stesso.»

Oppure, semplicemente, non fu abbastanza determinato quando si trattò di regolare i conti con Romiti. Agnelli, l'uomo che aveva resistito alla Dc, alla razza padrona, a Fanfani, a Cefis, che aveva gestito con abilità la vicenda Gheddafi – mostrando qualità diplomatiche e negoziali –, l'uomo che tratta i grandi della terra, non riesce ad avere ragione del suo amministratore.

Inoltre perse alcune occasioni, la più grossa forse nel 1988, quando disse no alla fusione tra Fiat e Ford Europa. Qualcuno calcolò che se nel 1988 si fosse chiusa l'operazione, dieci anni dopo la quota azionaria di Ford Motor Company nelle mani della famiglia avrebbe avuto un valore pari a circa 20 miliardi di euro (naturalmente è solo un calcolo virtuale, la maggior parte delle fusioni nel settore auto ha dato origine a gravi problemi industriali, ma a quel tempo nessuno lo sapeva e si pensava che il mercato dell'auto sarebbe stato nelle mani delle aziende scaturite dalle integrazioni). In un libro del 2003, *Licenziare i padroni?*, Massimo Mucchetti scrive che tra il 1986 e il 1997, regnante Romiti, la Fiat brucia ricchezza per 14 mila miliardi di lire, mentre la borsa cresce del 233 per cento; e nel periodo successivo fino al 2001 si bruciano altri 13 mila miliardi con le quotazioni del Mib, l'indice telematico, che diminuiscono del 3 per cento.

Alcuni sostengono che non si può giudicare Gianni Agnelli solo sul piano quantitativo e che egli ebbe comunque il merito di traghettare l'azienda da un secolo all'altro. Fu l'imprenditore che vinse la battaglia degli anni Settanta. Lasciò a Romiti il ruolo del falco riguardo al successo della marcia dei 40 mila. Lui, che era al fondo un conservatore, tenne per sé la

Edoardo, figlio del senatore Giovanni Agnelli, con la madre Clara Boselli e la sorella Tina dopo la Prima guerra mondiale. (*Farabolafoto*)

Milano 1963. La principessa Ira Fürstenberg a passeggio per via Monte Napoleone con la madre Clara Agnelli. (*Farabolafoto*)

Gianni Agnelli con la moglie Marella Caracciolo all'aeroporto di Linate nel 1965. (*Farabolafoto*)

Virginia Bourbon del Monte diciassettenne a Roma nel 1917. (*Archivio storico Fiat*)

Villar Perosa 1922. Da sinistra, in alto: Carlo Nasi e Clara Nasi jr;
sotto: Giovanni Agnelli con Suni; Clara Agnelli sr; Edoardo e Clara Agnelli jr; Virginia e Tina; Giovanni Nasi e Laura; Gianni e Umberta; il cane Brusa. (*Archivio storico Fiat*)

*Nella pagina accanto*:
Torino, 1934. Da sinistra, in alto: Cristiana, Virginia con in braccio Umberto, Clara, Maria Sole, Gianni; in primo piano, Suni, Giorgio e Edoardo. (*Archivio storico Fiat*)

Lapo e John Elkann insieme ad Alessandro Nasi e Andrea Agnelli, sul lago Maggiore, in occasione del matrimonio di John con Lavinia Borromeo, il 4 settembre 2004.

Gianni Agnelli con la sorella Susanna e la nipote, Delfina Rattazzi, in piazza di Spagna, a Roma, nel 1969. (*Reporters Associati*)

Torino, 24 febbraio 2003. Maria Sole e Susanna Agnelli alla messa di trigesima in ricordo del fratello. (*Farabolafoto*)

Gianni Agnelli nella tenuta di Los Cardos, in Argentina, nel dicembre 1978. (*Priscilla Rattazzi*)

Venezia, giugno 1978.
Cristiana Agnelli
e il suo cane Cucuruzza.
(*Priscilla Rattazzi*)

Parigi, febbraio 1982.
Ruy Brandolini
con la moglie Georgina
di Faucigny-Lucinge
e la figlia Cornelia.
(*Priscilla Rattazzi*)

Parigi, giugno 1975.
Gianni e Marella escono
dalla loro casa di Parigi
il giorno del matrimonio
di Ruy con Georgina.
(*Farabolafoto*)

Cristiano Rattazzi
e il figlio Urbano
a Los Cardos,
nel dicembre 1978.
(*Priscilla Rattazzi*)

Gianni Agnelli con la moglie Marella e i figli Edoardo e Margherita, a Villa Bona, sulla Collina torinese, nel 1968. (*Getty Images/Laura Ronchi*)

Roma, 25 agosto 1960, inaugurazione dei Giochi olimpici. Marella e Gianni insieme a Umberto e Antonella. (*Farabolafoto*)

Umberto, Giovannino e Antonella Agnelli a Forte dei Marmi nell'agosto 1966.
(*Farabolafoto*)

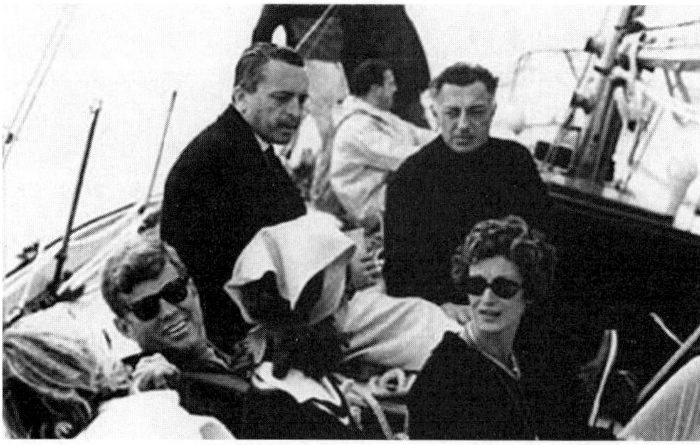

Newport, 1962. Gianni e Marella in compagnia di John F. Kennedy e della moglie Jacqueline.

Gianni a Rapallo nel 1948. (*Publifoto Olycom*)

Castellombardo, 28 ottobre 1978. Argenta Campello con il marito Gian Antonio Bertoli il giorno del matrimonio. (*Priscilla Rattazzi*)

Settembre 1998. Gianni Agnelli con Juan Carlos di Borbone, la moglie Sofia e Oscar Luigi Scalfaro, in occasione della visita a Roma dei reali di Spagna. (*Farabolafoto*)

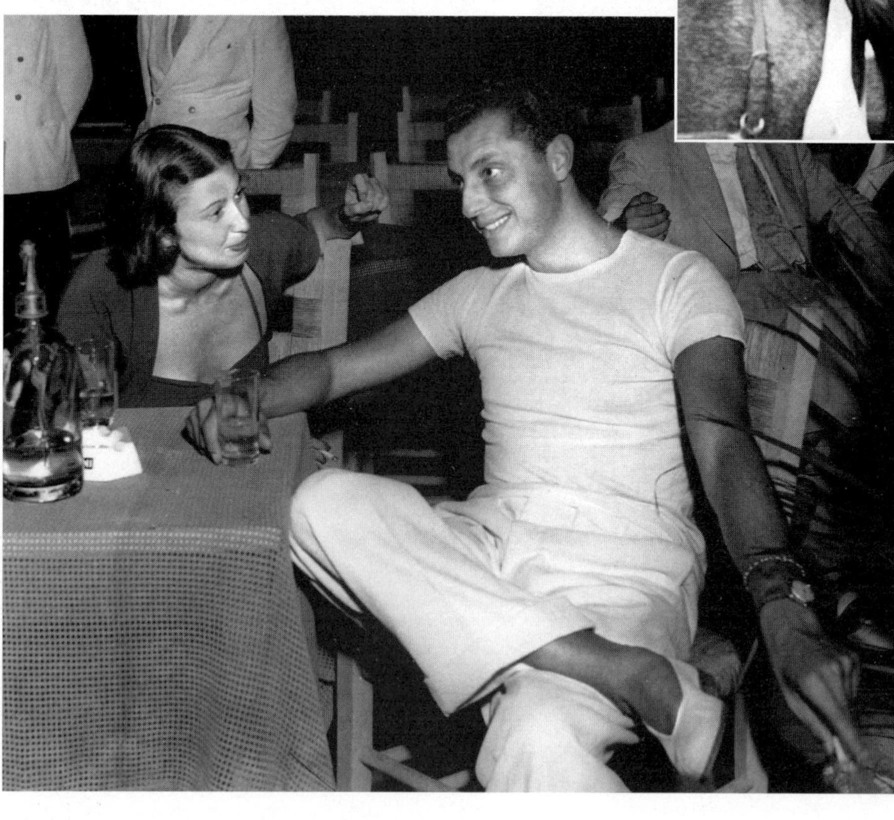

Gianni e il suo cane
Died Eyes
a Frescot nel giugno 1980.
(*Priscilla Rattazzi*)

Oddone Camerana,
Marella e Gianni Agnelli
e Carlo Caracciolo
in casa Agnelli
a Villar Perosa nel 1961.
(*Archivio storico Fiat*)

Torino, novembre 1981.
Tiziana Nasi con la figlia
Margherita Bussei.
(*Priscilla Rattazzi*)

Strasburgo, 19 novembre 1953. Gianni e Marella il giorno delle nozze. Da sinistra: Adolfo e Filippo Caracciolo di Castagneto, Marella, Gianni, Giorgio e Umberto Agnelli. (*Farabolafoto*)

Moncalieri, novembre 1981. Umberta Nasi nella casa di famiglia un tempo appartenuta a Silvio Pellico. (*Priscilla Rattazzi*)

parte più gratificante nei rapporti a sinistra, quella di imprenditore illuminato che scambia consenso con concessioni. Ma alla fine riuscì a incassare il dividendo della vittoria sul sindacato (peraltro sancita da Bettino Craxi con la cancellazione del punto unico di contingenza che lo stesso Agnelli e Luciano Lama avevano voluto). E rafforzò la sua leadership sugli industriali, rilanciando negli anni Ottanta la funzione di traino dell'impresa in una società moderna. Qualcun altro ritiene inoltre che il suo disegno, ispirato a un lucido cinismo – l'ecumenismo, la bonomia, i buoni rapporti, l'esercizio del suo fascino per salvare la Fiat –, fu prova di comprensione del mondo che lo circondava, del suo paese, e che questa visione sarà rivalutata, al di là delle analisi tecniche sul consuntivo della sua esperienza di industriale e delle cifre sulla sua Fiat.

La tesi di Valerio Castronovo, storico della Fiat, è che non ha senso chiedersi se Agnelli sia uno sconfitto: «Non ha senso applicare questo schema. Non ha senso guardare la sua esistenza solo da un punto di vista della Fiat. Più che un capo azienda fu un uomo di relazioni internazionali. Fu un uomo del dopoguerra, il portatore di una visione dei rapporti tra Europa e America».

Paolo Mieli è l'uomo a cui Agnelli affidò il compito di rinnovare la classe dirigente giornalistica. Lo nominò prima alla direzione della «Stampa» e poi a quella del «Corriere». Mieli introduce un elemento di ulteriore complessità nella valutazione di Agnelli. «Agnelli era stato uno dei pochi uomini europei non eurocentrico che nel dopoguerra si era trovato perfettamente in sintonia con il suo tempo storico a causa del suo rapporto con gli Stati Uniti. La sua esperienza nell'ultima fase, cioè negli anni Novanta, cioè quando era già un uomo di oltre settant'anni, fu condizionata dai fatti improvvisi che colpirono l'Italia. La crisi del 1992-1993 investe la Fiat, al di là dei riflessi giudiziari. È tutto il sistema, non solo quello politico a essere colpito; nel complesso le strutture del potere, anche quello economico, ne subiscono le conseguenze. Agnelli sentì molto la drammaticità di quella fase, temperò il giudizio solo negli ultimissimi anni. La crisi della Fiat a partire dalla seconda metà degli anni Novanta nasce da quella situazione, fu un pezzo della crisi generale. E la presenza di Agnelli servì ad assorbire l'urto.»

C'è un altro aspetto che riguarda principalmente il suo ruolo di capo azienda e il suo rapporto con la cultura industriale e con il capitalismo.

Ferruccio de Bortoli, direttore prima del «Corriere della Sera» e ora del «Sole-24 Ore», suggerisce questa analisi: «Fu un vincitore per la pervicacia con cui resistette. Se fosse appartenuto a una generazione più giovane di classe dirigente, avrebbe ceduto appena possibile l'azienda. Non lo fece. È vero, oggi, è più facile dir questo, perché la Fiat sta uscendo da una crisi. Ma situazioni paragonabili al 2003 si erano già verificate per tutti gli anni Settanta, fino alla crisi del 1979. Da un altro punto di vista, però, fu uno sconfitto. Non fu abbastanza aperto, non fu disponibile a una trasformazione in senso meno collusivo del nostro capitalismo. Il nostro rimase un capitalismo salottiero, fatto di relazioni, che restò chiuso alla concorrenza internazionale anche per responsabilità della Fiat di Agnelli. Non fu l'innovatore che era sembrato all'inizio del suo percorso di capo della prima impresa italiana».

Il tentativo di un bilancio diventa più difficile se si cerca di contabilizzare la dimensione borghese, il senso dell'appartenenza alla classe dirigente. Dice Furio Colombo, per molti anni rappresentante della Fiat negli Stati Uniti: «Era alla guida di una comunità di classe dirigente che non anteponeva il suo ruolo a quello dello Stato, che pensava a se stessa dentro la cornice dello Stato». Ci torneremo tra poco.

Intanto, che cosa pensava lui stesso? Negli ultimi anni, quando la crisi della Fiat cominciò a manifestarsi nella sua gravità, avvertì la sensazione di aver perduto. Una volta raccontò a un amico: «Quando si farà la mia storia, si vedrà che, rispetto a quello che mi ha lasciato mio nonno, ho venduto». Era una sconfitta temperata dalla consapevolezza che fino a un certo punto aveva giocato bene e che per un lungo lasso di tempo aveva ritenuto di potercela fare. Ogni tanto negli ultimi anni lo si sentì fare cenno all'importanza degli uomini da scegliere e alla condivisione della responsabilità circa gli errori commessi. Sapeva di aver sbagliato, ma non voleva sentirsi il solo.

I rapporti umani sono abissi. Mentre Romiti scodinzola, secondo la ricostruzione di Garuzzo, Agnelli si fa beffe dell'abbigliamento del suo amministratore, in cui rinviene un certo caracenismo di riporto.

I resoconti dei testimoni di quegli anni parlano di una specie di continuo inseguimento psicologico. Sul terreno del potere interno, nel ramo della seduzione e della vita sociale, ovunque Romiti cerca di crescere, di incrementare la sua figura, anche nella speranza di destare l'attenzione personale di Agnelli. Questo pathos trovò il suo patetico epilogo il giorno del funerale di Gianni Agnelli. Romiti arriva in chiesa. Resta in piedi, ostensivamente, per tutta la durata della celebrazione, con una mano sul petto. C'è qualcuno alle sue spalle che gli chiede di sedersi, viene mandato al diavolo. Così riuscì nell'intento di catturare un po' di attenzione, perché la gente si chiese come mai Romiti fosse rimasto in piedi. Un paio d'anni dopo rivelò che quel giorno gli era venuto in mente di una volta, anni prima, quando aveva partecipato con Agnelli a una messa a Villar Perosa e, lui, Agnelli, era rimasto in piedi. «Mi sembra che stare in piedi tutta la messa sia un modo per dimostrare rispetto alla religione e a me stesso» gli aveva detto.

*Le famiglie*

# I Nasi, dal lato di Giovanni

Giovanni Nasi sposò Marinella Wolf. I loro eredi sono numericamente sotto la media famigliare perché hanno avuto solo due figli, un maschio e una femmina.

Il figlio maschio è Andrea. È un omone che ha vissuto in Colorado, in Maine, a New York. Adesso sta a Torino. Ha comprato una casa editrice in Spagna. Ha molto tempo libero e molte piccole passioni.

Si è sposato due volte. La prima con Daniela Remmert, da cui ha avuto: Allegra Nasi, residente in Torino, 33 anni, amante di cani, si occupa di casting canino per film e pubblicità, fa kick boxing e realizza libretti ad acquerello su ordinazione; Alessandro, 31 anni, ha vissuto a New York, ha fatto esperienza in JP Morgan e adesso lavora a Torino nel gruppo. È il più giovane dei soci accomandatari della Giovanni Agnelli & C., essendo il nuovo rappresentante dei Nasi (ma si registra qualche resistenza in questo ramo della famiglia). Amico di John Elkann. Sente l'orgoglio Fiat. Seguono Giovanni e Livia. A Daniela Remmert capitò una storia singolare. Doveva essere rapita, ma i rapitori rapirono la sua factotum, la quale fu liberata dopo averle buscate di santa ragione. La donna non si riprese mai dallo shock.

La seconda moglie di Andrea è Ellen Downey, da cui ha avuto William.

*

Tiziana Nasi è la secondogenita di Giovanni e Marinella. Carattere deciso, simpatica, frequenta i raduni alpini con la cugina Consolata. È presidente della Fondazione postolimpica che dovrà gestire i beni edificati per le Olimpiadi di Torino 2006: il villaggio e gli stadi. Si è occupata per molti anni di Sestrière, fondata alla fine degli anni Venti dal Senatore e che nei decenni è stata un buon polmone finanziario per la famiglia, grazie ai terreni lottizzati e venduti. Nell'estate del 2006 la Fiat ha ceduto i 63 impianti di risalita per 400 chilometri di piste. Tiziana era molto legata all'istituzione famigliare che Sestrière era stata (suo padre è stato per trent'anni il sindaco del posto). È talmente compenetrata nella vita della stazione sciistica che un inverno non si mise le calze finché non arrivò la prima neve, una specie di fioretto. Ma si è fatta una ragione della cessione di Sestrière. Si è occupata anche di Paraolimpiadi, in occasione dei giochi torinesi.

Sposò Giancarlo Bussei, che chiese la sua mano mentre era immobilizzato in un letto, completamente ingessato a causa di un incidente. Divorziarono nel 1991.

Giancarlo Bussei è figlio di Margherita – detta Maggie – Bussei, appassionata giocatrice di bridge, figlia minore di Carlo Cannone (la villa Cannone fu comprata da Tiziana Nasi, che ancora oggi vive lì). Suo padre, invece, famiglia di banchieri fiorentini, era il comandante Ettore Bussei, classe 1897, capitano di vascello, inventore di alcune macchine militari, tra cui un aliscafo d'assalto sperimentato nel 1942 e il siluro a corsa lenta, il «maiale». Il marito di una sorella di Maggie era Enrico Pigozzi, il fondatore della Simca. Paolo Cantarella, che poi sarebbe stato l'amministratore delegato della Fiat negli anni Novanta, sposò sua sorella, Clara. Cantarella ha buoni rapporti con Giovanni Sebastiano, figlio di Tiziana e Giancarlo.

È un uomo eclettico, ha scritto una decina di piccoli libri di poesie e frammenti. Vive tra Parigi e Venezia e naviga su un ex cacciamine di 49 metri della Deutsche Marine, la marina militare tedesca. È advisor e partner di alcuni gruppi industriali europei. Attualmente Bussei è sposato con Giorgia

Fiorio, un tempo cantante, oggi fotografa affermata. Nella sua curiosa esistenza rimise a nuovo *Astra*: 23 metri, stazza internazionale, varata nel 1928 da Camper & Nicholson su commessa di Mortimer Singer, e poi nel 1930 convertita in J-Class, la classe che gareggiò in Coppa America per tre edizioni fino al 1937 e che ancora oggi, dopo settant'anni, viene considerata la classe regina della competizione. Ristrutturò anche la «Fetta di Polenta», una storica costruzione torinese di Alessandro Antonelli, alta e stretta, dove visse per un periodo. Nella sua vita ha commesso un certo numero di stranezze. A Torino aveva una piscina a forma di coppa di champagne dove talvolta soleva immergersi con le bombole (come Dustin Hoffman nel *Laureato*). Da Lobb si fece confezionare un paio di scarpe azzurre di pelle di pescecane, la cui ricevuta d'ordine è pubblicata in uno dei suoi libri.

Ebbe con Gianni Agnelli buoni rapporti che a un certo punto si allentarono. Per farsi un'idea dell'imprevedibilità busseica, del suo umorismo per amatori, ecco un episodio accaduto proprio in casa Agnelli alcuni anni fa. La principessa Margaret – ospite di Gianni e Marella – chiese perché la Sindone si trovasse a Torino, e Bussei senza scomporsi rispose: «Perché in origini molto antiche la famiglia di Gesù veniva da Torino».

Tiziana tutti gli anni alla vigilia di Natale raduna una ventina di famigliari e accende il riscaldamento, che di solito è spento per via dei cani che dormono in casa.

Nel libro di Priscilla Rattazzi ci sono due foto sue. In una è seduta nel vano di una finestra, avvolta in uno scialle, quasi un plaid. Ha i capelli lunghi biondi, il volto dai tratti decisi, squadrato, gli occhi tagliati e la bocca grande. Lo sguardo è leggermente perduto, ha una bellezza insieme remissiva e superba, da perduto amore. L'altra foto ha un diverso genere di malinconia. Lei, con lo stesso identico enigmatico sorriso della foto precedente, è seduta a gambe conserte su un divano. Le mani si toccano. Seduta accanto a lei con la testa poggiata su un braccio, una bambina. Si chiama Margherita, viso più tondo di quello di sua madre, ha gli occhi scintillanti, è un po' imbronciata. Sarebbe morta quattordici anni dopo per un'overdose. Con il nome di Fetonta (femminile di Fetonte, figlio di Climene, ninfa degli Oceani, e di Elios, dio del Sole), è il personaggio più bello della *Fine degli A.*

Tiziana è uno degli azionisti singoli più forti dell'accomandita con una quota di circa il 5 per cento (valore circa 100 milioni di euro).

Suo figlio, Giovanni Sebastiano Bussei, nella quinta generazione sarà il principale azionista singolo dopo John Elkann. In una storia c'è sempre chi sale in sella a una moto. Qui c'è lui, Giovanni Sebastiano. Corre in Supermotard e in Superbyke. Guadagna abbastanza per vivere da motociclista, ma non si tratta di cifre importanti, spiega. Un'amica lo vede così: «È un ragazzo piuttosto bello, capelli ricci, molto matto, vive in case pazzesche con zero arredi, e magari pranza per terra». Un tempo questo apparato lo rendeva irresistibile con le donne, ma lui dice di essersi placato da quando si è messo a correre professionalmente.

È simpatico, ha il fascino laterale di chi ha scelto un'altra vita, portandosi dietro i gadget della precedente. A Capodanno del 2000 ha dato una festa di tre giorni per una settantina di persone nella villa Nasi di Levanto, di cui è uno dei proprietari: l'invito conteneva alcune istruzioni scritte su un foglio di carta ripiegato, tipo modalità d'uso per medicinali. Vi si prescriveva – fra l'altro – l'obbligo del sacco a pelo e il previo invio di una foto tessera, in modo che tutti avessero un badge per l'ingresso. La sera dell'arrivo era dedicata ai saluti, la seconda sera al tema di carattere autoironico «brutti e ridicoli», la terza sera all'ottimistico, autoespositivo «belli e seducenti».

Una leggenda vuole che abbia la mania dei picnic e che un tempo desse appuntamenti alle ragazze all'angolo di una strada: estraeva dall'automobile un tavolino portatile, lo montava e imbandiva di vivande. Questo mito nasce da un fatto vero: una volta alcuni anni fa, alcuni amici avevano organizzato un pranzo al quale lui e il suo amico Nicola Calvo non erano stati invitati perché creduti fuori Torino. Il giovane Bussei aveva chiamato per comunicare la sua presenza in città e reclamare l'invito, ma, essendosi sentito rispondere che non c'era più posto, decise di apparecchiarsi la tavola sotto le finestre degli avari ospiti, i quali alla fine scesero tutti in strada. Ha appena sposato Francesca Rao.

*Alcune questioni economiche*

# Quanto costano le difficoltà

Negli Agnelli è sopravvissuta una vena di spregiudicatezza – o disinvoltura – delle origini: un residuo dello spirito animalesco del capitalismo, un'eredità psicologica del fondatore. Il Senatore fu un *new comer* molto aggressivo. Nei primi anni del Novecento si appropriò dell'azienda facendo fuori i soci fondatori anche con metodi spicci. E fu accusato di manipolazione dei corsi di mercato, aggiotaggio cioè. In uno dei passaggi della ristrutturazione finanziaria, con una mossa da raider puro, Giovanni Agnelli diventa azionista di riferimento della società, che comincia ad avere accesso al ricchissimo mercato delle commesse militari in crescita nei primi anni del secolo. Le forze armate italiane si preparano alla prima guerra mondiale. Nella sua storia della Fiat, Valerio Castronovo ricostruisce la scalata agnelliana e le sue fasi più controverse a partire dal processo per aggiotaggio contro Giovanni Agnelli e i due soci che lo accompagnarono nella prima parte della scalata, Ludovico Scarfiotti e Luigi Damevino, successivamente estromessi. Il 22 maggio 1912 i tre furono assolti, ma le motivazioni della sentenza spiegarono come ciò fosse dovuto alla circostanza che in processo i testimoni non avevano confermato quanto avevano raccontato nell'istruttoria. «Per una deplorata e generale amnesia da cui pare siano colpiti i testimoni, che sconfessarono o non ricordarono buona parte di quanto avevano deposto innanzi al giudice istruttore» è scritto nel dispositivo.

Il ruvido tratto del Senatore ogni tanto riaffiora. Si è verificato con il riacquisto del 30 per cento due anni fa, e precedentemente altre volte, soprattutto negli Ottanta: le quote rilevate dai libici nel 1986 con un sospetto meccanismo di aggiramento delle norme fiscali italiane, l'operazione per il possesso praticamente a costo zero dell'Alfa Romeo, l'acquisizione della maggioranza della Snia che alcuni giudicarono al limite delle regole di mercato.

Negli ultimi trent'anni gli Agnelli hanno anche tirato fuori del denaro, o ceduto partecipazioni, per salvare l'azienda. Già in passato a partire dalle cicliche crisi degli anni Settanta, Ottanta e Novanta avevano venduto asset importanti (la Toro, per esempio), poi ricomprati in momenti migliori (com'era accaduto con la Rinascente).

Secondo un calcolo, per quanto riguarda gli aumenti di capitale Fiat, dal 1972 al 1985 i componenti della famiglia, attraverso l'Ifi, parteciparono per quasi 210 miliardi di lire, versando direttamente circa 122 miliardi di lire, reperiti vendendo azioni Ifi Privilegiate (circa 66 miliardi) e azioni Ifint (17 miliardi), o utilizzando altre risorse (circa 39 miliardi). Anche successivamente, a partire dalla metà degli anni Ottanta, le holding famigliari parteciparono agli aumenti di capitale della Fiat. Nel complesso, dal 1972 a oggi, su 6,4 miliardi di euro di ricapitalizzazione della holding Fiat, il sistema finanziario degli Agnelli ha contribuito per circa 600 milioni, poco più di 300 dei quali direttamente a carico dei singoli soci famigliari.

Per far fronte ai problemi dell'azienda dal 2002 in poi sono sono state cedute molte partecipazioni e attività. Alcune erano direttamente controllate dalla Fiat: la società immobiliare Ipi venduta per 265 milioni di euro nel febbraio del 2003; la metà della finanziaria di credito al consumo Fidis (370 milioni, marzo 2003); la Toro Assicurazioni (2,4 miliardi, marzo 2003); Fiat Avio, motori aeronautici (1,5 miliardi, aprile 2003); Engineering, costruzioni industriali (115 milioni, febbraio 2004); Edison + Italenergia bis (1,25 miliardi tra febbraio 2004 e settembre 2005). Altre partecipazioni erano dell'Ifil, cioè della principale finanziaria famigliare: Rinascente Alimentare e Rinascente Tessile, vendute per poco più di 2 miliardi di euro tra la fine del 2004 e la primavera dell'anno successivo.

Tutte queste operazioni pro quota hanno indebolito la situazione finanziaria e la dimensione patrimoniale della famiglia. Secondo Mucchetti (sempre in *Licenziare i padroni?*), nei quindici anni 1986-2001 la famiglia perde in termini di ricchezza quasi 7000 miliardi di lire, 3,6 miliardi di euro. «Questo è il contributo della Royal family alla Fiat. Si dice che gli aumenti di capitale negli anni Novanta siano stati congegnati in modo tale da ridurre al minimo, ma proprio al minimo, l'impegno diretto degli Agnelli. E questo è vero. Ma non è meno vero che Ifi e Ifil hanno pagato un prezzo altissimo alle incertezze di Giovanni Agnelli II.»

Il contributo più significativo fu quello del 2003, allorché, subito dopo la morte del presidente onorario, la Fiat si ritrovò apertamente in ginocchio e senza le protezioni e le cautele (anche mediatiche) assicurate dal vecchio patriarca. Una lunga crisi industriale e finanziaria poneva la prima azienda manifatturiera italiana sull'orlo del fallimento. Umberto, salito alla presidenza della Fiat, chiese ai suoi parenti sacrifici personali. Per la prima volta l'aumento di capitale – che serviva a dare una scossa, un segnale di fiducia alla borsa – coinvolgeva la società posta in cima alla catena di controllo della Fiat, l'accomandita Giovanni Agnelli & C., dove gli azionisti sono appunto i singoli esponenti della famiglia, i quali erano chiamati a immettere denaro fresco, personale, prelevato dalle riserve individuali di ciascuno.

L'operazione costò alla famiglia 250 milioni di euro, ciascuno secondo la propria quota. Molti non credevano che gli Agnelli lo avrebbero fatto. Invece, l'aumento di capitale fu sottoscritto dai singoli possessori delle quote per l'85 per cento del totale. I pochi che non sottoscrissero si videro diluire la loro quota nell'accomandita.

Sono due gli aspetti interessanti di quell'aumento di capitale. Anzitutto il fatto che la famiglia si rese conto di essere di fronte a una scelta obbligata. Un gruppo di persone legate tra loro da un lontano vincolo di unione, un avo in comune e qualche sempre più blando rapporto di cuginanza, si accorse di esistere solo perché c'era la Fiat. In secondo luogo, per la prima volta questa presa d'atto – l'emergere di una specie di istinto di sopravvivenza collettivo – avveniva senza la tutela dello storico capofamiglia, Gianni. Anzi, probabilmente fu decisiva proprio questa morte per convincere ciascuno a rischiare il proprio denaro. Alcuni ritennero che senza di lui sarebbe stato più facile voltare pagina. Qualcuno riconobbe, però, che, con tutti i suoi difetti – la vanità, l'egoismo, gli errori strategici –, se erano ancora lì era perché lui li aveva tenuti insieme.

Le traversie degli ultimi dieci anni, le cessioni necessarie per fronteggiare le difficoltà hanno ristretto il perimetro d'influenza della famiglia Agnelli sull'economia italiana. Negli anni Trenta il senatore Agnelli era a capo di un'azienda con già oltre 50 mila dipendenti, centrale per il sistema economico fascista. Nel dopoguerra la centralità della Fiat aumenta in percentuale sul Pil e sulla capitalizzazione di borsa. Quanto all'occupazione, si calcola che alla conclusione del regno Valletta, nella seconda metà degli anni Sessanta, dal settore auto, cioè dalla Fiat, in Italia dipendevano 2-3 milioni di occupati, il 18 per cento degli addetti all'industria e ai servizi. Negli anni Ottanta, il potere economico della famiglia era tentacolare: proprietari del primo gruppo automobilistico europeo, presenti nell'aeronautica, nelle ferrovie, negli armamenti, nell'immobiliare, nelle assicurazioni, nell'alimentare, nelle costruzioni, nel turismo e nell'editoria, più tre quotidiani controllati e circa 700 società partecipate in Italia e in Europa.

Confrontiamo lo schema delle partecipazioni di famiglia di allora con quello delle partecipazioni di oggi. Resta il controllo sulla Fiat, che però è molto più piccola di allora. La holding ha conservato, oltre all'auto, i camion, le macchine movimento terra e la componentistica. Il resto delle attività industriali, dall'energia all'aeronautica, non esiste più. E delle partecipazioni strategiche nel sistema di potere economico e finanziario italiano è rimasto solo il 10 per cento in Rcs, la casa editrice del «Corriere della Sera», e una piccola quota in Mediobanca che sarà ceduta entro il 2007. Quanto alla holding di famiglia, si è molto ristretta anch'essa: ha conservato la Juve, la «Stampa» e alcune partecipazioni in Francia. Recentemente è stato acquisito il gruppo immobiliare Cushman e Wakefield negli Stati Uniti.

Ma, a parte l'indebolimento economico, si pone un'altra questione: non c'è più, ed è quasi impossibile da ricostruire, la stessa influenza sul paese; e così pure l'esercizio di una primazia, di una specie di regalità sostitutiva (per noi che avevamo perduto una famiglia reale), un potere che è svanito.

*A ritroso*

# Giorgio Agnelli

Marta Vio lo conobbe nel 1946 a Forte dei Marmi. Era una vicina degli Agnelli, ospite al villaggio Pesenti a casa di amici. Suo padre Rufo era un banchiere, il proprietario del Credito Lombardo, che adesso è del Monte dei Paschi di Siena. «Mia madre» racconta «era una bella donna sempre vissuta della sua bellezza. In seconde nozze sposò un celebre medico romano, Pietro Valdoni.» La madre era Vera Lodi; il suo vero nome era Primavera Gioconda, ma tutti la chiamavano Pripri. Veniva da una famiglia dannunziana: suo padre, Luigi Lodi, giornalista parlamentare, era figlio di Gabriele d'Annunzio e di Olga Lodi, detta Febea, leader del movimento femminista all'inizio del Novecento.

Marta aveva 16 anni quando conobbe Giorgio, un anno più anziano di lei, sulla spiaggia del Forte. «Ci riconoscemmo subito» racconta, «erano tempi strani quelli della fine della guerra. Ci si piaceva e ci si accoppiava. C'era una tempesta, un caos sessuale. Fu il primo amore della mia vita. Giorgio all'epoca era già curioso delle droghe. Successivamente accusarono anche me di esserlo, ma a me non sono mai interessati gli stupefacenti. Giorgio era castano con le lentiggini, gli occhi azzurri, era bellissimo. Ed era un angelo caduto. Non c'era niente di costruito in lui. Era un'anima in difficoltà capitata in un mondo avverso. Di certo a sedici anni era già una persona disturbata. Del resto anche i suoi fratelli erano condizionati. Erano schiacciati dall'industria e figli di una madre ribelle.»

Secondo alcuni amici di quei tempi, a determinare il carattere di Giorgio contribuì il modo di essere dei ragazzi Agnelli. Sette ragazzini, praticamente orfani da sempre, figli di due genitori fitzgeraldiani, distratti da loro stessi, e che peraltro morirono molto giovani. In questa solitudine i ragazzi edificarono le loro gerarchie, i loro rapporti di potere, le loro alleanze, le preferenze, costruite su affinità dell'infanzia e dell'adolescenza senza alcun filtro posto dall'educazione e dalla mediazione degli adulti. «Era come se quei rapporti fossero cristallizzati su uno schema infantile, fatto di forza, di energia, di vitalità, e mai più modificato» racconta un amico. Rievoca ancora Marta Vio: «Gli Agnelli erano piacevoli fisicamente, simpatici, energici, magari uno li avrebbe strozzati, ma avevano fascino giovanile. Forse Giorgio, che era nella fascia dei più piccoli, i primi anni ebbe il problema di affermarsi. Ma c'era qualcosa di originario e caratteriale in lui. Testimoniato anche dal fatto che era il preferito di sua madre. Virginia lo proteggeva».

Il rapporto più difficile per Giorgio fu quello con Gianni. Qualcuno dice che egli malsopportasse il maggiorasco, il privilegio del fratello. Altri che semplicemente fossero incompatibili. «Giorgio era un Mercurio, ambiguo, liquido, si era lanciato nel baratro famigliare» dice Marta Vio. «Odiava Gianni.» Secondo Maria Sole Agnelli, semplicemente Giorgio non ne sopportava l'atteggiamento di perenne sfottò.

C'è un'evocazione di Giorgio nella *Fine degli A* di Ludovica Ripa di Meana. Giorgio compare senza nome, come una Voce. Parla con Cassandro (suo nipote Edoardo) e racconta di sé, dei suoi scherzi, le trappole per i cavalli sulla spiaggia del Forte, le biglie lanciate tra i piedi della gente, il serbatoio di una moto riempito d'acqua, il sapone nelle torte per le feste dei bambini e la volta in cui sparò a Gianni. Della storia dello sparo ci sono molte versioni, nessuna definitiva. Secondo un nipote, quello che conta è lo stato d'animo in cui avvennero i fatti: «Giorgio dava segni di schizofrenia, per un senso di inferiorità rispetto a Gianni, ed ebbe delle esplosioni di violenza nei confronti del fratello». «Questa interpretazione mi sembra psicologicamente corretta» osserva Marta Vio.

Giorgio e Carlo Caracciolo si conobbero in America alla fine degli anni Quaranta, a Harvard. E diventarono amici. Fu per via di Giorgio che Caracciolo conobbe il futuro cognato.

Nei primi anni Cinquanta, insieme diedero vita a un'operazione editoriale, un periodico che si chiamava «L'anno», una rivista sullo stile di «Time-Life» che riassumeva i principali fatti dell'anno. Maria Sole Agnelli conserva l'edizione del 1950 e quella del 1952. L'edizione del 1952 è più curata: la copertina e alcune tavole all'interno sono di Leo Longanesi, le foto sono belle, le didascalie ironiche. L'edizione del 1950 è più artigianale, con una rilegatura verde e il nome della testata in blu al centro. Tra i collaboratori Giovanni Spadolini, Aldo Garosci, Enzo Forcella, Panfilo Gentile, Emilio Cecchi, Giulio Carlo Argan, Massimo Mila, Alberto Moravia, Irene Brin e Paolo Monelli. Nel comitato direttivo, oltre a Caracciolo, c'erano Riccardo Musatti ed Ettore Sottsass, il quale si occupò anche del progetto grafico.

Sottsass fu coinvolto nella faccenda dell'«Anno» da Carlo Caracciolo, ma con Giorgio aveva avuto un rapporto che ne prescindeva. La storia era andata così. Verso la fine degli anni Quaranta Sottsass, futura gloria dell'architettura e del design (fondò all'inizio degli anni Ottanta il gruppo Memphis), viveva a Torino, dove si era laureato al Politecnico. Aveva in mente il progetto di una rivista di cultura internazionale che avrebbe dovuto intitolarsi «Mezzosecolo». Pier Paolo Orengo gli suggerì di parlarne a Gianni Agnelli, il quale si mostrò interessato al progetto e, siccome Sottsass gli era piaciuto, nelle more della conversazione gli propose anche di progettargli una palestra per la casa a Torino e di occuparsi di Giorgio. «Mezzosecolo» non si fece e la palestra neppure. Andò in porto, però, l'incarico professionale di seguire un po' Giorgio. La cosa consisteva nell'andare in casa Agnelli e conversare con lui.

Sottsass non aveva capito che la situazione di Giorgio era grave. All'inizio si era fatto l'idea di una persona molto eccentrica, del tipico miliardario stravagante. Al ristorante, Giorgio cominciava dal caffè e finiva con gli spaghetti. E correva in macchina: «Sei mai andato a 200 all'ora?» gli chiese una volta, e lo portò a fare l'esperimento sulla Torino-Milano, che era una strada a due corsie. Poi la situazione di Giorgio peggiorò. Sottsass lo andò a trovare in clinica a Torino, era già ingrassato a causa dei farmaci. Da allora non si videro più.

Nicola Caracciolo si ricorda di Giorgio al tempo in cui trascorse un periodo nella loro casa in via della Lungarina e rammenta che una volta sparò a una finestra con un fucile ad aria compressa.

Per dieci anni Marta e Giorgio stettero insieme. I primi tempi, poiché Pri-pri viveva a Roma, Marta andava a trovare Giorgio che studiava lì, poi si vedevano a Milano. D'estate, negli anni Cinquanta, lui stava a casa di Marta a Cap Gael. «Avevo 25 anni quando capii definitivamente che non c'era una prospettiva con Giorgio e sposai Arturo Carmassi, il pittore.»

Dopo il fatto dello sparo, comunque sia andato, Giorgio e Gianni non si riconciliarono più. E si detestarono (odiarono, secondo alcuni) fino al punto che Giorgio a un certo momento cercò di vendere il suo pacchetto azionario per fare un dispetto al fratello. Ma questo accadeva già nella fase declinante della sua vita. In America, durante la sua permanenza alla fine degli anni Quaranta, aveva avuto esperienze allucinogene, e il rapporto con le droghe era diventato sempre più intenso. Alla fine fu ricoverato in una clinica in Svizzera dalle parti di Losanna.

Sebastiano Fürstenberg se lo ricorda, perché studiava in un collegio della zona e quando suo padre andava a trovarlo lo portava a far visita a Giorgio, che gli era simpatico. Ma a quei tempi Giorgio era già cambiato. Si era come dilatato, era vasto, largo. Dice Sebastiano: «Andavamo a Rolls, dov'era la clinica. Lui era ingrassato molto, fino a superare i 100 chili, aveva gli occhi di un tredicenne, mio padre non gli parlava mai della famiglia».

Morì da solo. Secondo Marta Vio «si lanciò nel vuoto dall'ultimo piano della clinica», ma è l'unica a sostenere questa tesi. «A me lo comunicò Buratti, che era l'amministratore degli Agnelli, e mi rispedì i miei quadri che teneva con sé. Ma non partecipai al suo funerale.» Secondo Maria Sole l'ipotesi del suicidio va esclusa: morì perché il suo fisico si era molto indebolito.

Lupo Rattazzi si ricorda di quando seppero della morte di Giorgio: «Vidi piangere una delle cameriere».

Quando morì, Gianni era a Como a Villa d'Este per un convegno, la sera pranzò con un amico, Niccolò Pignatelli, e non fece alcun cenno al lutto. «Mio nonno non ne parlava» dice John Elkann.

Giorgio fu un tabù per la famiglia, la sua esistenza venne cancellata, le sorelle cercarono di rimuoverlo. Molti dei nipoti lo sentirono nominare solo da adulti. Qualcuno non aveva mai visto una sua foto prima dell'uscita nel 2004 di un libro-intervista di Carlo Caracciolo. Giorgio è ritratto al matrimonio di Gianni e Marella, davanti alle colonne del castello di Osthoffen, l'11 novembre 1953: al centro Caracciolo, alla sua sinistra Carlo di Robilant, alla destra Giorgio, tutti e tre in tight. Lui è molto alto, ha i baffi, le labbra sottili, quasi invisibili, come quelle di sua madre, una sigaretta tra le dita, la giacca del tight abbottonata.

Marta Vio ha 77 anni, un figlio e tre nipoti, vive in campagna in provincia di Arezzo, dove ha fatto la coltivatrice e la poetessa. Ha scritto quattro libri: *Poesia 1, Poesie, Romanza per patrioti, Viaggio nelle isole beate.*

Su Internet restano brandelli della vita di Giorgio: la sua presenza nell'albero genealogico di Mister Bruins, l'esistenza di una scuola infermieri professionali a lui intestata in Pinerolo, un concordato fiscale con lo Stato relativo al periodo 1960-63 (per una quota pari a 1 miliardo e 40 milioni di lire), qualche foto nell'archivio Farabola e, infine, un'inserzione commerciale: «Vendo auto e moto d'epoca a Mombercelli». L'inserzione riguarda una: «Fiat 1900 B Granluce, 1957, primo intestatario Giorgio Agnelli, in fase di avanzato restauro, motore e meccanica totalmente a nuovo, carrozzeria sabbiata, risanata e trattata, completa 100 per cento, targhe originali e documenti completi, radio e accessori d'epoca».

## *Gianni 10*
# La questione estetica

L'arte. Agnelli fu un collezionista dall'occhio attento e con una buona cultura di base, da autodidatta. Gianluigi Gabetti si ricorda bene di quando – proprio in coincidenza con la proposta di andare a lavorare per lui – lo pregò di fargli visitare una mostra al Moma: «Sapeva le cose che bisognava sapere, conosceva i quadri e riconosceva gli artisti dal tratto». Racconta un'amica: «Gianni comprava quadri bellissimi. L'autoritratto di Carlo Carrà a Frescot, un ritratto di militare di Géricault, il Balthus inquietante a Roma, e poi secessione viennese prima della moda: Gustav Klimt ed Egon Schiele in Svizzera. Modigliani, Turner e Max Ernst a New York. Ha comprato lui *La scala degli addii* di Balla a un'asta in Svizzera, il più alto prezzo mai pagato per un futurista. Adorava i futuristi. Diceva che erano dei coglioni, ma dei grandi artisti», la quale ultima frase è puro Agnelli.

Ma non bisogna mai sottovalutare il talento autocommemorativo di Giovanni Agnelli. Secondo alcune ricostruzioni, amò molto l'arte, alla quale fu introdotto da suo padre, ma la utilizzò anche nel suo progetto esistenziale. Scrive Marie-France Pochna: «Mescolandosi al mondo dell'arte e delle grandi fortune, Agnelli si è costituito un capitale di conoscenze internazionali, che poi ha utilizzato come rete di accesso alle più alte personalità del mondo intero». La tesi della biografa – che peraltro sul tema ebbe modo di confrontarsi con lo stesso biografato – è che Agnelli intuì subito, appena adulto, il potenziale di rimescolamento sociale che risiedeva nella comunità internazionale dei collezionisti.

In questo mondo fece grandi amicizie: la principale fu quella con David Somerset (che poi sarebbe diventato duca di Beaufort). Affascinante, bellissimo, superchic, leggermente claudicante, di base vive nel suo castello di Badminton, il suo equipaggio partecipa alla caccia in giacca azzurra, unico in Inghilterra. Conosce Gianni dai tempi di Saint-Tropez, si sentono tutti i giorni e fanno pettegolezzo globale. Lui è appassionato d'arte, quasi per un fatto di buona educazione, con un tocco sportivo; è socio della galleria Marlborough, la principale galleria d'Inghilterra e una delle più importanti del mondo. Essendo la storia dei rapporti tra Agnelli e l'arte e tra Agnelli, Somerset, la Marlborough e i suoi fondatori Frank Lloyd e Harry Fischer un piccolo romanzo nel romanzo, suggeriamo agli appassionati di ricorrere alla ricostruzione di Marie-France Pochna.

Le barche. Ebbe barche spesso belle e quasi sempre uniche. Le armava e se ne liberava con facilità perché non era un feticista. Qui si segnalano le più significative.

L'*Agneta*, yawl bermudiano costruito in Svezia, varato nel 1951, lungo 25 metri, oggi di proprietà di un armatore tedesco.

Il *Capricia*, un altro yawl nordico, 22 metri e mezzo, progettato dai grandi Sparkman&Stephens, realizzato anch'essa in Svezia. Agnelli lo comprò nel 1971 e lo donò alla marina militare italiana nel 1993. Dietro la ruota c'era una sella che gli consentiva di governare stando seduto (probabilmente la sella è una citazione dal *Cambria*, il più bello dei J-Class degli anni Venti). È quello delle famose foto in cui viene ritratto mentre si tuffa nudo.

Il *G-50* è una delle bizzarrie progettuali di Agnelli. Realizzato per il suo cinquantesimo compleanno, è un motoscafo di 12 metri con due pozzetti, uno al centro dello scafo per il pilota, l'altro a poppa per i passeggeri. Con otto motori da 400 cc, ha una cilindrata complessiva di 3200 cc. Per un difetto nel posizionamento delle eliche, quando vira solleva acqua formando un ventaglio che rende la barca inconfondibile anche da molto lontano. Da molti anni è di proprietà di Giancarlo Bussei.

L'*F-100* ha un nome comune a molte altre cose, tra cui uno degli aerei più affascinanti della storia dell'aviazione, il North American F-100 Super Sabre. È una barca assai strana, costruita sullo stile di una vecchia imbarcazione da lavoro: Agnelli fu uno dei primi ad avere una simile idea. Con una manovra di pochi minuti la parte anteriore può essere adibita a ponte per l'elicottero. A prua ha un fender, un enorme salsicciotto che imita la funzione del parabordo, come sulle imbarcazioni cargo dell'inizio del Novecento. Questo fender è un po' l'equivalente marino dell'orologio sul polsino. Oggi *F-100* appartiene a Margherita Agnelli.

Lo *Stealth* è una pura invenzione, una barca da corsa contemporanea, fuori dagli standard. Costruita con materiali di superavanguardia, vinse la Fastnet Race nel 2001. Attualmente è dei ragazzi Elkann.

Le automobili. Ebbe un gran numero di automobili fuoriserie. Alla sua morte un designer spiegò che, durante tutti i suoi trent'anni di collaborazione con la Fiat, Agnelli non gli chiese mai niente, non si interessò mai degli aspetti progettuali. Nessuna delle sue automobili è rimasta alla famiglia. Alcune sono state donate al museo Fiat, altre vendute.

L'abbigliamento. Piccola nota quantitativa: a Torino teneva circa 60 abiti, a Roma 50, a New York 20 e una decina a Parigi. Il già citato sito www.noveporte.it vi dirà della concezione generale delle scelte agnelliane. Come abbiamo visto, il suo massimo ammiratore, Giancarlo Maresca, ritiene che egli cercasse di introdurre sempre un errore, volutamente. Difficile dirlo. Di sicuro, nella costruzione del suo mito l'abbigliamento ebbe la sua parte. Le scarpe molto sportive sotto gli abiti da giorno, a causa della condizione della gamba: i *driving slippers* (scarpe da guida) e gli scarponcini. I jeans, Lee

Cooper, e il golf grigio per il Concorde (naturalmente niente bagaglio, né portafogli o *similia*). I jeans scoloriti e il blazer indossati, quasi di sfuggita, nel 1968 al ballo della Croce Rossa, per stupire quel concentrato di bel mondo che era lì riunito (all'epoca il ballo della Croce Rossa era davvero un fatto mondano). C'è sempre in lui qualcosa di inconscio che lo spinge a misurare se stesso dall'effetto che produce negli altri. Uno che lo ha conosciuto bene spiega: «Per Agnelli il denaro è una precondizione di se stesso. Dunque non è, come accade per i self-made men, una misura del sé. La misura del sé è inevitabilmente negli altri, nella popolarità e nella continua verifica di quello che gli è consentito».

Gli amici. Agnelli fu anche in un certo senso collezionista di persone. Da Somerset a Meyer, da David Rockefeller a Henry Kissinger. Se le scelse sempre con certe caratteristiche di glamour, come se – in fondo in fondo – il proprio non gli fosse sufficiente. Questo atteggiamento affondava le sue radici chissà dove, forse nell'incertezza sociale delle origini, nel proustianesimo della formazione che gli aveva assegnato il ruolo del ragazzo molto ricco, sì, ma tutto da farsi. Tra gli amici della giovinezza c'erano Ascanio Branca, Alvise di Robilant, Galvano e Raimondo Lanza di Trabia. Raimondo, personaggio mitico degli anni Quaranta, fidanzato di Suni, poi marito dell'attrice Olga Villi, frequentatore di Virginia, amico di Ciano, presidente del Palermo Calcio, ispiratore dell'*Uomo in frac* di Domenico Modugno, dissipò il patrimonio di origine feudale di casa Trabia (amministrato da Vito Guarrasi) e si buttò da una finestra dell'Hotel Eden a Roma. Galvano, compagno di reggimento, già aiutante di campo del generale Giuseppe Castellano il giorno della firma dell'armistizio a Cassibile, è morto di malattia, senza figli, negli anni Settanta. Secondo Alberto Arbasino, che ne scrisse, aveva una funzione d'intendenza nella vita di Gianni, quando uscivano pagava le mance. Difficile dire che tipo di suggestione avesse esercitato su Agnelli quel tipo di sicilianità. C'è un aneddoto che lo stesso Galvano raccontava, dove si mescolano estetismo, snobismo mondano, un certo gusto per la decadenza e il senso dell'umorismo, riportato da un amico: «Gianni è appena stato a un funerale in Sicilia. È morto un vecchio aristocratico, col vizio della cocaina. Gianni racconta del caldo, degli amici che si disperano, che parlano del morto stracciandosi le vesti, per ore. Poi uno di loro dice: "Caduti da cavallo, bisogna ritornare in sella". "Hai ragione" dicono gli altri. Uno alla volta si mettono ad armeggiare nelle tasche, tirando fuori pipette e scatolette. Gianni ride come un pazzo descrivendo la scena».

Il romanticismo. Seduto com'era, a cavallo tra Ottocento e Novecento, era un uomo romantico. Racconta Nicola Caracciolo: «Si sentiva parte di un mondo destinato a finire. Una volta, doveva essere il '72 o il '73, ero in barca con lui, eravamo in Costa Azzurra, c'era anche Galvano Lanza, e Gianni cominciò a raccontare com'era lo stile di questi lord inglesi che avevano colonizzato il Mezzogiorno francese, raccontava delle loro belle case sulla costa, parlava di un mondo in declino. Aveva l'aria di dire: facciamo la nostra parte, perché presto sarà finita (in quegli anni tale presentimento era probabilmente reso più acuto da un timore reale per il comunismo)».

Lupo Rattazzi racconta che l'attaccamento di Agnelli alla Fiat aveva di sicuro un fondamento egoistico, ma anche una nota romantica: «Non voleva finire come certe conoscenze dei tempi d'oro, soprattutto gli inglesi, che avevano liquidato le loro aziende automobilistiche». L'auto era il lasciapassare nella modernità, quella cosa che gli assicurava la cittadinanza piena nel mondo complesso, il più complesso dei mondi, la manifattura dell'auto; ed era al tempo stesso la coscienza di sé, dell'essere affidatario di quanto aveva fatto suo nonno. A questo alludono coloro che parlano di spirito di servizio e atteggiamento militare.

Ci si può chiedere se tracce di romanticismo esistessero in qualche altro angolo della sua personalità. Se per esempio lo sprezzo del pericolo o la paura per i sentimenti tradissero una sensibilità romantica: forse, «ma questo» dice una persona che lo conobbe bene «doveva essere quel pezzo d'anima che aveva lasciato in una parte della casa della sua infanzia in corso Oporto, la parte destinata ai bambini».

Il paradosso non risolto di Agnelli è che tutto questo misto di estetismo, di spirito signorile, di frivolezza, di snobismo, di sentimento romantico conviveva con il fatto borghese, con l'altra sua condizione di esponente di primo piano della classe dirigente del paese. I suoi vecchi amici, quelli che gli erano legati e che oggi accreditano l'interpretazione della complessità agnelliana, sostengono che il suo snobismo non era snobismo: in fondo sono gli altri, i Rattazzi, i Fürstenberg, i Brandolini, i Ferrero, i Collobiano a essere diventati Agnelli (cosa che costoro negano: i cognomi hanno vite autonome). Sostengono che la frivolezza era una via d'uscita per liberarsi di tanto in tanto della corte, di tutti quelli che erano lì per chiedere, prima o poi, qualcosa. Quanto alla ferocia, all'assenza di compassione famigliare, qualche amico vi dirà di non essere al corrente dei fatti privati, altri vi diranno che quella era la modalità di casa Agnelli.

Nell'immaginario sociale, però, resta l'inconciliabilità tra i due Gianni Agnelli. Come far convivere, cioè, l'orologio sul polsino (ancorché innocuo) con la funzione semiregale? Alcuni osservatori ritengono che Agnelli fosse riuscito a risolvere la contraddizione. Il suo vero snobismo era non cercare mai di essere più di se stesso. A Torino abbandonò la vasta casa umbertina di corso Oporto per una casa più piccola, dagli interni a misura quasi condominiale, dove convivono i Géricault, qualche mobile Luigi XVI e «i cesti di vimini, la cosa meno cara che esista», come racconta Oscar de La Renta a Judy Bachrach in un ritratto di Agnelli post mortem per l'edizione americana di «Vanity Fair». Su un piano diverso, ma con una tecnica scenica analoga, organizza la vecchia casa Carandini al Quirinale. Una sala è decorata da grandi tele di Mario Schifano. È la stanza principale, quella dove vengono ricevuti gli ospiti, dove amministra le relazioni. «Un ambiente ricco» racconta Furio Colombo. «Spesso qui riceveva gli amici e gli interlocutori del gran mondo e della finanza internazionale, ma Agnelli era attentissimo a far capire che quella era casa sua, non il Quirinale che era lì di fronte. Era attentissimo a non esagerare. Non era un uomo ornamentale, non era celebrativo. Detestava il commiato, per esempio. A un certo punto non c'era più. Per l'insieme di tali ragioni piaceva agli americani. Potevano onorare un re che non era re.» Questa è la tesi di coloro che simpatizzano con la sua costruzione esistenziale. Ma il dubbio resta.

*Le famiglie*

# I Frua De Angeli e gli Ajmone Marsan

Umberta Nasi è la Berta di *Vestivamo alla marinara*, coetanea e amica di Suni, che nel libro non risparmia di descriverne i difetti fisici. Oggi i nipoti, per ricompensarne la memoria, raccontano che Berta aveva caviglie e gambe ben fatte, voce stupenda, rapporti cordiali con tutti i parenti, all'attivo due mariti, e la bella casa di Moncalieri, un tempo appartenuta a Silvio Pellico, circondata da un giardino di Russell Page.

Priscilla Rattazzi le fa una foto molto stilizzata. Moncalieri, un piccolo boudoir, una poltroncina e una dormeuse tappezzate con gli stessi quadretti della carta da parati. Stampe di fiori e frutta, qualche cuscino, qualche libro, un cesto da lavoro. Berta è seduta sulla dormeuse, la schiena appoggiata al muro. Lavora a maglia e guarda fuori dalla finestra. Ha una sciarpa sulle spalle, sulle gambe una coperta leggera.

Umberta è stata l'unica dei cugini Agnelli-Nasi a uscire da Ifil prima ancora del 1986, quando nacque l'accomandita. Fu a causa del suo secondo marito, Giorgio Ajmone Marsan, uomo brillante, che teneva molto a mostrare la propria indipendenza psicologica da Gianni Agnelli, del quale non sopportava il dominio. Berta cedette alla pressione del marito. Ma continuarono a frequentare la casa di Gianni. Perché lui, in fondo, diceva di no solo ai noiosi più estremi, e Ajmone Marsan non gli dispiaceva.

Umberta è morta tre anni fa. Il suo lato ormai non è più italiano, i nipoti e pronipoti vivono tutti a Londra.

Con il primo marito, Giuseppe Frua De Angeli, Umberta ebbe due figli. La prima è Francesca, l'unica della famiglia che viva in Italia, a Milano. Francesca Frua sposò prima Malcolm Pearson, onorevolissimo membro della camera dei Lords, e poi Massimo Valsecchi, gallerista e collezionista di arte contemporanea. Da Pearson ebbe una figlia, Silvia, che a sua volta ha avuto quattro figli da Piers Le Marchants – Olivia, Edward, Alice e Alexander – e che vive a Londra.

Il secondogenito di Berta è Carlo Frua De Angeli. Sposò Daniela Rivetti. Una leggenda vuole che se ne sia andato via di casa dicendo che usciva a comprare le sigarette. Ha vissuto molti anni a New York. Due figli: Andrea, Vittoria. Andrea fa il commentatore televisivo di sci estremo alpino: brutto, tatuato, piercingato, charmoso, amato dalle donne, è tendenzialmente disponibile all'innamoramento. Vittoria fa l'avvocato a Londra. C'è una foto di Priscilla che li ritrae tutti e quattro insieme, sorridenti e intabarrati, sulla spiaggia di Bridgehampton nel dicembre 1981.

Infine c'è Giulia Ajmone Marsan, figlia di Berta e del suo secondo marito Giorgio. Vive a Londra, è molto anglofona, ha un marito indiano, Praveen Moman, un figlio, Partha Moman, il nome più ragguardevole della collezione di famiglia. Al giovane Partha – *dicunt* – fu imposto un violino già negli anni dell'asilo.

*Gianni 11*

# I rapporti famigliari

La famiglia, questa entità che designa se stessa con un'espressione così meridionale, lo ha amato e sofferto per ottant'anni. I fratelli e i cugini della sua generazione lo hanno subito come il titolare del maggiorasco. I nipoti – salvo rare eccezioni – lo ammiravano e sono stati tenuti a distanza (lui anaffettivo se non verso se stesso). Tutti ne hanno invidiato lo status esclusivo, che derivava anche da loro stessi, cioè dalla Fiat che era di tutti. Ne invidiavano l'appannaggio della flotta aerea, le cariche, la quota superiore nel controllo dell'azienda, il possesso individuale della Riv, la fabbrica di cuscinetti a sfera che suo nonno gli regalò per il suo ventunesimo compleanno e che fu la fonte più cospicua delle sue entrate personali.

Lui ricambiava con un misto di degnazione e con l'esercizio di uno spirito padronale più o meno accentuato anche in ragione dell'età e della distanza parentale. Si va dalla bonomia all'ironia, al sarcasmo, all'autorità fino alla pedagogia. La solita Marie-France Pochna, per esempio, racconta una storia terribile, del tutto gratuita e con una certa vena di kitsch perché fondata su un equivoco da upper class, la morale separata dei ricchi. Siccome Agnelli giudicava volgare il coinvolgimento sentimentale troppo evidente, da ragazzo impartì a uno dei fratelli, considerato eccessivamente tenero, «una lezione crudele; dopo avergli preso l'ultima conquista, lo invitò a colazione nella camera in cui aveva appena trascorso la notte con la giovane donna». Una nipote dice: «La crudeltà è stata importante nella nostra educazione famigliare».

Nel complesso tenne i parenti sotto ipoteca per tutta la vita. Li fece vivere bene: a parte il caso unico del 1975 – il punto più alto della crisi postvallettiana, resa più acuta dalle conseguenze dello shock petrolifero –, anno in cui la famiglia non percepì denaro, i dividendi arrivavano puntualissimi e non sono mai scemati. Negli ultimi sei anni il dividendo dell'accomandita è stato di circa 20 milioni di euro l'anno (ai valori attuali è circa l'1 per cento del capitale). Significa che ogni quota da 100 milioni incassa a fine anno 1 milione di euro, l'equivalente di quasi 2 miliardi di vecchie lire.

Ai tempi d'oro dell'espansione agnelliana, Gianni poté contare su un cospicuo sistema di sottogoverno per incrementare le rendite famigliari: consigli d'amministrazione, sedi locali delle partecipate, qualche favore derivante dall'organizzazione Fiat, incarichi di rappresentanza (attualmente quel sistema è ridotto a poca roba, la rendita complessiva per questo genere di incarichi non supera i 400 mila euro l'anno, e andrebbe suddivisa tra i componenti dei dieci rami).

Insomma, Gianni si preoccupò sempre di soddisfare le esigenze degli Agnelli facendoli vivere bene economicamente, ma tenendoli ai margini dell'Impresa e assoggettandoli al fascino della regalità che anch'essi subirono proprio come gli altri. Racconta uno di loro che essere nipote del re dava sicuramente dei vantaggi, ma creava anche delle complicazioni. La vita sentimentale delle ragazze di casa, per esempio, non era facile: «Gli uomini guardavano alle donne di famiglia come a una piattaforma per le loro ambizioni, sia in famiglia che fuori. Poteva accadere che se vedevano disattese le proprie aspettative – che forse erano confuse anche per loro – scegliessero di vendicarsi. Psicologicamente o in tutte le forme che può prendere la vendetta». Ma questo non dipendeva da Gianni. Quello che conta è che nel complesso tutti loro lo amavano, il che non esclude che spesso lo detestassero.

Lui era sicuro della presa sulla famiglia. Una volta, poco prima che si ammalasse, durante un'assemblea dell'accomandita parlò in un microfono che non funzionava. Era una sala riunioni piuttosto piccola, in corso Matteotti, con una quarantina di persone, parenti. Uno dei suoi collaboratori lo interruppe: «Avvocato, guardi che non la sentono. Non capiscono quello che sta dicendo». Lui si volse verso la piccola assemblea e con un sorriso sardonico aggiunse: «Anche se non capiscono sono d'accordo lo stesso». (Negli ultimi tempi mantenere questo tipo di atteggiamento diventava un po' più difficile, perché l'avanzare della crisi della Fiat cominciava a preoccupare la famiglia e accresceva il dissenso di chi non poteva contare su aerei e altre dotazioni aziendali.)

Sfotteva i nipoti, ma era cameratesco. Considerava tutta quella folla di parenti una palla al piede, ma siccome era psicologicamente scisso, sapeva che, avendogli la vita dato in dote quella gente, quella famiglia, doveva tenerla insieme anche per se stesso. Poi si avvicinò la fine. Ricorda un nipote: «Ci invitò tutti a Villar Perosa. Credo fosse febbraio. C'era la neve. Fu l'ultima riunione di famiglia. Regalò a tutti una doppia foto di suo nonno, da giovane e da vecchio, in un portafotografie di cuoio di Gucci. E la biografia del Senatore di Valerio Castronovo. Ci disse di andare ognuno per la nostra strada. Di non contare, per il nostro avvenire, né sulla famiglia né sull'azienda. In pratica ci congedò».

*Le famiglie*

# I Nasi, dal lato di Emanuele

Fu Graziella Lonardi a presentare Marisa Coop-Diatto, moglie di Emanuele Nasi, a Roberto Capucci. Lei era vestita con un tailleur di flanella grigia, aveva scarpe di coccodrillo rosse con un mezzo tacco. Lui notò la fede e un brillante rosa portato al contrario, con la pietra nel palmo della mano. Diventò, per ammissione del maestro, la sua cliente preferita, cioè la donna su cui sapeva di poter sperimentare. «Poteva portare dei vestiti difficilissimi, perché era straordinariamente sicura di sé» racconta Capucci. Una volta, per un ballo a Montecarlo, si mise un vestito molto complicato di taffettà rosa peonia con una balza di plastica trasparente tipo plexiglas che lasciava vedere le gambe. Un'altra volta, per un ballo a Torino, scelse un abito di georgette color paglierino con un corpetto fatto di sassi su cui lei chiese di incastonare quattro spille di brillanti. Anche di giorno poteva indossare cose rischiose come un cappotto bicolore ciclamino e nero che si chiudeva a sandwich: lo usava abitualmente. Una volta si mise un vestito di scimmia nero, con una cinta d'oro, stivali neri e un cappotto di tweed verde smeraldo. Così la vide per la prima volta Michi Gioia: «Era meravigliosa». Donna molto bella, ovviamente, fisico magnifico, mani perfette, lunghe dita. Secondo Capucci è paragonabile per portamento a Silvana Mangano e a Jacqueline de Ribes, che fu una delle dieci donne più eleganti del mondo.

Nel 1970, la morte del marito le spezzò la vita a metà. Hanno avuto quattro figli: Carlo, Clara, Valentina e Violetta.

Marisa vive a Torino, con una lunga estate a Cap Martin. Ospitale (la cucina nelle sue case è eccellente), mondana, è oculata in fatto di denaro: ha l'usanza molto civile di chiedere sempre il prezzo.

*

Carlo Nasi, uomo di bellezza un po' consumata ma ancora riconoscibile, vive a Milano. Per anni ha abitato a Los Angeles. È amico d'infanzia di Daniele Camerana e Alain Elkann. È uscito dall'accomandita e lavora nelle produzioni musicali. Ogni tanto si chiede che cosa avrebbe fatto se nel 2003 vi avesse ancora fatto parte: «Alla fine credo che avrei sottoscritto l'aumento di capitale». Lo dice con una leggera nota nostalgica, ma forse è solo un'impressione.

Possiede la Panarecord, fondata nel 1977, nata da una costola delle Messaggerie Musicali della famiglia Sugar. Lui e le sue sorelle vi entrarono nei primi anni Ottanta. Oggi Panarecord si occupa perlopiù di consulenze musicali e di campagne pubblicitarie (da Adidas a Banca Intesa). Nei primi anni Settanta, all'età di 17 anni, pubblicò un 45 giri con lo pseudonimo Shark, in cui cantava una cover in italiano di *Let's the sunshine* tratta da *Hair*, titolo *Sorge il sole*. All'epoca si esibiva dal vivo in piccoli locali, e per *Sorge il sole* andò anche in tv. «Mia madre lo trovava divertente e mio padre non protestava» dice. Ora è amministratore delegato della fondazione musicale Spontini-Pergolesi.

Sposò prima Barbara von Zeitschel, poi Patty Brard, showgirl olandese di origine indonesiana – da cui ha avuto Priscilla – e poi ancora Ana Cristina Rodrigues, portoghese, con la quale ha avuto Giulia.

Ovviamente, con un simile curriculum, è amico di Giancarlo Bussei.

*

Clara Nasi, vive molto a Cherasco, dove ha comprato una casa notevole. Si occupa di beneficenza per l'ordine di Malta. Ha sposato Enrico Pasquini, un signore romano di una certa presenza fisica che ebbe la redditizia idea di editare il *Libro bianco della mondanità*: un *who's who* all'italiana, una specie di albo professionale dei nomi celebri. Hanno un figlio, Emanuele, che a sua volta con Adriana Nicoletti ha avuto due figli, Maya ed Enrico.

*

Valentina Nasi, vive a Milano. Genere materno, capucciana, in lei arde – dicono – il fuoco della perfezione globale, in cui si fondono talento, un po' di snobismo, interesse di ordine estetico. Risultato: una ricerca frenetica che va dalle porcellane ai vol-au-vent. I cartoncini natalizi che ritraggono i suoi figli, Clementina e Gregorio, sono citati dagli amici come perfettissimi tra i perfetti. Modello di donna ideale per un romanzo borghese. Ha sposato Francesco Marini-Clarelli che lavora in finanza.

Hanno un'imponente casa a Paxos, affacciata su una piccola insenatura. Fanno una vita grandiosa, con shopping di Natale in giro per il mondo. Esattamente come vi immaginereste che dovrebbe vivere l'azionista di una società industriale quotata a Milano e a New York.

*

Violetta Nasi, meno sovrumana di sua sorella Valentina. Negli anni Ottanta lavorò alla Panarecord. Si occupava di home video, e più precisamente della distribuzione in videocassette del catalogo dei film Fox, Mgm e Hanna-Barbera. Fu questa l'intuizione dei ragazzi Nasi in quegli anni. Quando cominciarono in Italia c'erano 150 mila videoregistratori. Agli inizi degli anni Novanta, quando cedettero l'home video a Rcs, erano diventati 6 milioni.

Adesso, di base risiede in Portogallo, dove vive il suo fidanzato, il quale si occupa di un'azienda olearia da 20 mila piante. Sono appassionati di caccia.

*Gianni 12*

# La presa sul mondo

Gianni Agnelli ebbe un'incredibile presa sul mondo. Fu un giocatore istintivo, ma che seppe elaborare uno schema. La formula del suo successo stava da una parte nella rapidità e dall'altra nella capacità di definire un gusto semipopolare, moderno, perché, come nella letteratura di consumo, dava agli altri, ai consumatori, la possibilità consolatoria di identificarsi un poco in lui: ecco lo scrittore che pensa qualcosa di simile a quello che penso io. Un esempio, le battute sul calcio: Pinturicchio, Bello di notte; o quelle un po' dimostrative: il Nabila «che sembra un astice», o «Torino che è come una portaerei, bello arrivare, bello ripartire». A uno che gli chiede se il tale fosse un amico, risponde: «Non è un amico, è solo una cattiva abitudine», frase dal sapore di letteratura scadente che si rifugia in personaggi pseudocinici e poco credibili, perché fasulli. «Innamorarsi è da cameriere», per esempio, è una frase impronunciabile, anche a vent'anni. Tra i civili, chiunque abbia avuto una cameriera tenderebbe ad autocensurare un simile pensiero. Ma la fioritura delle battute agnelliane dà la misura di come fosse cieco, acritico il mondo dei suoi adoratori. Gianni, dice una studiosa di agnellismo, «era una fascinazione che fa a meno della storia. Era già storia, lo era di per sé, ma quello che affascinava in lui era la sprezzatura, qualche cattivo pensiero, lo snobismo».

Era al tempo stesso un personaggio tragico, incostante, aereo, letterario e anche pseudoletterario. «Dovevo far fronte» dice Agamennone-Gianni a suo figlio nella *Fine degli A.* Aveva, insieme, la complessità di chi ha quel ruolo e la fragilità del suo stesso mito, commestibile, non durevole, immagine, sogno. Dice di lui Marino Biondi, professore di letteratura all'Università di Firenze, che gli ha dedicato un saggio acuto e insolito: «Diede sempre l'impressione di essere giunto a cose fatte e che il suo ruolo fosse quello di mandare quotidianamente messaggi di *glamour*, sfruttando con una mai ripetuta sapienza anche le finestre e finestrelle della cronaca sportiva. Lo stadio e il box Ferrari, dove si presentava in divisa d'ordinanza casual, giacca a vento o camicia, dispensando *urbi et orbi* aforismi da brivido, con gli stallieri del pallone intorno e i meccanici festanti, furono i luoghi da cui trasmise al popolo il suo ruolo di sovrano che scendeva i gradini del piacere circense. Molto vicino a tutti, e nello stesso tempo inavvicinabile. Un capolavoro, questo dosaggio di prossimità democratica e di lontananza stellare, di strategia marketing del sé, costruita *in corpore*, certo non vile».

Ovviamente il suo fascino era fondato anzitutto sul denaro. Eppure la sua popolarità globale, la sua dimensione di simbolo edonistico anche nel gran mondo, andava ben oltre le possibilità del suo patrimonio. Era un uomo ricchissimo, ma ce n'erano al mondo di molto più ricchi di lui. Il suo era un mito costruito sul glamour, certo, sui luoghi, sulle follie, gli oggetti, le abitudini. Ma non era il solo essere umano a disporne. Ci furono due elementi che probabilmente lo resero unico. Fu il primo uomo del suo tempo a comprendere che l'ubiquità è divina. Non è escluso che il mito costruito sull'ubiquità fosse solo la conseguenza – non voluta – dell'irrequietezza. Colpisce la circostanza che chiunque parli di lui ricorderà prima o poi di quella volta in cui avendovi preso a Roma in mattinata, vi mollò ad Atene dopo aver fatto un bagno a Mykonos per proseguire alla volta di Parigi dove era fissato un pranzo da suo nipote. Certo, era ubiquo. Qualcuno dice che era un uomo mercuriale.

Ma c'era un altro aspetto in lui, più importante. Ed era il fascino fisico. Molti tra quelli che lo conobbero vi diranno che aveva un potere di convinzione erotico. Aveva un bellissimo sorriso. I denti si intravedevano, le labbra erano dritte, come quelle di sua madre, ma anche carnose. Era un sorriso insieme maschile e femminile. Gianni era un uomo che catalizzava l'attenzione degli altri. Salvo eccezioni rarissime – come nel caso della fotografia con i Kennedy in barca –, dovunque fosse, il fuoco dell'obbiettivo era su di lui.

Questo fu il fondamento ultimo su cui edificò la propria carriera. Ma che mestiere fu in definitiva il suo? Non imprenditore, non re, non governante, non ambasciatore, non uomo davvero di responsabilità, giacché schivò sempre il più possibile quelle che non discendevano direttamente dal legato psicologico della continuità dinastica affidatogli da suo nonno. Fu semplicemente un eccellente interprete di se stesso, l'attore di sé (con il suo nome d'arte). Nessuno avrebbe potuto meglio interpretare la sua parte di narciso formidabile, di gianniagnelli, di servitore romantico di un'idea borghese – l'Impresa – e di cinico adorato, baciato dalle folle che alla fine chiedono di sfilare davanti al suo feretro. Come capita in certi romanzi crudeli, però, la perfetta parabola che volle disegnare, sempre adattata, aggiornata allo sviluppo di quegli eventi che non potevano dipendere completamente da lui (il carattere di suo figlio, per esempio), fallisce riguardo all'obiettivo che probabilmente egli perseguì con maggiore intensità: il tempo di Agnelli non passerà alla storia come il suo tempo.

# Conclusione

Il più visibile punto di frattura tra la Fiat di Gianni Agnelli e la successiva è in un dettaglio della biografia di Sergio Marchionne: non ha mai conosciuto Agnelli. Questo non significa che non essersi accorto di Marchionne sia stata una responsabilità. La scelta degli uomini a volte funziona a volte no, e in Fiat come in tutte le aziende del mondo ci sono lunghi elenchi di manager sbagliati.

Il dettaglio è risolutivo, semmai, perché per la prima volta c'è un capo che non ha memoria del mito, che non deve conformarsi ai suoi ricordi, che non deve giudicare la realtà preoccupandosi di aggiornare, di modificare i filtri che Gianni aveva predisposto per gli altri. Non c'è da fare bella figura con i Wallenberg, non c'è da amministrare un'immagine, non c'è da preoccuparsi di ciò che diranno gli americani, i francesi, o la comunità torinese che si vede licenziare alcune centinaia di dirigenti.

Marchionne è un personaggio singolare, figlio di un maresciallo dei carabinieri abruzzese di origini contadine e di una profuga istriana che viene da una famiglia di proprietari. Sono emigrati in Canada negli anni Sessanta. Ha avuto successo in Svizzera, prima in una società di produzione dell'alluminio, Alusuisse. E poi nella Sgs, Société générale de surveillance, leader mondiale nei servizi di certificazione. Non ha problemi di radicamento nel sistema in cui opera, l'Italia. Non ha complessi. Il piano di risanamento che ha avviato può in un certo senso partire da zero. Ha sfruttato con abilità il contratto di ferro stipulato da Paolo Fresco, ex presidente della Fiat, con la General Motors e ha trattato con gli americani 1 miliardo e mezzo di euro per la loro rinuncia ad acquistare la Fiat Auto. Una rinuncia determinata da due ragioni: i conti disastrati di Torino e l'inizio di una crisi a Detroit causata dapprincipio dai costi eccessivi della previdenza sociale.

Poi ha lasciato entrare le banche nel capitale della Fiat, così come previsto dal contratto di convertendo. Si trattava di un prestito per tre anni di 3 miliardi di euro da parte di un pool di istituti di credito, alla scadenza del quale, nel settembre 2005, in caso di mancata restituzione del denaro era previsto che i crediti fossero convertiti in azioni Fiat. Marchionne le lasciò entrare perché non aveva mezzi finanziari per impedirlo, e poi sapeva anche che le banche erano divise dagli scontri di potere.

Nel frattempo, sotto la regia di Gabetti, Brandolini e Grande Stevens, gli Agnelli stavano mettendo in piedi l'operazione di *equity swap* che ha assicurato stabilità all'azionariato della Fiat. Azionariato a sua volta tenuto unito dal lavoro di Elkann, Gabetti e Montezemolo, quest'ultimo chiamato a garantire continuità alla famiglia e prestare l'immagine di uomo affermatosi nel business dell'auto con i successi sportivi e di marketing della Ferrari.

Infine Marchionne ha avviato un processo di piccole alleanze internazionali sul modello di quello che ha sperimentato il gruppo francese Psa e che ogni tanto segue anche Toyota: fidanzamenti tattici su singoli progetti, su piattaforme comuni da 100 mila pezzi l'anno, come nel caso dell'accordo con Ford per la nuova Cinquecento. Parallelamente si è messo al lavoro sul processo industriale e su quello delle decisioni: punta a fabbricare il 75 per cento di pezzi trasversali, comuni cioè a tutte le auto, e a ridurre le piattaforme di produzione, è tornato all'idea di produrre automobili che incontrino il gusto del mercato (il che sembra ovvio, ma per la Fiat ovvio non era più).

Questa complicata azione di salvataggio ha dato i primi risultati. Ma il lavoro da fare è ancora notevole: la Fiat deve ristrutturare una rete di vendita poco efficiente, di qualità scadente e con larghi buchi soprattutto nei grandi paesi europei; deve dare un senso ai due marchi Lancia e Alfa Romeo, storia prestigiosa, ma quote di mercato molto basse e finora privi di prospettive di medio-lungo periodo; deve garantirsi le risorse per finanziare lo sviluppo del prossimo decennio e organizzarsi per limitare i danni della ciclicità del mercato automobilistico, forse il più difficile tra i mercati maturi. Infine, anche se afferma di poter procedere da solo, Marchionne deve lavorare a una soluzione definitiva del problema di un'alleanza internazionale, perché la Fiat si confronta con mostri da 5 o 6 milioni di auto l'anno, senza contare che le dimensioni della concorrenza cresceranno con lo sviluppo del mercato cinese.

Comunque, per vendere bene la Fiat Auto o per tenersela e guadagnarci, è necessario che sia sana. Per questo attualmente la famiglia è entusiasta di Marchionne. Prima di Natale, nella riunione dell'accomandita gli sono state tributate due ovazioni. E l'assemblea Fiat di aprile è stata un successo.

Naturalmente, gli Agnelli sperano che resti, che non se ne vada via. Per il momento lui ha detto che resterà fino al 2010 e comunque ha un piano di stock options che vale oltre il 2 per cento del capitale e il consenso dei fondi americani. Da quello che farà dipenderanno molte delle future scelte della famiglia, anzitutto – cioè – le scelte di John Elkann.

Indipendentemente dal momento in cui Elkann proverà a spingere per la presidenza della Fiat, cosa per la quale eventualmente sceglierà tempi conformi alla richiesta di maturità che arriva di solito dalla comunità degli affari e dai mercati, uno dei problemi principali della famiglia Agnelli-Nasi è come sarà governata l'accomandita.

Secondo John Elkann resterà una società di famiglia che con il tempo potrebbe avere un numero sempre maggiore di soci perché la famiglia si allarga, con la possibilità che qualcuno esca.

L'ipotesi più ragionevole – ma è solo un'ipotesi – è quella che segue. Se il risanamento della Fiat dovesse produrre effetti duraturi, tutto il sistema ritroverà stabilità. Gli equilibri dell'accomandita dipenderanno da due fattori, uno demografico, se si può dire così, e l'altro economico-finanziario. Ogni anno che passa, la posizione di John Elkann si rafforza perché, come in una partita a Risiko, le sue risorse crescono a un ritmo superiore a quello degli altri. Inoltre, egli ha una base di partenza, 34 per cento, con cui è al centro delle operazioni.

Gli altri, invece, di anno in anno si rimpiccioliscono. Per quanto il titolo Fiat possa crescere e sostenere il valore delle partecipazioni nell'accomandita, è evidente che, a mano a mano che il tempo passa e i soci aumentano, le singole quote diventano via via meno significative, sempre più vicine a valori strategicamente irrilevanti ed economicamente meno remunerativi rispetto ad altri investimenti. Chi oggi ha una quota dell'1 per cento dispone per il futuro sostanzialmente dell'equivalente di quattro appartamenti in quartieri residenziali di una metropoli, una buona proprietà, ma via via più distante dall'idea di una fortuna. Dunque nei prossimi anni la tendenza a uscire dall'accomandita per chi detiene piccole quote e non ha altre entrate potrebbe aumentare. Il gioco di cessioni e acquisti rafforzerà chi è già forte.

Questo per quanto riguarda l'accomandita. Poi c'è la Fiat. Anzitutto bisogna ragionare sulle condizioni per cui gli Agnelli restino Agnelli, cioè in posizione di controllo dell'azienda. Vittorio Valletta credeva che la famiglia dovesse restare fuori dalla Fiat. Anche Gianni Agnelli di base ne era convinto, ma in realtà il modello di relazione tra famiglia e azienda fu spurio, contaminato, a partire dal ruolo di Umberto. Oggi sembrerebbe abbastanza chiaro che management e azionista devono restare separati.

In ogni caso, comunque si modifichino gli equilibri, la prospettiva coltivata dal gruppo dirigente dell'accomandita è quella di tenere insieme un gruppo di soci famigliari sul modello dei Wallenberg in Svezia o dei Tata in India o dei Wendel, che operano in Francia dal 1704. I Wendel nascono acciaieri, hanno attraversato la Rivoluzione francese, negli anni Cinquanta dell'Ottocento si allargano al settore ferroviario, fanno affari con la Germania dopo l'annessione dell'Alsazia e della Lorena, diventano tra i principali produttori d'acciaio d'Europa per raggiungere l'apice della fortuna nella seconda metà del secolo scorso. Si ristrutturarono dopo le crisi petrolifere degli anni Settanta e adesso Wendel Investissement è un gruppo diversificato in cui la famiglia ha ancora un peso di circa il 35 per cento e designa i suoi rappresentanti negli organismi statutari.

Elkann ha in mente qualcosa di simile. Chi ha vissuto da dentro una crisi aziendale, come è accaduto a lui da ragazzino, chi ha corso il rischio di veder cambiare il proprio status, sa che non c'è niente di così formativo come un'esperienza di minacciato declino.

Le sue chance e quelle dei suoi sono affidate a uno stato d'animo. Del resto i fattori psicologici sono decisivi nel capitalismo famigliare. Anche in una famiglia come quella che abbiamo raccontato – frammentata, eterogenea, accomodata sul benessere da quattro generazioni, contaminata dall'abitudine all'egemonia – una concatenazione di circostanze imprevedibili ha prodotto uno stato d'animo combattivo.

# Alberi genealogici

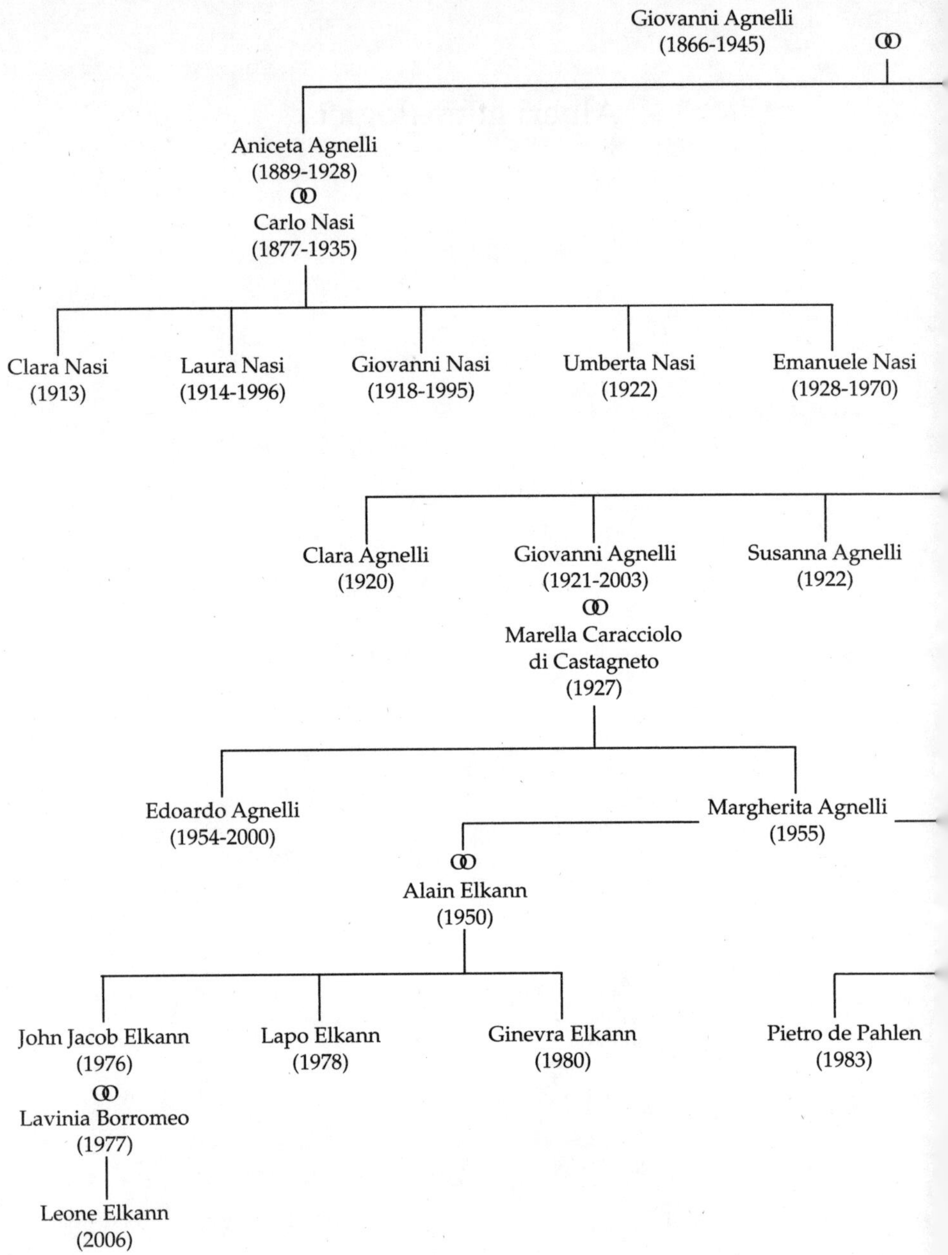
Giovanni Agnelli
(1866-1945)
Aniceta Agnelli
(1889-1928)
Carlo Nasi
(1877-1935)
Clara Nasi
(1913)
Laura Nasi
(1914-1996)
Giovanni Nasi
(1918-1995)
Umberta Nasi
(1922)
Emanuele Nasi
(1928-1970)
Clara Agnelli
(1920)
Giovanni Agnelli
(1921-2003)
Marella Caracciolo
di Castagneto
(1927)
Susanna Agnelli
(1922)
Edoardo Agnelli
(1954-2000)
Margherita Agnelli
(1955)
Alain Elkann
(1950)
John Jacob Elkann
(1976)
Lavinia Borromeo
(1977)
Leone Elkann
(2006)
Lapo Elkann
(1978)
Ginevra Elkann
(1980)
Pietro de Pahlen
(1983)

**Agnelli**

Clara Boselli
(1869-1946)

Edoardo Agnelli
(1892-1935)
∞
Virginia Bourbon
del Monte di San Faustino
(1899-1945)

Maria Sole Agnelli
(1925)

Cristiana Agnelli
(1927)

Giorgio Agnelli
(1929-1965)

Umberto Agnelli
(1934-2004)

∞
Serge de Pahlen
(1944)

Sofia de Pahlen
(1986)

Maria de Pahlen
(1988)

Anastasia Maevskiy
(2006)

Anna de Pahlen
(1988)

Tatiana de Pahlen
(1990)

Clara Agnelli
(1920)

∞
Tassilo Fürstenberg
(1903-1989)

Ira Fürstenberg
(1940)

∞
Alfonso Hohenlohe
(1924-2003)

∞
Francisco Pignatari
(1916-1977)

Christhoph Hohenlohe
(1956-2006)

Hubertus Hohenlohe
(1959)

Alessandro Fürstenberg
(1970)
∞
Alexandra Miller
(1972)

Talita Fürstenberg
(1999)

Tassilo Fürstenberg
(2001)

Tatiana Fürstenberg
(1971)
∞
Russell Steinberg
(1971)

Antonia Steinberg
(2000)

**Fürstenberg**

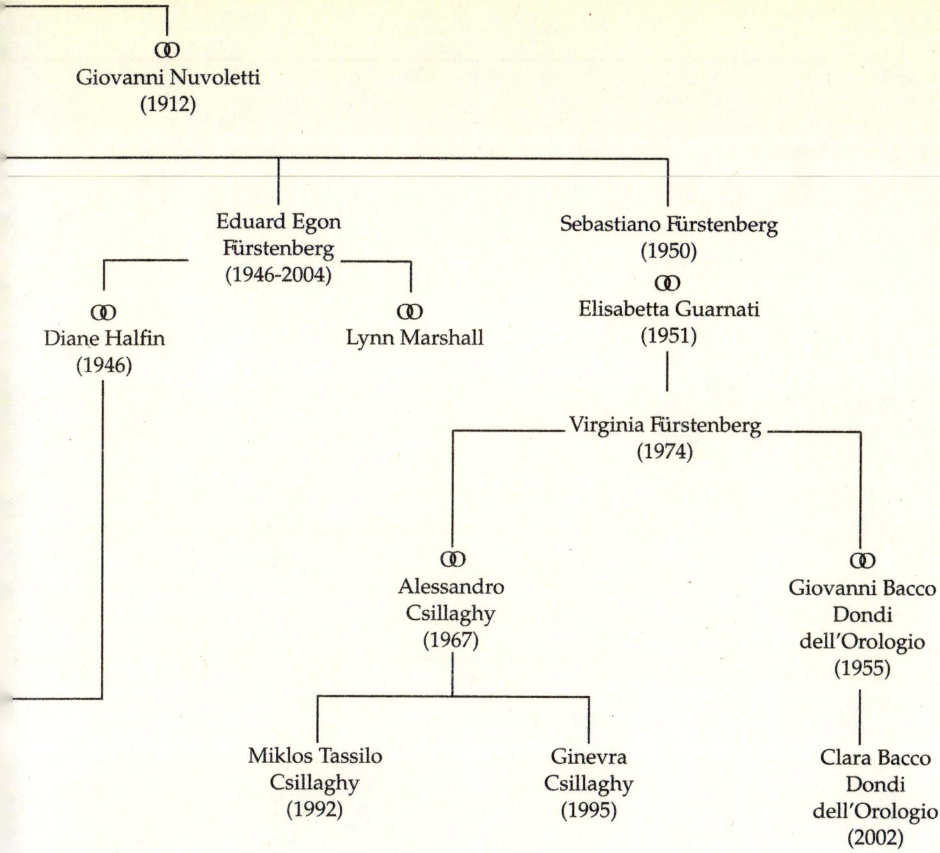

Giovanni Nuvoletti
(1912)
Eduard Egon
Fürstenberg
(1946-2004)
Diane Halfin
(1946)
Lynn Marshall
Sebastiano Fürstenberg
(1950)
Elisabetta Guarnati
(1951)
Virginia Fürstenberg
(1974)
Alessandro
Csillaghy
(1967)
Giovanni Bacco
Dondi
dell'Orologio
(1955)
Miklos Tassilo
Csillaghy
(1992)
Ginevra
Csillaghy
(1995)
Clara Bacco
Dondi
dell'Orologio
(2002)

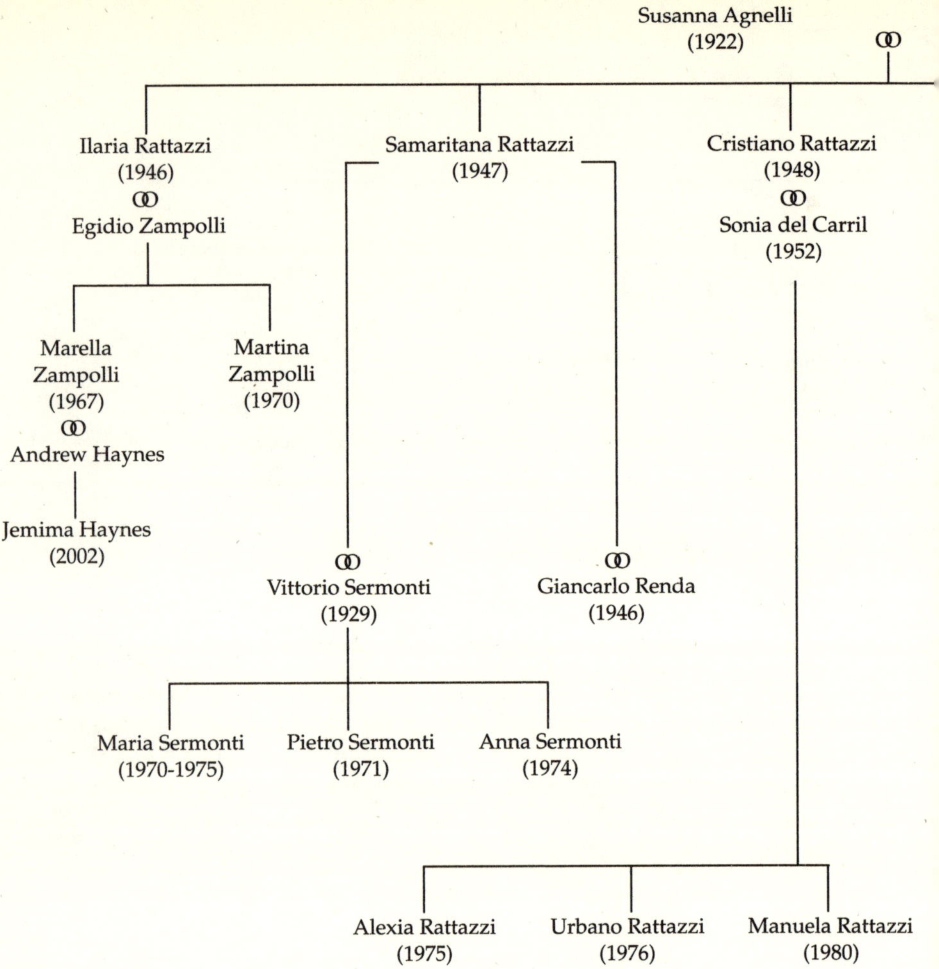
Susanna Agnelli
(1922)
Ilaria Rattazzi
(1946)
Egidio Zampolli
Samaritana Rattazzi
(1947)
Cristiano Rattazzi
(1948)
Sonia del Carril
(1952)
Marella Zampolli
(1967)
Andrew Haynes
Martina Zampolli
(1970)
Jemima Haynes
(2002)
Vittorio Sermonti
(1929)
Giancarlo Renda
(1946)
Maria Sermonti
(1970-1975)
Pietro Sermonti
(1971)
Anna Sermonti
(1974)
Alexia Rattazzi
(1975)
Urbano Rattazzi
(1976)
Manuela Rattazzi
(1980)

**Rattazzi**

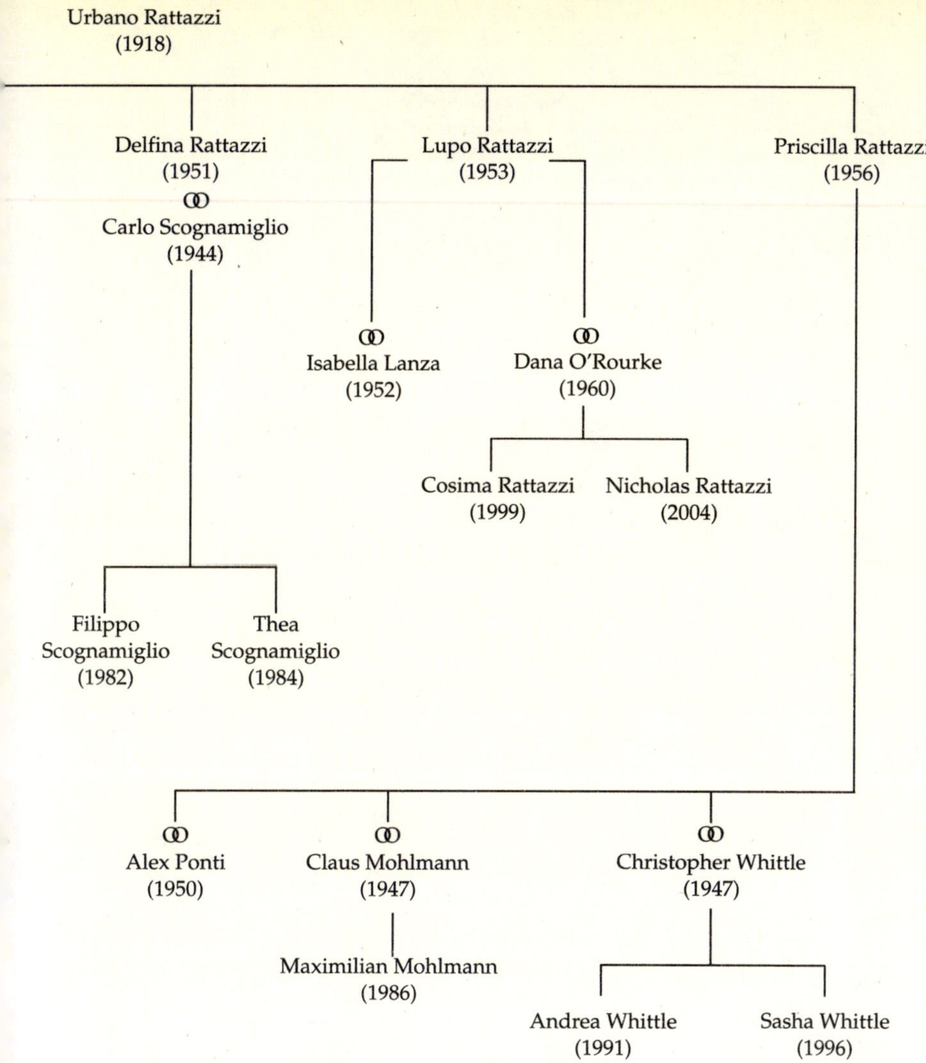
Urbano Rattazzi
(1918)
Delfina Rattazzi
(1951)
Carlo Scognamiglio
(1944)
Lupo Rattazzi
(1953)
Priscilla Rattazzi
(1956)
Isabella Lanza
(1952)
Dana O'Rourke
(1960)
Cosima Rattazzi
(1999)
Nicholas Rattazzi
(2004)
Filippo Scognamiglio
(1982)
Thea Scognamiglio
(1984)
Alex Ponti
(1950)
Claus Mohlmann
(1947)
Christopher Whittle
(1947)
Maximilian Mohlmann
(1986)
Andrea Whittle
(1991)
Sasha Whittle
(1996)

Maria Sole Agnelli (1925)
∞ Ranieri Campello della Spina (1908-1959)

- Virginia Campello (1954) ∞ Giuseppe Della Chiesa (1958)
  - Giacinta Della Chiesa (1984)
  - Benedetto Della Chiesa (1986)
- Argenta Campello (1955) ∞ Gian Antonio Bertoli (1956)
  - Sara Bertoli (1979)
  - Alice Bertoli (1982)
  - Evelina Bertoli (1986)
- Cintia Campello (1956) ∞ Leopoldo Torlonia (1953)
  - Maria Sole Torlonia (1985)
  - Emanuela Torlonia (1988)
  - Paolo Torlonia (1997)

**Campello - Teodorani Fabbri**

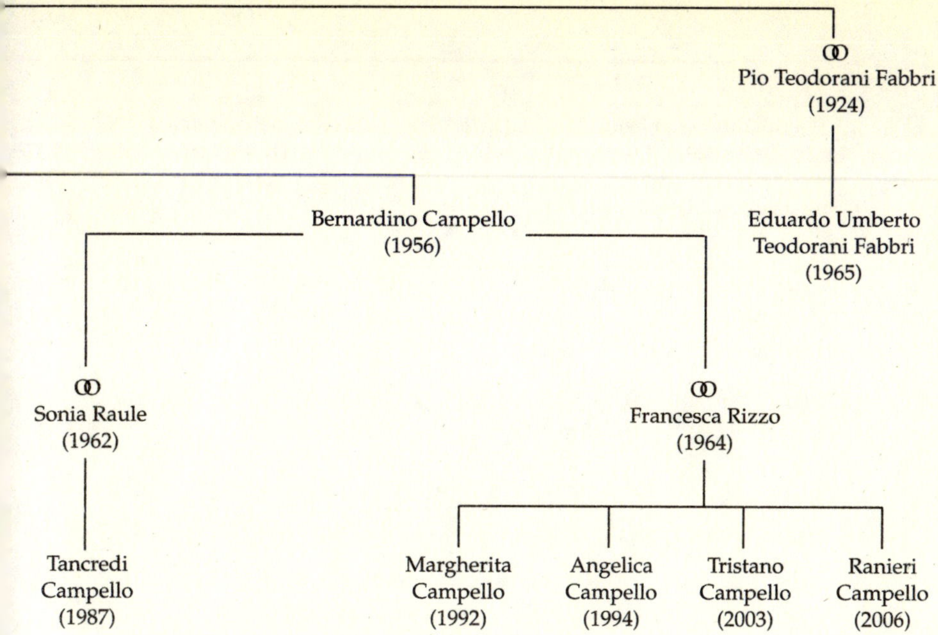
Pio Teodorani Fabbri (1924)
Bernardino Campello (1956)
Eduardo Umberto Teodorani Fabbri (1965)
Sonia Raule (1962)
Francesca Rizzo (1964)
Tancredi Campello (1987)
Margherita Campello (1992)
Angelica Campello (1994)
Tristano Campello (2003)
Ranieri Campello (2006)

Cristiana Agnelli
(1927) ⚭

Tiberto (Ruy) Brandolini
(1948)
⚭
Georgina de Faucigny-Lucinge
(1949)

Cornelia Brandolini
(1979)

Bianca Brandolini
(1987)

Leonello Brandolini
(1950)
⚭
Maria Sala
(1949)

Xenia Brandolini
(1985)

**Brandolini d'Adda**

Umberto Agnelli
(1934-2004)
⚭
Antonella Bechi Piaggio
(1938-1999)

Enrico Agnelli
(1962-1962)

Alberto Agnelli
(1962-1962)

Giovanni Alberto Agnelli
(1964-1997)
⚭
Avery Howe
(1965)

Virginia Asia Agnelli
(1997)

**Agnelli**

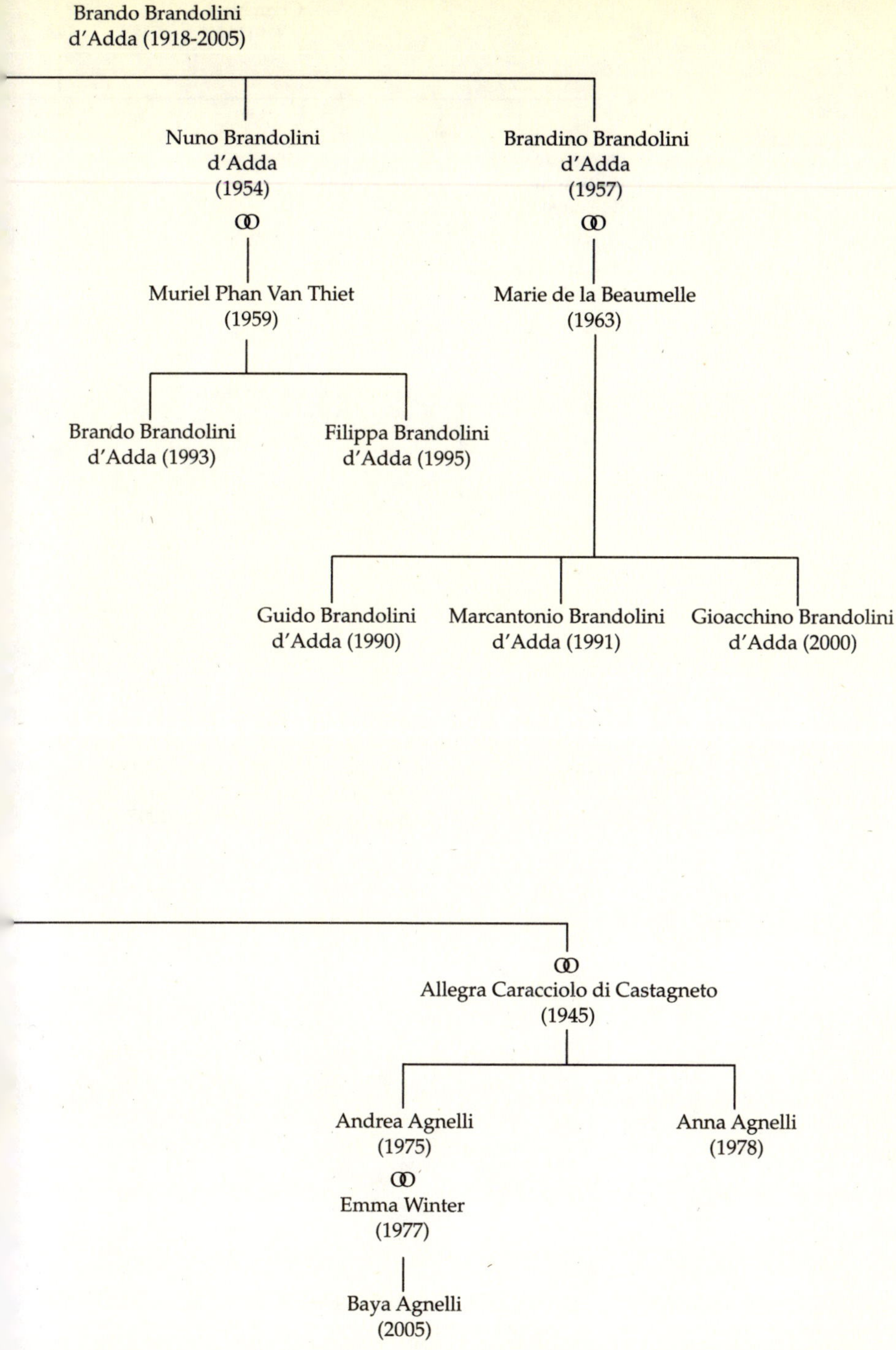
Brando Brandolini d'Adda (1918-2005)
Nuno Brandolini d'Adda (1954)
Muriel Phan Van Thiet (1959)
Brando Brandolini d'Adda (1993)
Filippa Brandolini d'Adda (1995)
Brandino Brandolini d'Adda (1957)
Marie de la Beaumelle (1963)
Guido Brandolini d'Adda (1990)
Marcantonio Brandolini d'Adda (1991)
Gioacchino Brandolini d'Adda (2000)
Allegra Caracciolo di Castagneto (1945)
Andrea Agnelli (1975)
Emma Winter (1977)
Baya Agnelli (2005)
Anna Agnelli (1978)

Clara Nasi
(1913) ∞

Emanuele Ferrero de Gubernatis Ventimiglia
(1933-2002)
∞
Marina Cavalli d'Olivola
(1943)

Lucrezia Ferrero de Gubernatis Ventimiglia
(1965)
∞
Thomas Jason Jones
(1970)

Nicolas Ferrero de Gubernatis Ventimiglia-Jones
(2004)

Luca Ferrero de Gubernatis Ventimiglia
(1966)

∞ Maddalena Galliani

∞ Antonia Loria
(1969)

Emanuele Ferrero de Gubernatis Ventimiglia
(1989)

Umberto Theofilo Ferrero de Gubernatis Ventimiglia
(2002)

Riccardo Theofilo Ferrero de Gubernatis Ventimiglia
(2005)

**Ferrero de Gubernatis Ventimiglia**

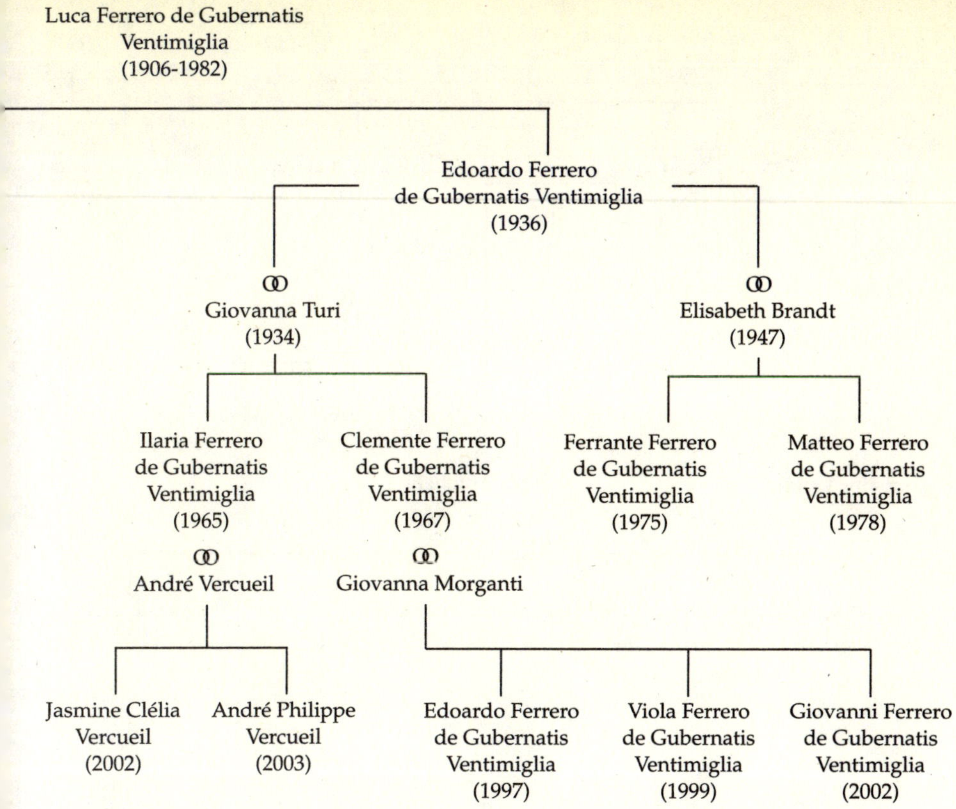
Luca Ferrero de Gubernatis Ventimiglia (1906-1982)
Edoardo Ferrero de Gubernatis Ventimiglia (1936)
Giovanna Turi (1934)
Elisabeth Brandt (1947)
Ilaria Ferrero de Gubernatis Ventimiglia (1965)
André Vercueil
Clemente Ferrero de Gubernatis Ventimiglia (1967)
Giovanna Morganti
Ferrante Ferrero de Gubernatis Ventimiglia (1975)
Matteo Ferrero de Gubernatis Ventimiglia (1978)
Jasmine Clélia Vercueil (2002)
André Philippe Vercueil (2003)
Edoardo Ferrero de Gubernatis Ventimiglia (1997)
Viola Ferrero de Gubernatis Ventimiglia (1999)
Giovanni Ferrero de Gubernatis Ventimiglia (2002)

Laura Nasi
(1914-1996)
∞

Vittorio Camerana
(1934-1982)

Cristina Camerana
(1935)
∞
Alberto Marone
Cinzano
(1929-1989)

Carlo Camerana
(1936-2003)
(*v. tav.* 2)

∞
Christine Lang
(1937)

∞
Sibilla Antonelli
(1947-2002)

Giancarlo Camerana
(1961)
∞
Julie Alessie
(1961)

Lorenzo Camerana
(1963-1997)
∞
Uberta Zambeletti
(1967)

Leone Camerana
(1997)

Sofia Camerana
(1978)

Niccolò Camerana
(1979)

Chiara Camerana
(1996)

Lorenzo Camerana
(1998)

Bianca Camerana
(1999)

**Camerana (*tav. 1*)**

Giancarlo Camerana
(1909-1955)

Oddone Camerana
(1937)
(*v. tav.* 2)

Marco Camerana
(1940)
(*v. tav.* 2)

Consolata Camerana
(1943)
(*v. tav.* 2)

Daniele Camerana
(1955)
(*v. tav.* 2)

Noemi Marone
Cinzano
(1957)
∞
Gelasio Gaetani dell'Aquila
d'Aragona Lovatelli
(1954)

Francesco Marone
Cinzano
(1959)
∞
Marcella Pittaluga

Enrico Marone
Cinzano
(1963)
∞
Mafalda di Hesse
(1965)

Alberto Marone
Cinzano
(1991)

Santiago Marone
Cinzano
(1994)

Nicoletta Marone
Cinzano
(1996)

Jacobella Gaetani
dell'Aquila
d'Aragona Lovatelli
(1982)

Cristoforo Gaetani
dell'Aquila
d'Aragona Lovatelli
(1984)

Benedetto Gaetani
dell'Aquila
d'Aragona Lovatelli
(1987-1988)

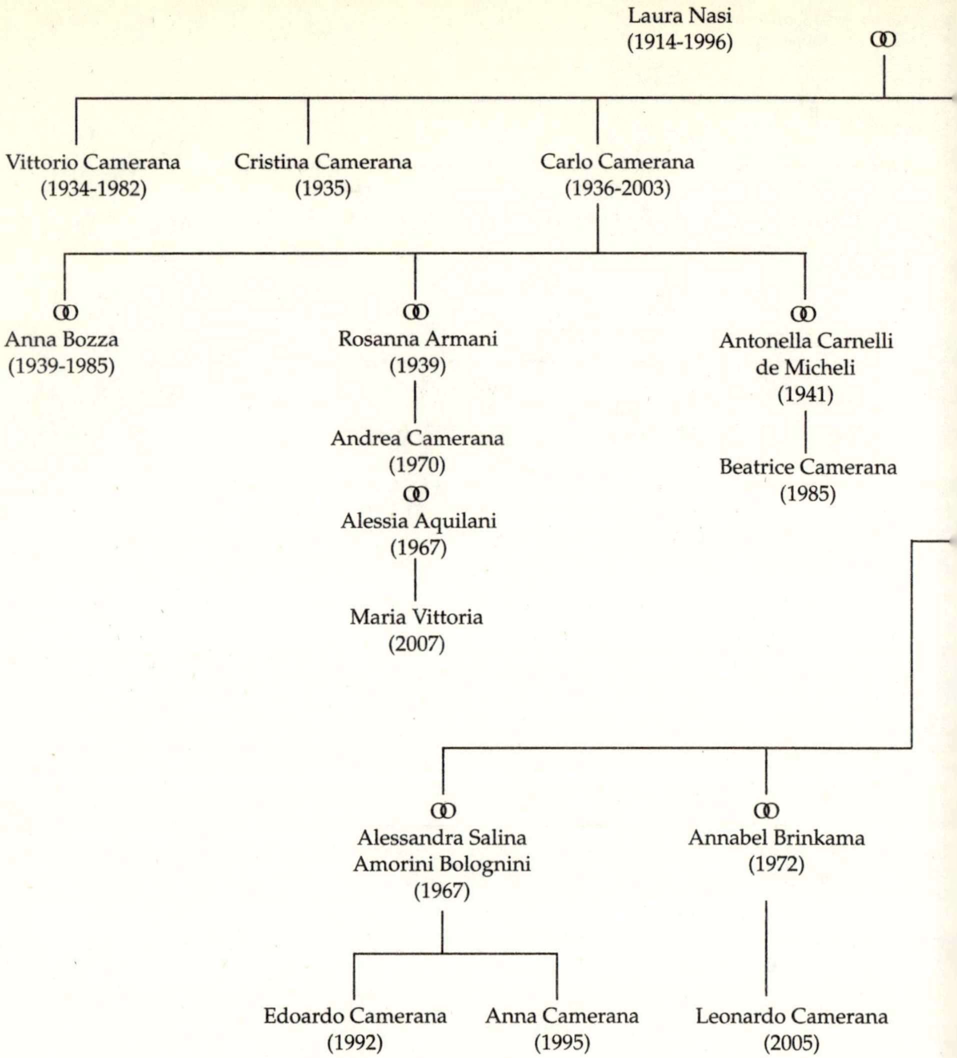


**Camerana (*tav.* 2)**

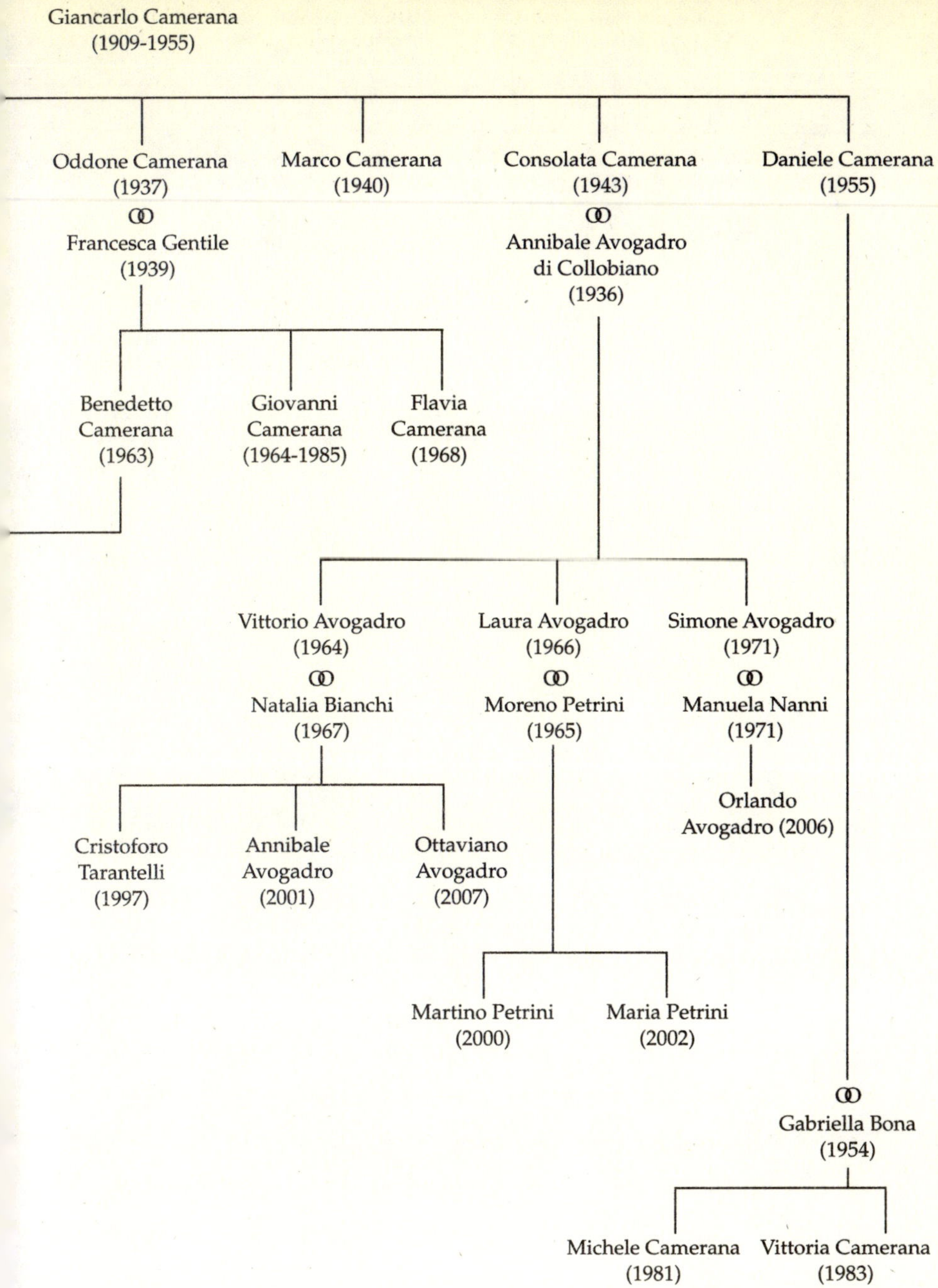
Giancarlo Camerana (1909-1955)
Oddone Camerana (1937)
Francesca Gentile (1939)
Marco Camerana (1940)
Consolata Camerana (1943)
Annibale Avogadro di Collobiano (1936)
Daniele Camerana (1955)
Benedetto Camerana (1963)
Giovanni Camerana (1964-1985)
Flavia Camerana (1968)
Vittorio Avogadro (1964)
Natalia Bianchi (1967)
Laura Avogadro (1966)
Moreno Petrini (1965)
Simone Avogadro (1971)
Manuela Nanni (1971)
Orlando Avogadro (2006)
Cristoforo Tarantelli (1997)
Annibale Avogadro (2001)
Ottaviano Avogadro (2007)
Martino Petrini (2000)
Maria Petrini (2002)
Gabriella Bona (1954)
Michele Camerana (1981)
Vittoria Camerana (1983)

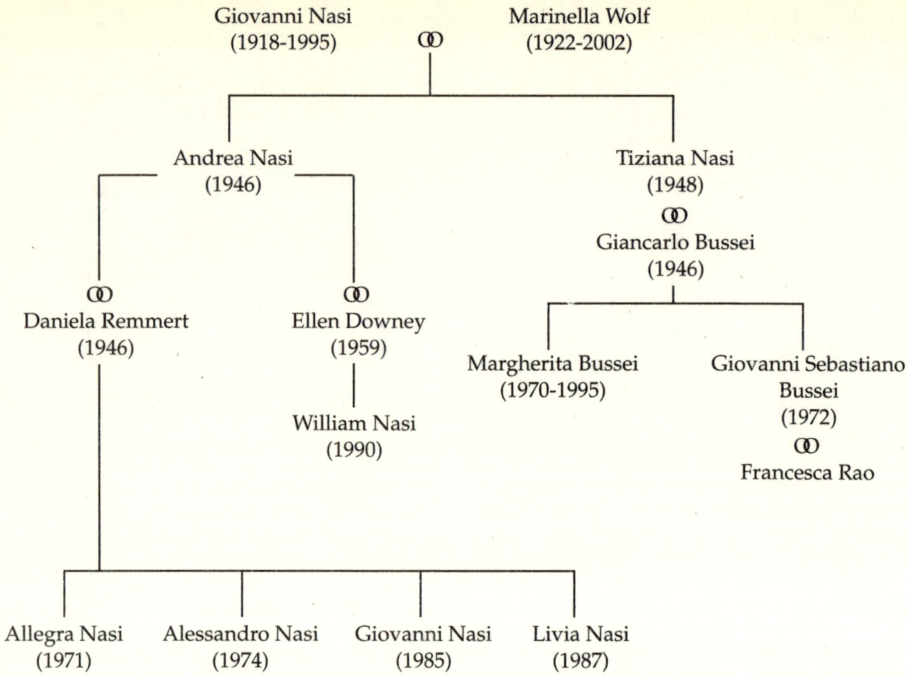
Giovanni Nasi
(1918-1995)
Marinella Wolf
(1922-2002)
Andrea Nasi
(1946)
Tiziana Nasi
(1948)
Giancarlo Bussei
(1946)
Daniela Remmert
(1946)
Ellen Downey
(1959)
William Nasi
(1990)
Margherita Bussei
(1970-1995)
Giovanni Sebastiano
Bussei
(1972)
Francesca Rao
Allegra Nasi
(1971)
Alessandro Nasi
(1974)
Giovanni Nasi
(1985)
Livia Nasi
(1987)

**Nasi**

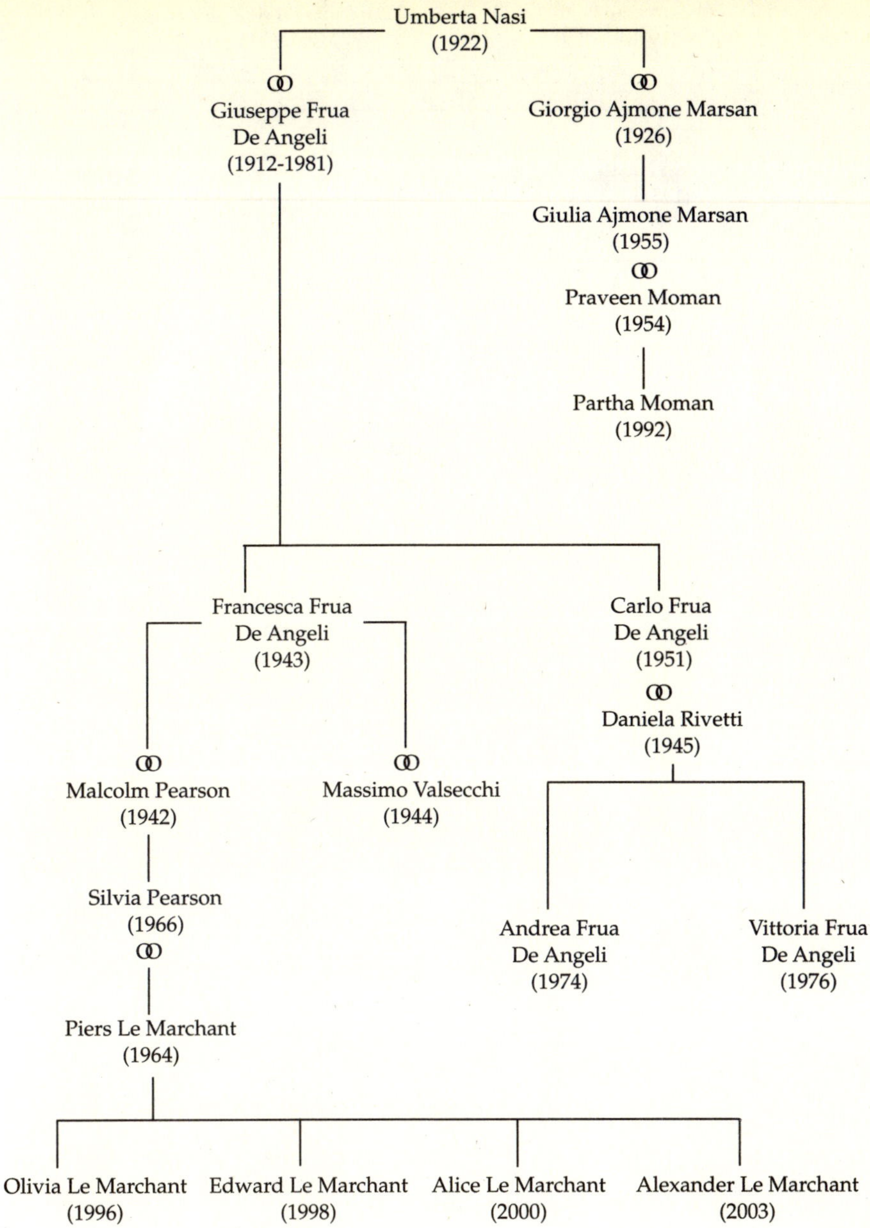


**Frua De Angeli - Ajmone Marsan**

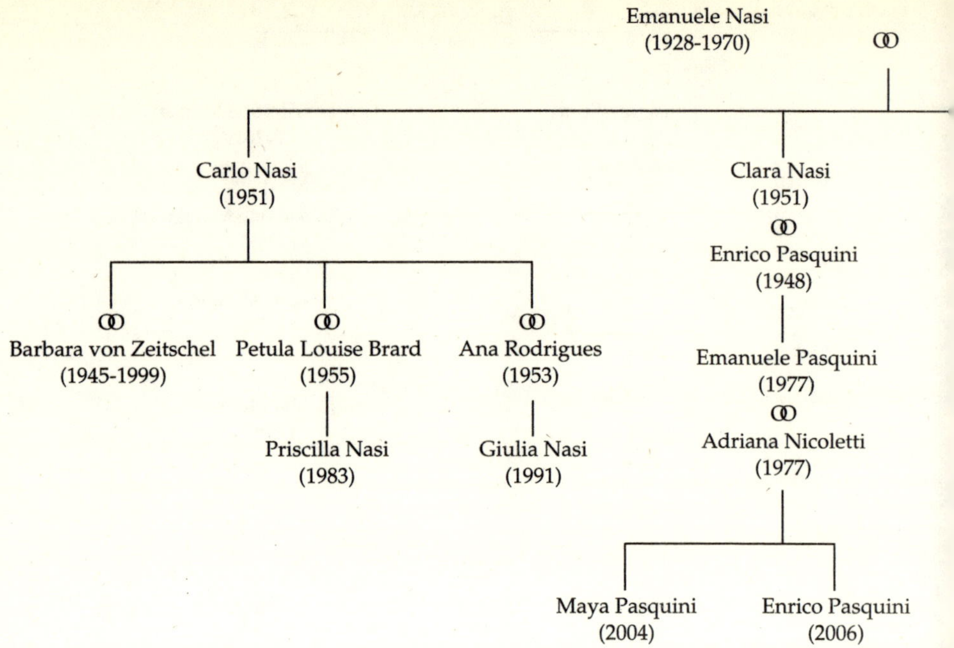
Emanuele Nasi
(1928-1970)
ꝏ
Carlo Nasi
(1951)
ꝏ
Barbara von Zeitschel
(1945-1999)
ꝏ
Petula Louise Brard
(1955)
Priscilla Nasi
(1983)
ꝏ
Ana Rodrigues
(1953)
Giulia Nasi
(1991)
Clara Nasi
(1951)
ꝏ
Enrico Pasquini
(1948)
Emanuele Pasquini
(1977)
ꝏ
Adriana Nicoletti
(1977)
Maya Pasquini
(2004)
Enrico Pasquini
(2006)

**Nasi**

Marisa Coop Diatto
(1927)

Valentina Nasi
(1958)
∞
Francesco Marini Clarelli
(1956)

Violetta Nasi
(1961)

Gregorio Marini Clarelli
(1993)

Clementina Marini Clarelli
(1993)

# Bibliografia essenziale

*Libri*


AAVV, *Bibliografiat*, Torino, Fiat Archivio storico, 1998.

AAVV, *Fiat: le fasi della crescita*, Torino, Fiat Archivio storico, 1996.

AAVV, *Giovanni Agnelli editore*, Torino, Pubblicazione del Circolo della Stampa-Sporting, 2003.

Agnelli, Susanna, *Vestivamo alla marinara*, Milano, Mondadori, 1975.

–, *Addio, addio mio ultimo amore*, Milano, Mondadori, 1984.

Ajello, Nello (a cura di), *Carlo Caracciolo, l'editore fortunato*, Roma-Bari, Laterza, 2005.

Bartoccelli, Marianna, *Nuvola Rossa*, Flaccovio Editore, 2006.

Barucci, Emilio e Federico Pierobon, *Le privatizzazioni in Italia*, Roma, Carocci, 2007.

Bernardini, Marco, *Edoardo*, Spoon River, 2004.

Berta, Giuseppe, *La Fiat dopo la Fiat*, Milano, Mondadori, 2006.

Biagi, Enzo, *Il signor Fiat*, Milano, Rizzoli, 1976.

Biondi, Marino, *Il signore degli Agnelli*, Libreria dell'Orso, 2006.

Borsa, Marco e De Biase, Luca, *Capitani di sventura*, Milano, Mondadori, 1992.

Bricco, Paolo, *Olivetti, prima e dopo Adriano*, Napoli, L'Ancora del Mediterraneo, 2005.

Bussei, Giancarlo, *Elena in piazza*, Cexplu, 2002.

–, *Escare*, Cexplu, 1984.

Camerana, Oddone, *L'enigma del cavalier Agnelli*, Sella e Riva Editori, 1985.

–, *L'imitazione di Carl*, Passigli, 2002.

–, *Racconti profani*, Passigli, 1999.

–, *Vite a riscatto*, Lindau, 2006

Caravita di Sirignano, Francesco, *Memorie di un uomo inutile*, Milano, Mondadori, 1981.
Castronovo, Valerio, *Fiat, una storia del capitalismo italiano*, Milano, Rizzoli, 2005.
Colli, Andrea, *Capitalismo famigliare*, Bologna, Il Mulino, 2006.
Comito, Vincenzo, *L'ultima crisi, la Fiat tra mercato e finanza*, Napoli, L'Ancora del Mediterraneo, 2005.
D'Amico, Masolino, *Altro giro. Persone speciali 2*, Torino, Aragno, 2006.
Elkann, Alain, *I soldi devono restare in famiglia*, Milano, Bompiani, 2005.
–, *L'invidia*, Milan, Bompiani, 2006.
–, *Piazza Carignano*, Milano, Bompiani, 1985.
Friedman, Alan, *Tutto in famiglia*, Milano, Longanesi, 1988.
Galli, Giancarlo, *Gli Agnelli*, Milano, Mondadori, 1997.
Garboli, Cesare, *Falbalas*, Milano, Garzanti, 1990.
Garuzzo, Giorgio, *Fiat, i segreti di un'epoca*, Fazi, 2006.
De Gasquet, Pierre, *Agnelli. Fasti e decadenza di una famiglia*, Casale Monferrato, Piemme, 2007.
Griseri, Paolo, Novelli, Massimo e Travaglio, Marco, *Il processo. Storia segreta dell'inchiesta Fiat tra guerre, tangenti e fondi neri*, Roma, Editori Riuniti, 1997.
Gualino, Riccardo, *Frammenti di vita*, Milano, Mondadori, 1931.
Holbrook, Stewart H., *L'era dei magnati*, Milano, Longanesi, 1956.
Landes, David S., *Dynasties*, New York, Viking, 2006.
Lane, Kenneth Jay, *Faking it*, New York, Harry N. Abrams, 1996.
Locatelli, Goffredo, e Martini, Daniele, *Mi manda papà*, Milano, Longanesi, 1991.
Madron, Paolo, *Il lato debole dei poteri forti*, Milano, Longanesi, 2005.
Marengo, Pierluigi, *Torino fiat voluntas*, Torino, IE, 2004.
Merlino, Myrta, *Gli affari nostri*, Sperling&Kupfer-Rai-Eri, 2006.
Mucchetti, Massimo, *Licenziare i padroni*, Milano, Feltrinelli, 2004.
Ogden, Christopher, *Life of the party: the biography of Pamela Digby Churchill Hayward Harriman*, Boston, Little, Brown, 1994.
Ori, Angiolo Silvio, *Storia di una dinastia. Gli Agnelli e la Fiat*, Roma, Editori Riuniti, 1996.
Pansa, Gianpaolo, *Questi anni alla Fiat*, intervista a Cesare Romiti, Milano, Rizzoli, 1987.
Pietra, Italo, *I tre Agnelli*, Milano, Garzanti, 1985.
Pini, Massimo, *Craxi*, Milano, Mondadori, 2006.
Pochna, Marie-France, *Agnelli l'irresistibile*, Milano, Sperling&Kupfer, 1990.
Rampini, Federico, *Per adesso*, intervista a Carlo De Benedetti, Milano, Longanesi, 1999.
Rattazzi, Delfina, *Say Goodbye*, Cairo editore, 2006.

Rattazzi, Priscilla, *Una famiglia*, Grafiche ATR, Milano, s.d.
Ripa di Meana, Ludovica, *La fine degli A*, Torino, Aragno, 2006.
Turani, Giuseppe, *L'Avvocato*, Milano, Sperling&Kupfer, 1985-2002.
Villani, Lucio, *Le avventure di un capitano d'industria*, Torino, Einaudi, 1991.
–, *Il capitalismo italiano del Novecento*, Roma-Bari, Laterza, 1993.
Zoli, Serena, e Cassano, Giovanni B., *E liberaci dal male oscuro*, Milano, Longanesi, 1993.

## *Articoli*

«L'Europeo», n. 6, 2006, *Le grandi famiglie industriali italiane.*
«Corriere della Sera», 6 e 7 dicembre 2002, 29 maggio e 5 giugno 2006, *Intervista di Dario Di Vico a Eugenio Cefis.*
«Vanity Fair», New York, 1° maggio 2003, *La vita Agnelli* di Judy Bachrach.
«Vanity Fair», New York, 1° febbraio 2005, *Driven by Dynasty* di Mark Seal.

Per il resto della documentazione giornalistica sono stati consultati articoli di Gabriele Beccaria, Ugo Bertone, Sergio Bocconi, Pierluigi Bonora, Paolo Bricco, Raimondo Bultrini, Mario Calabresi, Fabio Dal Boni, Rosario Di Mito, Giusi Fasano, Marisa Fumagalli, Laura Laurenzi, Laura Leonelli, Alexander Levine, Paolo Madron, Francesco Manacorda, Cristina Marrone, Massimo Numa, Antonella Olivieri, Marco Panara, Raffaella Polato, Nicola Porro, Stefania Rossini, Pierangelo Sapegno, Michela Tamburino, Salvatore Tropea, Giuseppe Turani.

# Ringraziamenti

Questo libro nasce da una serie di combinazioni. Innanzitutto, come ho detto, dal «Foglio» e da Giuliano Ferrara: entrambi una specie di premessa di quanto avete letto. Poi, dal re-incontro con una cara amica che avevo perduto di vista, Laura Lepri, che mi ha presentato Marco Vigevani e la sua agenzia: devo ringraziare loro e Andrea Cane perché hanno giudicato possibile questo tentativo di racconto di una psicologia famigliare. Ringrazio Giuseppe Berta, con il quale ho conversato spesso del libro, ed Enrico Mentana senza il quale semplicemente non lo avrei scritto, almeno non ora.

Per mettere ordine nelle informazioni, per verificare un dettaglio, per un suggerimento o solo per lamentarmi, ho importunato decine di persone. Tra loro David Allegranti, Michele Arnese, Beppe Benvenuto, Paolo Bricco, Laura Cesaretti, Rico Capone, Enrico Cisnetto, Sabrina Cohen, Giuseppe De Filippi, Francesco Forte, Gabriele Lamonica, Fabio La Vista, Benedetta Lignani Marchesani, Filippo Nassetti, Nunzia Penelope, David Perazzoni, Paolo Posteraro, Massimo Romano, Alessandra Sardoni, Barbara Scaramucci, Carlo Stagnaro. E inoltre Ubaldo Casotto, Daniele Bellasio, Peppino Sottile e tutti gli amici della redazione del mio giornale.

Grazie all'ufficio stampa della Fiat, e a quello dell'Ifil, che ha risposto a tutte le domande, non si è mai sottratto alle richieste (anche di domenica), mostrando lealtà e correttezza professionale.

Devo molto alla disponibilità e alla cortesia di Carlo Panella, Carlo Rossella e Nicola Caracciolo.

Un sentito ringraziamento va a Noris Morano per essersi fidata di me quasi senza conoscermi e a Fabio Corsico, il quale una mattina di luglio dell'anno scorso mi ha prestato il bel libro della signora Pochna che non gli ho ancora restituito.

Sono molto riconoscente a Natalie Rucellai e a Peter Glidewell che sono stati amici estremamente generosi. Senza di loro questo lavoro non sarebbe stato lo stesso.

Ho intervistato molte decine di persone (la maggior parte ha scelto l'anonimato). Una trentina di loro fa parte degli Agnelli-Nasi. Li ringrazio, e a tutti coloro i quali sono ritratti nel libro chiedo scusa per errori, omissioni, imprecisioni e dimenticanze.

Durante questi mesi ho potuto contare sul sostegno di mio padre e su quello di un grande amico, Giorgio Meletti: Giorgio mi ha aiutato di continuo e rinfrancato nei momenti di sconforto.

Ho consegnato il manoscritto all'editore all'inizio di febbraio. Era diverso da quello che è adesso. Di ciò ringrazio Elena Marinoni e Nicoletta Lazzari (la sua pazienza, franchezza, gentilezza e intelligenza).

Infine – e più di tutti – grazie alla mia famiglia, a Raffaella, Maria Sofia e Giacomo.

# Indice dei nomi

*«Casa Agnelli»*
*di Marco Ferrante*
*Collezione Ingrandimenti*

*Arnoldo Mondadori Editore S.p.A.*

*Questo volume è stato impresso*
*nel mese di agosto dell'anno 2007*
*presso Mondadori Printing S.p.A.*
*Stabilimento NSM - Cles (TN)*

*Stampato in Italia - Printed in Italy*